KB203288

清涼國師華嚴經疏鈔

청량국사화엄경소초 37

초발심공덕품

청량징관 찬술 · 관허수진 현토역주

운주사

천이백 년 침묵의 역사를 깨고

오늘도 나는 여전히 거제만을 바라본다.

겹겹이 조종하는 산들

산자락 사이 실가닥 저잣길을 지나 낙동강의 시린 눈빛

그 너머 미동도 없는 평온의 물결 저 거제만을 바라본다.

십오 년 전 그날 아침을 그리며 말이다.

나는 2006년 1월 10일 은해사 운부암을 다녀왔다.

그리고 그날 밤 열한 시 대적광전에서 평소에 꿈꾸어 왔던 『청량국사
화엄경소초』 완역의 무장무애를 지심으로 발원하고 번역에 착수하
였다.

나의 가냘픈 지혜와 미약한 지견으로 부처님의 비단과도 같은 화장
세계에 청량국사의 화려하게 수놓은 소초의 꽃을 피워내는 긴 여정
을 시작한 것이다.

화엄은 바다였고 수미산이었다.

그 바다에는 부처님의 용이 살고 있었고

그 산에는 부처님의 코끼리가 노닐고 있었다.

예쁘게 단장한 청량국사 소초의 꽃잎에는 부처님의 생명이 태동하고
있었고,

겹외의 연꽃 밭에는 영원히 지지 않는 일승의 꽃이 향기를 뿜어내고

있었다.

그 바다 그 산 그리고 그 꽃밭에서 10년 7개월(구체적으로는 2006년 1월 10일부터 2016년 8월 1일까지) 동안 자유롭게 노닐었다.

때로는 산 넘고 강 건너 협곡을 지나고

때로는 은하수 별빛 따라 오작교도 다니었다.

삼경 오경의 그 영롱한 밤

숨쉬기조차 미안한 고요의 숭고함

그 시공은 영원한 나의 역경의 놀이터였다.

애시당초 이 작업은 세계 인문학의 자존심

내가 살아 숨쉬는 이 나라 대한민국 그리고 불교의 자존심에 기인한 것이다.

일찍이 그 누가 이 청량국사의 『화엄경소초』를 완역하였다면 나는 이 작업을 하지 않았을 것이다.

지금도 여전히 완역자는 없다.

더욱이 이 『청량국사화엄경소초』의 유일한 안내자 인악스님의 『잡화기』와 연담스님의 『유망기』도 그 누가 번역한 사실이 없다.

그러나 내 손안에 있는 두 분의 『사기』는 모두 다 번역하여 주석으로 정리하였다.

이 청량국사 화엄경의 소는 초를 판독하지 않으면 알 수가 없다.

그래서 그 이름을 구체적으로 대방광불화엄경수소연의초大方廣佛華嚴經隨疏演義鈔라 한 것이다.

즉 대방광불화엄경의 소문을 따라 그 뜻을 강연한 초안의 글이라는
것이다.

청량국사는 『화엄경』의 소문을 4년(혹은 5년) 쓰시되 2년차부터는
소문과 초문을 함께 써서 완성하시고 5년차부터 8년 동안 초문을
쓰셨다.

따라서 그 소문의 양은 초문에 비하면 겨우 삼분의 일에 지나지
않는다 할 것이다.

나는 1976년 해인사 강원에서 처음 『청량국사화엄경소초 현담』
여덟 권을 독파하였고,

1981년부터 3년간 금산사 화엄학림에서 『청량국사화엄경소초』를
독파하였다.

그때 이미 현토와 역주까지 최초 번역의 도면을 완성하였고,
당시에 아쉽게 독파하지 못한 십정품에서 입법계품까지의 소초는
1984년 이후 수선 안거시절 해제 때마다 독파하여 모두 정리하였다.

그러나 번역의 기연이 맞지 않아 미루다가 해인사 강주시절 잠시
번역에 착수하였으나 역시 기연이 맞지 않아 미루었다.

그리고 드디어 2006년 1월 10일 번역에 착수하여 2016년 8월 1일
십만 매 원고로 완역 탈고하고, 2020년 봄날 시공을 초월한 사상
초유 『청량국사화엄경소초』가 1,200년 침묵의 역사를 깨고 이 세상
에 처음 눈을 뜨게 된 것이다.

번역의 순서는 먼저 입법계품의 소초, 다음에는 세주묘엄품 소초에서 이세간품 소초까지, 마지막으로 소초 현담을 번역하였다.
번역의 형식은 직역으로 한 글자도 빠뜨리지 않고 번역하였다.
따라서 어색하게 느껴지는 곳도 있을 것이다.
예를 들면 소所 자를 "바"라 하고, 지之 자를 지시대명사로 "이것, 저것"이라 하고, 이而 자를 "그러나"로 번역한 등이 그렇다.
판본은 징광사로부터 태동한 영각사본을 뿌리로 하였고, 대만에서 나온 본과 인악스님의 『잡화기』와 연담스님의 『유망기』와 또 다른 사기 『잡화부』(잡화부는 검자권부터 광자권까지 8권만 있다)를 대조하여 번역하였다.

앞에서 이미 말한 것처럼, 그 누가 청량국사의 『화엄경소초』를 완역한 적이 있었다면 나는 이 번역에 착수하지 않았을 것이다.
지금까지 이 황금보옥黃金寶玉의 『청량국사화엄경소초』가 번역되지 아니한 것은 나에게 주어진 시대적 사명이고 역사적 명령이라 생각한다.
나는 이 『청량국사화엄경소초』의 완역으로 불조의 은혜를 갚고 청량국사와 은사이신 문성노사 그리고 나를 낳아준 부모의 은혜를 일분 갚는다 여길 것이다.

끝으로 이 『청량국사화엄경소초』가 1,200년의 시간을 지나 이 세상에 눈뜨기까지 나와 인연한 모든 사람들 그리고 영산거사 가족과 김시열 거사님께 원력의 보살이라 찬언讚言하며, 나의 미약한 번역으로 선지자의 안목을 의심케 할까 염려한다.

마지막 희망이 있다면 이 『청량국사화엄경소초』의 완역 출판으로 청량국사에 대한 더욱 깊고 넓은 연구와 『화엄경』에 대한 더욱 다양한 연구가 이루어지기를 바라는 것뿐이다.

장세토록 구안자의 자비와 질책을 기다리며 고개 들어 다시 저 멀리 거제만을 바라본다.

여전히 변함없는 저 거제만을.

2016년 8월 1일 절필시에 게송을 그리며

長廣大說無一字 장광대설무일자
無碍眞理亦無義 무애진리역무의
能所兩詮雙忘時 능소양전쌍망시
劫外一經常放光 겁외일경상방광

화엄경의 장대한 광장설에는 한 글자도 없고
화엄경의 걸림없는 진리에는 또한 한 뜻도 없다.
능전의 문자와 소전의 뜻을 함께 잊은 때에
시공을 초월한 경전 하나 영원히 광명을 놓누나.

불기 2567년 음력 1월 10일 최초 완역장
승학산 해인정사 관허 수진

● 화엄경소초현담華嚴經疏鈔玄談(1~8)

● 화엄경소초華嚴經疏鈔

대방광불화엄경수소연의초 제십칠권의 이권

大方廣佛華嚴經隨疏演義鈔 第十七卷之二卷

우진국 삼장사문 실차난타 번역
청량산 대화엄사 사문 징관 찬술
대한민국 조계종 사문 수진 현토역주

초발심공덕품 제십칠의 일권

初發心功德品 第十七之一卷

疏

初에 來意者는 謂前二品은 明位及行이요 今顯勝德이니 擧初況後
하야 巧顯深勝일새 故次來也니라 又前品末云호대 初發心時에 便
成正覺이라하니 未知此心이 有何功用일새 頓得爾耶아 今釋此義
일새 故次來也니라

처음에 이 품이 여기에 온 뜻은 말하자면 앞의 두 품은 지위[1]와
그리고 범행을 밝힌 것이요
지금은 수승한 공덕을 나타낸 것이니,
처음 발심을 들어 뒤의 공덕에 비유하여 깊고 수승함을 교묘하게
나타내기에 그런 까닭으로 다음에 이 품이 여기에 온 것이다.
또 앞에 품[2]의 끝에 말하기를 처음 발심할 때에 문득 정각을 이룬다
하였으니
알지 못하겠다 이 마음이 무슨 공덕의 작용이 있기에 문득 이러함을

---

1 지위(位)란, 십주위十住位다.
2 원문에 전품前品이란, 범행품梵行品이다.

얻는가.

지금에 이 뜻을 해석하기에 그런 까닭으로 다음에 이 품이 여기에
온 것이다.

鈔

擧初況後者는 初心位劣이나 功德難思니 後後位高하야 德無涯矣
니라

처음 발심을 들어 뒤의 공덕에 비유하였다고 한 것은 처음 발심은
지위가 하열하지만 공덕은 사의하기 어렵나니,
후후後後의 지위가 높아서 공덕이 끝이 없는 것이다.

疏

二에 釋名者는 初有二義하니 一은 三種發心之初요 二는 十住之
初라

두 번째 이름을 해석한 것은 처음(初)이라고 한 것은 두 가지 뜻이
있나니
첫 번째는 세 가지 발심의 처음이요
두 번째는 십주의 처음이다.

鈔

一에 三種發心者는 起信論의 發趣道相中이라 論云호대 略說發心인댄 有三種相하니 云何爲三고 一者는 信成就發心이요 二者는 解行發心이요 三者는 證發心이라하니 今卽當一일새 故云三種中初라하니라 所以知是初者는 論云호대 信成就發心者는 依何等人하며 修何等行하야사 得信成就하야 堪能發心고 所謂依不定聚衆生하야 以有熏習善根力故로 信業果報하야 能生十善하야 厭生死苦하고 欲求無上菩提코자 得値諸佛하야 親承供養하고 修行信心호대 經一萬劫하야 信心成就할새 故佛菩薩이 敎令發心等이며 或以大悲로 自能發心하며 或因正法欲滅하야 以護法因緣으로 能自發心하나니라 如是信心成就하야 得發心者는 入正定聚하야 畢竟不退하나니 名住如來種中하야 正因相應이라하고 次說發三種心하니 已如十住品하니라 又云호대 發是心故로 則得少分으로 見於法身하나니 以見法身故로 隨其願力하야 能現八種하야 利益衆生하나니 所謂從兜率天退等이라하니라 二에 解行發心者는 當知轉勝이니 以是菩薩이 從初正信已來로 經於第一阿僧祇劫하야 將欲滿故로 於眞如法中에 能深解現前하야 所修離相이니 以知法性이 無慳貪故로 隨順修行檀波羅蜜等이라하니라 三에 證發心者는 從淨心地로 乃至菩薩究竟地中히 證何境界고 所謂眞如니 以依轉識하야 說爲境界언정 而此證者는 無有境界하고 唯眞如智니 名爲法身이라 是菩薩이 於一念頃에 能至十方의 無餘世界하야 供養諸佛하야 請轉法輪호대 唯爲開導하야 利益衆生이요 不依文字라하니라 釋曰上已明三種發心하니 第三은 登地已上이요 第二는

從十行으로 發迴向心이니 以十行中에 能解法空하야 順行十度하며
行法純熟하야 發迴向心호대 從其因邊으로 名爲解行이라 今非後二
니 正與初心으로 相應故니라 二에 十住之初者는 揀餘九住니 彼名初
發心住故니라

첫 번째 세 가지 발심이라고 한 것은 『기신론』의 분별발취도상
가운데 말이다.
그 논에 말하기를 간략하게 발심을 설한다면 세 가지 모습이 있나니
어떤 것이 세 가지가 되는가.
첫 번째는 신성취발심이요
두 번째는 해행발심이요
세 번째는 증발심이다 하였으니,
지금에는 제 일에 해당하기에 그런 까닭으로 말하기를 세 가지
발심 가운데 처음이다 하였다.
이것이 처음인 줄 아는 까닭은 『기신론』에 말하기를 신성취발심이라
고 한 것은 어떤 등의 사람을 의지하며 어떤 등의 행을 닦아야
믿음이 성취함을 얻어 능히 발심함을 감당하는가.
말하자면 부정취不定聚 중생을 의지하여 선근을 훈습한 힘이 있는
까닭으로 업의 과보를 믿어 능히 십선을 일으켜 생사의 괴로움을[3]
싫어하고, 무상보리를 구하고자 모든 부처님을 만나 친히 받들어
공양하고 신심을 수행하되 일만세월을 지나 신심을 성취하였기에

---

3 원문에 生死苦의 아래에 『기신론起信論』에는 欲 자가 있다.

그런 까닭으로 부처님과 보살이 가르쳐 하여금 발심케 하는 등이며, 혹은 대비로써 스스로 능히 발심하며 혹은 정법이 사라지고자 함을 인하여 법을 수호한 인연으로써 능히 스스로 발심하였다.

이와 같이 신심을 성취하여 발심함을 얻은 사람은 정정취正定聚에 들어가서 필경에 물러나지 않나니 이름이 여래의 종성 가운데 머물러 정인불성으로 상응한다 하고, 다음에 세 가지 마음⁴을 일으키는 것을 설하였나니

이미 십주품에서 설한 것과 같다.⁵

또 말하기를 이 마음을 일으킨 까닭으로 곧 조금 법신法身 봄을 얻나니

법신法身을 보는 까닭으로 그 원력을 따라 능히 여덟 가지⁶를 나타내어 중생을 이익케 하나니 말하자면 도솔천을 좇아 떠나온 등이다 하였다.

두 번째 해행발심이라고 한 것은 마땅히 전전히 수승한 줄⁷ 알아야

---

4 원문에 삼종심三種心은 직심直心, 심심深心, 대비심大悲心이다.

5 이미 십주품에서 설한 것과 같다고 한 것은 그 십주품 원문 고제보살告諸菩薩 내지삼세제불가乃至三世諸佛家라 한 소문에 보리심이 세 가지가 있나니 첫 번째는 직심直心이니 진여의 법을 바로 생각하는 까닭이요, 두 번째는 심심深心 이니 일체 모든 선행을 즐겁게 닦는 까닭이요, 세 번째는 대비심大悲心이니 일체 고통 받는 중생을 구호하는 까닭이라 하고 그 초문에 말하기를 곧 기신론 수행신심분 가운데 신성취발심 가운데 분별하였다 하였으니 그 말이다.

6 원문에 팔종八種은 팔상성도八相成道이다.

7 원문에 당지전승當知轉勝이란, 앞에 신성취信成就보다 더욱 수승한 줄 알아야

할 것이니,

이 보살이 처음 바른 믿음으로 좇아온 이래로 제일 아승지세월을 지나 장차 믿음을 만족케 하고자 한 까닭으로 진여의 법 가운데 능히 깊은 지해(解)가 앞에 나타나 수행하는 바가 그 모습을 떠나는 것이니

법성이 간탐이 없는 줄 아는 까닭으로 보시바라밀을 수순하여 수행하는 등이다 하였다.

세 번째 증발심이라고 한 것은 정심지淨心地[8]로 좇아 이에 보살의 구경지 가운데 이르기까지 무슨 경계를 증득하였는가.

말하자면 진여이니 전식轉識을 의지하여 경계라고 말하였을지언정 이것을 증득한 사람은 경계가 있을 수 없고 오직 진여의 지혜만 있을 뿐이니 이름을 진여법신이라 하는 것이다.

이 보살이 한 생각에 능히 시방의 남김 없는 세계에까지 이르러 모든 부처님께 공양하여 법륜 전하기를 청하되 오직 열어 인도하여 중생을 이익케 할 뿐 문자를 의지하지 않는다 하였다.

해석하여 말하면 위에서 이미 세 가지 발심을 밝혔으니 제 세 번째 증발심은 초지에 오른 이상이요

제 두 번째 해행발심은 십행으로 좇아 십회향심을 일으키는 것이니 십행 가운데 능히 법공을 알아 십바라밀을 수순하여 수행하며,

---

한다는 것이다.

8 정심지淨心地는 초지初地이다.

십바라밀법[9]을 수행한 것이 순숙하여 십회향심을 일으키되 그 인변 因邊을 좇아 이름을 해행이라 한 것이다.
지금에는 뒤에 두 가지 발심은 아니니 바로 처음 신성취발심으로 더불어 상응하는 까닭이다.

두 번째 십주의 처음이라고 한 것은 나머지 구주九住를 가린 것이니 저 십주의 처음을 초발심주라 이름하는 까닭이다.

疏

發亦二義니 一은 發起上求요 二는 三德開發이니 能知三世佛智 故며 永斷一切疑網故며 得如來一身과 無量身等故니라 在於信 位하야 久已硏窮하야 至此位中하야 豁然開悟할새 故得功齊果位 하야 攝德無邊하야 受斯稱矣니라

일으킨다(發)고 한 것에도 또한 두 가지 뜻이 있나니
첫 번째는 위로 보리를 구하는 마음을 일으키는 것이요
두 번째는 삼덕三德[10]을 개발[11]하는 것이니,
능히 삼세에 부처님의 지혜를 아는 까닭이며

---

9 法은 成 자인 듯하다. 그렇다면 십행이 순숙함을 이루어라고 해석할 것이다.
10 삼덕三德이란, 불삼덕佛三德이다.
11 원문에 발기發起라고 한 것은 행포문行布門을 잡은 것이고, 개발開發은 원융문 圓融門을 잡은 것이다. 역시 『잡화기』의 말이다.

영원히 일체 의심의 그물을 끊는 까닭이며
여래의 한 몸과 한량없는 몸 등을 얻는 까닭이다.

십신위에 있어서 오래도록 이미 연마하고 궁구하여 이 십신위 가운
데 이르러 활연히 개오하였기에 그런 까닭으로 공덕이 과위와 같음
을 얻어 공덕을 섭수한 것이 끝이 없어서 이 이름을 받은 것이다.

鈔

一에 發起上求는 望後論發이요 二에 三德開發者는 望前論發이라
從初信心으로 始入佛法하야 卽發趣求如來果位하야 寂照雙流하야
常觀心性할새 功行旣著하야 至此開發하나니 如發金藏하야 見眞金
等이라 於中四意니 初는 標요 二에 能知下는 示三德相이니 卽下經文
이라 三에 在於信位下는 釋開發義니 言硏窮者는 從初信入하야 寂照
雙流하야 常觀心性하며 精修諸度하야 以此爲因하야 豁然開悟가 是
開發相이니 如發金藏하야 了見分明하니라 四에 故得下는 仍前하야
釋於功德之義니라

첫 번째 위로 보리를 구하는 마음을 일으키는 것이라고 한 것은
뒤를 바라보고 일으킨다는 것을 논한 것이요
두 번째 삼덕을 개발하는 것이라고 한 것은 앞을 바라보고 일으킨다
는 것을 논한 것이다.
처음 신심으로 좇아 비로소 불법에 들어가 곧 여래의 과위를 개발하

여 나아가 구하여 적체寂體와 조용照用을 함께 유행하여 항상 심성을
관찰하였기에 공덕의 행이 이미 밝아져서 여기에 이르러 삼덕을
개발하나니, 마치 금장金藏을 개발하여 진금을 보는 것과 같다고
한 등이다.

그 가운데 네 가지 뜻이 있나니

처음에는 한꺼번에 표한 것이요

두 번째 능히 삼세에 부처님의 지혜를 아는 까닭이라고 한 아래는
삼덕의 모습을 보인 것이니 곧 아래 경문이다.

세 번째 십신위에 있다고 한 아래는 개발의 뜻을 해석한 것이니
연마하고 궁구한다고 말한 것은 처음 십신위로 좇아 들어가 적체와
조용을 함께 유행하여 항상 심성을 관찰하며 육바라밀을 깨끗하게
닦아 이것으로써 원인을 삼아 활연히 개오하는 것이 이것이 개발의
모습이니 마치 금장을 개발하여 알아보기를 분명하게 하는 것과
같다.

네 번째 그런 까닭으로 공덕이 과위와 같음을 얻었다고 한 아래는
앞을 인하여 공덕의 뜻을 해석한 것이다.

疏

三에 宗趣者는 卽初心攝德으로 爲宗이요 令物窮究發心으로 爲趣
니라

세 번째 종취는 곧 초심에 공덕을 섭수하는 것으로 종을 삼고,

중생으로 하여금 궁구하여 발심케 하는 것으로 취를 삼는 것이다.

疏¹²

然이나 住會發心은 定是信成就攝이요 解行及證은 自在後文이라

그러나 십주회의¹³ 발심은 결정코 이 신성취 발심에 섭속되고 해행발심과 그리고 증발심은 십자재지¹⁴ 뒤의 문장(自在后文)에 섭속되는 것이다.

鈔

然住會下는 初는 正揀이니 卽安國意라 彼有二意하니 一은 云此中三賢은 別說十地요 十地一會는 總說十地일새 故其四會가 皆是十地라하며 二者는 以此品中에 文義深奧하야 同十地故라할새 今疏一文으로 一時雙破호대 而正破初意니라 今十住는 是信成就攝이요 後二는 自屬第四五六會어니 何得渾和리요 若言別說合說인댄 略有四失하니 一은 令此經으로 無三賢義요 二는 令餘經으로 三賢虛設이요 三은 成此經의 文義雜亂이니 謂以地義로 名住行向故요 四는 何不一天에 總別說耶아 而歷四天은 蓋有所表니 是知此說이 殊乖敎理라할새 故

---

12 疏 자 아래에 四는 釋文이라는 글자가 있으면 좋다.
13 그러나 십주회의 운운은 네 번째 문장을 해석하는 가운데 두 가지가 있나니 먼저는 고인(안국)의 뜻을 가리는 것이다. 역시 『잡화기』의 말이다.
14 원문에 자재自在는 십자재지十自在地(十住를 十地라 하기도 함)이다.

云住會發心은 定是信成就等이라

그러나 십주회의 발심이라고 한 아래는 처음에 바로 가린 것이니 곧 안국[15]스님의 뜻이다.

저기에 두 가지 뜻이 있나니

첫 번째는 말하기를 이 가운데 삼현은 십지를 따로 설한 것이고 십지의 한 회는 십지를 한꺼번에 설한 것이기에 그런 까닭으로 그 사회四會[16]가 다 십지이다 하였으며

두 번째는 이 품 가운데 문장과 뜻은 깊어서 십지와 같은 까닭이다 하였기에 지금 소문에서 한 문장으로 일시에 함께 깨뜨리되 바로 처음에 뜻을 깨뜨린 것이다.

지금에 십주회는 신성취에 섭속되고

뒤에 해행과 증발심 두 가지는 제사회[17]와 제오회와 제육회에 섭속되거니 어찌 혼화渾和[18]함을 얻는가.

만약 따로 설한 것과 합하여 설한(總說) 것으로 말한다면 간략하게 네 가지 허물이 있나니,

첫 번째는 이 경으로 하여금 삼현의 뜻이 없게 하는 것이요

두 번째는 나머지 경[19]으로 하여금 삼현을 거짓으로 설립케 하는

---

15 안국安國은 안국사安國寺의 이강利剛, 원섭元涉이다.

16 사회四會란, 삼현십지三賢十地이다.

17 원문에 속제屬第 아래에 四 자가 빠졌다.

18 혼화渾和는 섞이어 구별이 안 된다는 뜻이니 즉 삼현三賢은 십지十地 별설別說이고, 십지일회十地一會는 십지十地 총설總說이라 하니 구별이 안 된다는 것이다.

것이요

세 번째는 이 경의 문장과 뜻이 섞이어 혼란을 이루게 하는 것이니,
말하자면 십지의 뜻으로써 십주·십행·십회향이라 이름하는 까닭
이요

네 번째는 어찌하여 한 하늘에서 한꺼번에 설하고 따로 설하지
않는가.

사천四天을 두루 지내는 것은 대개 표하는 바가 있나니, 이에 알아라.
이 말이 자못 교리를 어긴다 하기에 그런 까닭으로 말하기를 십주회
의 발심[20]은 결정코 이 신성취 발심에 섭속된다 한 등이다.

疏

生如來家는 自約解說이니 不應謂此가 便是證收니라 若謂久習
無明거니 云何頓成大智者고하면 豈不聞冥室에 千年之闇을 一燈
倏忽頓除耶아 若謂云何能知三世佛法者고하면 豈不聞具縛凡
夫가 能知如來祕密藏耶아 餘義는 至文當釋하리라

여래가에 태어난다고 한 것은 스스로 해행을 잡아 설한 것이니
응당 이것이 문득 증발심에 섭수된다고 말할 수는 없는 것이다.

19 원문에 여경餘經은 『인왕경仁王經』 등 『화엄경華嚴經』의 도리를 설한 경전을
   말한다.
20 원문에 주회발심住會發心이라고 한 아래는 그 뜻이 곧 주회발심住會發心은
   신성취발심信成就發心이니 안국安國과 같이 주회발심住會發心을 증발심證發心
   으로 보아서는 안 된다는 것이다.

만약 말하기를 무명을 오래 익혔거니[21] 어떻게 문득 큰 지혜를 이루는
가 하였다면, 어찌 어두운 방에[22] 천년의 어둠을 한 등불이 갑자기
문득 제멸하는가 한 것을 듣지 못했는가.

만약 말하기를 어떻게[23] 능히 삼세의 불법을 아는가 하였다면, 어찌
구박범부가[24] 능히 여래의 비밀장을 아는가 한 것을 듣지 못했는가.
나머지 뜻은 경문에 이르러 마땅히 해석하겠다.

鈔

生如來家下는 第二에 遮破라 彼云호대 據文旣云호대 初發心時에
便成正覺이라하니 應是初地라 況下經云호대 以生如來廣大家하며
能生三世一切諸佛家하며 永斷一切諸疑網하며 盡除一切諸障礙라
하니 若非初地인댄 安得爾耶아 豈有久習無明거니 纔一發心에 便成
大智하야 能知前際에 一切諸佛의 成等正覺하야 乃至涅槃하며 能信
後際에 一切諸佛의 所有善根하며 能知現在에 一切諸佛의 所有智慧
하며 卽能振動一切世界等耶아 若謂不作齊限하야 而能爾者인댄 今
何不發耶며 已發인댄 何不能爾耶아 以斯義理로 應知證發이라하니
라 釋曰此中彼釋이 自有三段하니 一은 正立이요 二에 豈有久習下는
引文反質이요 三에 若謂不作下는 縱破法性이라 今疏文中에도 亦有

---

21 원문에 약위구습若謂久習 운운은 안국安國의 뜻(意)이다.
22 원문에 기불문명실豈不聞冥室 운운은 청량淸凉의 답答이다.
23 원문에 약위운하若謂云何 운운은 안국安國의 뜻(意)이다.
24 원문에 기불문구박豈不聞具縛 운운은 청량淸凉의 답答이다.

三節하니 但通前二니라 今初는 通其第一正立이니 彼以有生家故로
名證發心이라하얏거니와 今揀生家不同일새 故非證也니라 然이나 彼
引四句어늘 今但通一하니 餘例可知니라 且通生家인댄 生家有六하
니 如法界品하니라 前十住內에도 亦說生家하니 言雖同이나 而義有
異어니 豈以解生으로 同證生也리요 解生은 生菩提心家요 證生은 生
眞如家일새 故不同也니라 此義若成인댄 其餘皆成일새 故云不通餘
也라하얏거니와 若通餘三者인댄 旣許解生거니 何得不能生三世佛
家하며 斷諸疑網하며 除諸障礙리요 又彼初云호대 初發心時에 便成
正覺을 最初建立이 是初地義라하니 此義前品에 已曾廣釋일새 故不
通耳니라

여래가에 태어난다고 한 아래는 제 두 번째 깨뜨린[25] 것을 막는[26]
것이다.
저가 말하기를[27] 경문을 의거한다면[28] 이미 말하기를 처음 발심할
때에 문득 정각을 이룬다 하였으니,
응당 이것은 초지인 것이다.
하물며 아래 경에 말하기를 여래의 광대한 집에 태어나며
능히 삼세에 모든 부처님의 집에 태어나며
일체 모든 의심의 그물을 영원히 끊으며

---

25 원문에 파破는 안국安國의 뜻(意)이다.
26 원문에 차遮는 청량淸凉의 답答이다.
27 원문에 피운彼云은 안국安國이다.
28 원문에 거문據文은 화엄華嚴이다.

일체 모든 장애를 다 제멸한다 하였으니,

만약 초지가 아니라고 한다면 어찌 이러함을 얻겠는가.

어찌 무명을 오래 익힌 것이 있거니 겨우 처음 발심함에 문득 큰
지혜를 이루어 능히 과거에 일체 모든 부처님이 등정각을 이루어
내지 열반하심을 알며

능히 미래에 일체 모든 부처님이 소유하신 선근을 믿으며

능히 현재에 일체 모든 부처님이 소유하신 지혜를 알며

곧 능히 일체 세계 등을 진동하겠는가.

만약 말하기를[29] 제한을 지어 능히 그런 것이 아니라고 한다면 지금에
어찌 발심하지 아니하며,

이미 발심하였다고 한다면 어찌 능히 그렇지 아니하는가.

이런 의리로써 응당 증발심인줄 안다 하였다

해석하여 말하면 이 가운데 저 안국스님의 해석이 스스로 삼단이
있나니

첫 번째는 바로 세운 것이요

두 번째 어찌 무명을 오래 익힌 것이 있거니라고 한 아래는 경문을
인용하여 반대로 질문한 것이요

세 번째 만약 말하기를 제한을 지어 능히 그런 것이 아니라고 한다면

---

29 만약 말하기를 운운한 것은, 어떤 사람이 말하기를 법성은 제한이 없나니
이 사람이 법성에 칭합하여 발심한 까닭으로 능히 그렇다 할까 염려하기에
저 사람을 깨뜨려 말하기를 만약 그렇다면 법성은 항상 있거늘 지금에 어찌
발심하는 이가 없으며 만약 이미 발심하였다고 말한다면 이미 발심한 이는
어찌 능히 정각을 이루지 못하는가 한 것이다. 역시 『잡화기』의 말이다.

이라고 한 아래는 종縱으로 법성을 깨뜨린 것이다.

지금 소문 가운데도 또한 삼절三節이 있나니,
다만 앞에 이단二段만을 통석한 것이다.
지금은 처음으로 제일단에 바로 세운 것을 통석한 것이니,
저 안국스님은 여래가에 태어나는[30] 까닭으로 증발심이라 이름하거
니와 지금에는 여래가에 태어나는 것이 같지 아니함을 가린 것이기
에 그런 까닭으로 증발심이라 이름할 수 없다.
그러나 저 안국스님은 네 구절을 인용하였거늘[31] 지금에는 다만
한 구절[32]만 통석하였으니 나머지[33]는 비례하면 가히 알 수가 있을
것이다.
또 여래가에 태어남을 통석한다면 여래가에 태어나는 것이 여섯
가지가 있나니 입법계품과 같다.

---

30 원문에 생가生家는 십가가 있다(有十家). 1. 보리심菩提心 → 보리가菩提家,
2. 심심深心 → 선지식가善知識家, 3. 제지諸地 → 바라밀가波羅蜜家, 4. 대원大願
→ 묘행기妙行家, 5. 대비大悲 → 사섭가四攝家, 6. 여리관찰如理觀察 → 반야바
라밀가般若波羅蜜家, 7. 대승大乘 → 방편선교가方便善巧家, 8. 교화중생教化衆
生 → 생불가生佛家, 9. 수행일체법修行一切法 → 삼세여래가三世如來家, 10.
지혜관찰智慧觀察 → 무생법인가無生法忍家이다.
31 원문에 피인사구彼引四句는 ①생여래광대가生如來廣大家, ②생삼세제불대가
生三世諸佛大家, ③단일체제의망斷一切諸疑網, ④제일체제장애除一切諸障碍
이다.
32 원문에 일구一句란, 생여래광대가生如來廣大家이다.
33 나머지란, 곧 뒤에 삼구三句이다.

앞의 십주품 안에도 또한 여래가에 태어남을 설하였으니,
말은 비록 같지만 뜻은 다름이 있거니 어찌 해행생으로써 증생證生과
같다 하겠는가.

해행생은 보리심가에 태어나는 것이고 증생은 진여가에 태어나는
것이기에 그런 까닭으로 같지 않는 것이다.

이 뜻이 만약 성립된다면 그 나머지 뜻도 다 성립되기에 그런 까닭으
로 말하기를 나머지는 통석하지 않는다[34] 하였거니와, 만약 나머지
세 구절[35]을 통석한다면 이미 해행생을 허락한 것이어니 어찌 능히
삼세에 모든 부처님의 집에 태어나며 모든 의심의 그물을 끊으며
모든 장애를 제멸하지 못함을 얻겠는가.

또 저 안국스님이 처음에 말하기를 처음 발심할 때에 문득 정각을
이룬다는 것을 최초에 건립한 것이 이것이 초지의 뜻이다 하였으니,
이 뜻은 앞 품[36]에서 이미 일찍이 폭 넓게 해석하였기에 그런 까닭으로
통석하지 않는다.

若謂久習下는 卽二에 通其引文反質이니 彼引四句어늘 今爲兩節通
之하니라 初에 通久習無明은 文可知也니라 若謂云何下는 二에 通知

---

34 원문에 고운불통여故云不通餘라고 한 것은 영인본 화엄 6책, p.92, 6행에
   여예가지餘例可知를 의인意引한 것이다. 혹 云 자를 연자衍字로 보기도 하나니
   『잡화기』는 연자衍字로 보았다.

35 원문에 여삼자餘三者란, ① 삼세제불가三世諸佛家, ② 단제의망斷諸疑網, ③ 제
   제장애除諸障碍이다.

36 앞 품이란, 범행품梵行品이니 영인본 화엄 6책, p.81, 9행 이하이다.

三世佛法이니 此卽涅槃第六에 如來性品이요 南經卽四依品이라 云
有四種人하야 能護正法하며 建立正法하며 憶念正法하며 能多利益
하야 憐愍世間하며 爲世間依하야 安樂人天하나니 何等爲四고 有人
出世나 具煩惱性이 是名第一이요 須陀洹斯陀含人이 是名第二요
阿那含人이 是名第三이요 阿羅漢人이 是名第四니라 云何名爲具煩
惱性고 若有人이 能受持禁戒하며 威儀具足하며 建立正法하며 從佛
所聞에 解其文義하며 轉爲他人하야 分別宣說하나니 所謂少欲是道
며 多欲非道라하야 廣說은 如八大人覺하며 有犯罪者는 敎令發露하
야 懺悔滅除하야 善知菩薩의 方便所行인 祕密之法은 是名凡夫요
非第八人이니 第八人者는 不名凡夫하고 名爲菩薩이며 不名爲佛이
라하니라 釋曰遠公도 亦名爲種性解行人이요 非是登地라하니 此初
依人이라 旣云具縛이 能知祕密인댄 何言十住가 不能知耶아 前義若
成인댄 動刹何惑이리요 其第三段에 縱破法性은 文理易故로 疏不通
之어니와 意云此中에만 非獨作無齊限하야 便得爾也니라 亦久研窮
하야사 方至此位어니 何得爲此에 無理難也리요

만약 말하기를 무명을 오래 익혔거니 어떻게 문득 큰 지혜를 이루는
가 하였다면이라고 한 아래는 두 번째 문장[37]을 인용하여 반대로
질문한 것을 통석한 것이니,
저 안국스님이 네 구절을 인용하였거늘[38] 지금에는 양절兩節[39]을

---

37 여기서 문장이란, 명실천년지암冥室千年之暗 운운이다.
38 저 안국스님이 네 구절을 인용하였다고 한 것은 비록 다섯 구절이 있으나
　그러나 "어찌 무명을 오래 익힌 것이 있거니" 일구一句는 이것은 인경引經이

삼아 통석하였다.

처음에 무명을 오래 익혔다는 것을 통석한 것은 문장을 가히 알
수가 있을 것이다.

만약 말하기를 어떻게 능히 삼세의 불법을 아는가 하였다면이라고
한 아래는 두 번째[40] 삼세의 불법을 안다는 것을 통석한 것이니,
이것은 곧 『열반경』 제육권에 여래성품이요, 남경南經으로는 곧
사의품四依品[41]이다.

말하자면 네 종류의 사람이 있어서 능히 정법을 호지하며

정법을 건립하며

정법을 기억하여 생각하며

능히 다분히 이익하여 세간을 어여삐 여기며

세간의 의지가 되어 인간과 천상을 안락케 하나니,

어떤 등이 네 종류의 사람이 되는가.

어떤 사람이 세상에 나왔지만 번뇌의 성품을 구족한 것이 이 이름이

제일 첫 번째 사람이요

수다원과 사다함의[42] 사람이 이 이름이 제 두 번째 사람이요

아닌 까닭이다. 역시 『잡화기』의 말이다.

39 양절兩節은 약위구습若謂久習 운운과 약위운하若謂云何 운운이다.

40 三 자는 二 자의 잘못이다. 『잡화기』도 이와 같이 말하였다.

41 사의품四依品은, 한글 대장경은 제육권第六卷이 사의품四依品이니, 곧 사의품四依品
초두에 선남자야, 이 미묘한 대반열반 가운데 네 종류의 사람이 운운하다.
한글 대장경 53 열반부 1, p.100이다.

아나함의 사람이 이 이름이 제 세 번째 사람이요
아라한의 사람이 이 이름이 제 네 번째 사람이다.
어떤 것을 이름하여 번뇌의 성품을 구족한 사람이라 하는가.
만약 어떤 사람이 능히 금계를 받들어 가지며
위의를 구족하며
정법을 건립하며
부처님으로 좇아 들은 바 그 문장과 뜻을 알며
전전히 타인을 위하여 분별하여 선설하나니,
말하자면 욕심이 적은 것[43]은 이 도道며, 욕심이 많은 것은 도가
아니다 하여 폭넓게 설한[44] 것[45]은 저 팔대인각八大人覺과[46] 같으며,
죄를 범한 적이 있는 사람은 명령하여 죄를 드러내어 참회하고
멸제하여 보살의 방편으로 행한 바 비밀한 법을 잘 알게 하는 것은
이것은 이름이 범부요 제 여덟 번째 사람이 아니니,

---

42 수다원須陀洹 아래에 사다함斯陀含이란 말이 빠졌다. 『열반경』에는 수다원의
　　사람과 사다함의 사람이라 하고 있다. 『잡화기』도 이와 같이 말하였다.
43 원문에 소욕少欲이라는 말 아래에 『열반경』 본문에는 시도是道라는 두 글자가
　　있다. 이본에는 이미 보증되어 있다.
44 원문에 광설여피廣說如彼라고 한 아래에 一句도 『열반경涅槃經』의 글이다.
45 도가 아니다 하여 폭넓게 설한 것이라고 운운한 것은 다 저 『열반경』의
　　문장이니, 이 사람이 이와 같이 팔대인각법을 폭넓게 설하여 중생을 이익케
　　한 것을 말한 것이다. 원문에 여피如彼라 한 피彼는 본문(『열반경』 제6권)에
　　시是로 되어 있다. 팔대인각은 율자권律字卷 상권 25장을 볼 것이다. 역시
　　『잡화기』의 말이다.
46 팔대인각八大人覺은 『유교경遺教經』에도 설說하였다.

제 여덟 번째 사람은[47] 범부라 이름하지 않고 보살이라 이름하며 부처님이라고는 이름하지 않는다 하였다.

해석하여 말하면 원공遠公[48]도 또한 이름을 종성해행인種性解行人이라 하고 등지登地라 하지 아니하였으니,

이것은 처음 사람[49]을 의지한 것이다.[50]

이미 말하기를 구박범부가 능히 비밀한 법을 알게 했다고 하였다면 어찌 십주보살이 능히 알게 하지 못했다 말하겠는가.

앞의 뜻[51]이 만약 성립된다면 세계를 진동하는[52] 것을 어찌 미혹하겠는가.

그[53] 제삼단에 종으로 법성을 깨뜨린다고 한 것은 문장의 이치가 쉬운 까닭으로 소문에서 그것을 통석하지 않았거니와, 그 뜻에

---

47 제 여덟 번째 사람은 초과향初果向이니 담자권淡字卷 하권 13장을 볼 것이다.
　 그러나 이 사과四果는 다 대승을 잡아 설한 것이다. 역시 『잡화기』의 말이다.
48 원공遠公은 혜원慧遠이니, 동진시대東晉時代 여산혜원이 아니고 수나라 택주澤
　 州의 혜원이니 『십지소十地疏』, 『화엄소華嚴疏』 등을 지었다.
49 원문에 초의인初依人은 사종인四種人 가운데 초인初人이다.
50 처음 사람을 의지한다고 한 것은 『잡화기』는 저 『열반경』 사의품에 네 종류의
　 사람으로 네 가지 의지함을 삼는 까닭이라 하였다.
51 원문에 전의前義는 구박능지具縛能知이니 영인본 화엄 6책, p.91, 8행에 능지전
　 제등삼제能知前際等三際이다.
52 원문에 동찰動刹은 즉능진동일체세계卽能震動一切世界이니 영인본 화엄 6책,
　 p.91, 말행末行에 있다.
53 그(其)란, 안국을 말한다.

말하기를 이 가운데만 유독 무제한을 지어 문득 그러함을 얻게
할 수 없다는 것이다.
또한 오래 연마하고 궁구하여야 바야흐로 이 지위에 이르거니,
어찌 여기에 무리하게 비난함을 얻겠는가.

疏

夫機差教別하며 聖旨深玄하야 並未證眞如하고 同居學地하야 共
詳聖智인댄 誠曰才難이라 且以淺爲深인댄 有符理之得이요 以深
爲淺인댄 有謗法之愆이며 以遠爲近인댄 則有益於行人이요 以近
爲遠인댄 則法非我分이리라 諸佛說教는 貴在俯就物機어늘 後輩
學人이 若欲高推聖境하야 儻失大利인댄 豈不傷哉아 且夕釣磻
谿라가 朝升台輔어니 豈與夫明經常選으로 而語其優劣者哉아 況
纔生王宮에 貴極臣佐어니 寧同百戰夷項하야 備歷艱辛이리요 況
十千劫之功高가 亦非聊爾人耳리요 是以로 語其智인댄 等虛空
而非類요 論其德인댄 碎塵剎而難量하리라 極念劫之圓融하고 盡
法門之重現하야 初心에 契於智海어니 豈有邊涯리요 猶微滴이 入
於天池에 齊無終始니라 故經云호대 發心畢竟二不別이니 如是二
心先心難이라하니 法慧仰推가 良在此也니라 如或未喩인댄 勝鬘
有文호대 推佛能知가 斯言無過니 餘如賢首品하니라

대저 근기가 차별하고 가르침이 차별하며 성인의 뜻이 깊고 현묘하
여 아울러 진여를 증득하지 못하고 학지學地[54]에만 함께 거처하여

성인의 지혜를 함께 생각한다면 진실로 재주가 미치기 어렵다[55] 말할 것이다.

또한 얕은 것으로써 깊은 것을 삼는다면 진리에 부합함을 얻음이 있을 것이요

깊은 것으로써 얕은 것을 삼는다면 법을 비방하는 허물이 있을 것이며

먼 것으로써 가까운 것을 삼는다면 곧 수행하는 사람을 이익케 함이 있을 것이요

가까운 것으로써 먼 것을 삼는다면 법은 나의 분分이 아닐 것이다.

모든 부처님께서 설하신 가르침은 그 귀함이 중생의 근기에 숨이어 나아감에 있거늘, 후배의 학인들이 만약 성인의 경계에 높이 미루어 갑자기 큰 이익을 잃는다고 한다면 어찌 슬프지 않겠는가.

또 태공이 저녁에 반계磻溪[56]에서 낚시하다가 아침에 대보台輔[57]에 올랐거니, 어찌 대저 경에 밝아 보통 당선된[58] 것으로 더불어 그 우열을 말하겠는가.

하물며 겨우 왕궁에 태어남에 그 귀함이 신하보다 지극하거니,

---

54 학지學地는 안국安國 등의 학처學處이다.

55 원문에 재난才難은 재주가 성인의 지혜에 미치기 어렵다는 것이다.

56 반계磻溪는 강태공姜太公이 낚시하던 강이다.

57 대보台輔는 영의정(국무총리)이다.

58 원문에 명경상선明經常選은 옛날 과거시험을 칠 때 경을 외우게 하여 당선시키는 것을 말함이니, 역위수증歷位修證에 비유한 것이니 즉 석조반계하夕釣磻溪下는 돈수돈증頓修頓證에 비유하고, 기여부명경하豈與夫明經下는 점수점증漸修漸證에 비유한 것이라 할 것이다.

어찌 백 번을 전쟁하여 항우를 죽여[59] 갖은 고생[60]을 갖추어 겪는 것과 같겠는가.

하물며 십천세월의 높은 공력[61]이 또한 구차한[62] 사람이 아닐 뿐이겠는가.

이런 까닭으로 그 지혜를 말한다면 허공과 같아 비류할 수 없고 그 공덕을 논한다면 티끌만치 많은 세계를 부수어도 헤아릴 수가 없을 것이다.

염겁念劫의 원융을 다하고 법문의 중중으로 나타남을 다하여 처음 발심함[63]에 지혜의 바다에 계합하거니 어찌 끝이 있겠는가.

비유하자면 작은 물방울이 천지天池에 들어감에 뚝같이 시작과 끝이 없는 것과 같다

그런 까닭으로 『열반경』에 말하기를 발심과 필경이 둘이 다르지 않나니 이와 같이 두 마음에 선심先心이 어렵다 하였으니,

법혜보살이 부처님께 우러러 미루는[64] 것이 진실로 여기에 있는

---

59 원문에 백전이항百戰夷項은 즉 수많은 전쟁을 통하여 갖은 고생을 겪고 보위에 오른 한고조漢高祖와 같겠는가 하는 뜻이다.

60 원문에 간신艱辛은 고생의 뜻이다.

61 십천十千세월의 높은 공력(功)은 십주보살十住菩薩이다.

62 원문에 요이聊爾는 자전에 구차한 모양이라 하였다. 영인본 화엄 6책, p.98, 9행에는 且略이라 하니 구차할 차且, 노략질할 략略으로 보아 구차하게 노략질 하는 사람이 아니라는 뜻으로 보았다. 또 보통사람이라는 뜻도 내포하고 있다.

63 원문에 초심初心은 십주초발심十住初發心이다.

64 원문에 법혜앙추法慧仰推란, 초발심인初發心人의 공덕功德은 유불능지唯佛能知

것이다.

만약 혹 알지 못했다고 한다면 『승만경』에 글이 있으되 부처님만이
능히 안다고 미룬 것이 이 말이 허물이 없나니,
나머지는 앞의 현수품에서 말한 것과 같다.

鈔

夫機差敎別下는 第三에 結成前義라 於中有六하니 一은 歎深謙推라
初에 雙明敎旨는 歎深也요 次에 明未證은 謙也요 後에 共詳下는 推也
라 且以淺下는 二에 進退立理하야 明有損益이라 初住에 頓具佛法은
深也요 而推在登地하고 地前所無는 淺也니 故成謗法이라 智度論云
호대 謗有二種하니 一者에 言此非佛說等은 卽爲深重이니 墮大地獄
이요 二者에 說不契理는 並爲謗法이니 卽深爲淺이 是也라 以淺爲深
者는 以初住之淺으로 釋爲圓融該博이 深也니 豈非符合於理리요 理
本具故니라 然此二對는 亦是泛擧一切深淺法也니라 以遠爲近者는
一僧祇滿하야사 方證初地는 遠也요 今爲初住로 近也니 則一生有望
거니 豈非有益行人이리요 以近爲遠者는 初住近也요 推在地上은 遠
也니 未歷僧祇인댄 何由造此리요할새 故云法非我分이라하니라 諸佛
下는 第三에 結成損益이니 可知라

라 하여 부처님께 미룬 것이니(영인본 화엄 6책, p.104, 9행), 차라리 말하려면
유불능지唯佛能知라 해야 허물이 없지 그대 안국安國처럼 십지十地(三賢은
別十地, 十地는 總十地)라고 하면 안 된다는 것이다. 왜냐하면 발심發心과 필경畢
竟이 무이별無二別이기 때문이다.

대저 근기가 차별하고 가르침이 차별하다고 한 아래는 세 번째 앞에 뜻을 맺어 성립한 것이다.

그 가운데 여섯 가지가 있나니

첫 번째는 깊은 것과 겸손한 것과 미룬 것을 찬탄한 것이다.

처음에 가르침과 성인의 뜻을 함께 밝힌 것은 깊은 것을 찬탄한 것이요

다음에 증득하지 못함을 밝힌 것은 겸손한 것이요

뒤에 성인의 뜻을 함께 생각한다고 한 아래는 미루는 것이다.

또한 얕은 것으로써 깊은 것을 삼는다고 한 아래는 두 번째 나아가고 물러남에 이치를 세워 손해와 이익이 있음을 밝힌 것이다.

초주에 문득 불법을 갖추는 것은 깊은 것이요

등지登地에 있고 십지 전에는 없는 바라고 미루는 것은 얕은 것이니 그런 까닭으로 법을 비방함을 이루는 것이다.

『지도론』에 말하기를 비방함에 두 가지가 있나니

첫 번째, 이것은 불설이 아니라고 말하는 등은 곧 깊고 무거움이 되는 것이니 대지옥에 떨어질 것이요

두 번째, 말이 진리에 계합契合하지 않는다고 한 것은 모두 법을 비방함이 되는 것이니 곧 깊은 것으로 얕은 것을 삼는다고 한 것이 이것이다.

얕은 것으로써 깊은 것을 삼는다고 한 것은 초주의 얕은 것으로써 원융의 해박한 것이 깊은 것이 됨을 해석한 것이니 어찌 진리에 부합하지 않겠는가. 진리는 본래 갖추어져 있는 까닭이다.

그러나 이 이대二對[65]는 역시 일체 깊고 얕은 법을 널리 거론한 것이다. 먼 것으로써 가까운 것을 삼는다고 한 것은 일 아승지세월이 차야 바야흐로 초지를 증득한다고 한 것은 먼 것이요

지금에는 초주로 가까움을 삼는 것이니, 곧 일생에 희망[66]이 있거니 어찌 수행하는 사람을 이익케 함이 있지 않겠는가.

가까운 것으로써 먼 것을 삼는다고 한 것은 초주는 가까운 것이 되고 십지 이상에 있다고 미룬 것은 먼 것이 되는 것이니, 아승지세월 을 지나지 않았다면 어떤 이유로 여기[67]에 나아가겠는가 하기에 그런 까닭으로 말하기를 법은 나의 분이 아닐 것이다 하였다.

모든 부처님께서 설하신 가르침이라고 한 아래는 제 세 번째 손해와 이익을 맺어 성립한 것이니 가히 알 수가 있을 것이다.

且夕釣磻溪下는 第四에 擧例證成이니 以君臣爲一對라 磻溪는 卽是 太公의 垂釣之處라 頓爲武王之相거니 豈要歷資리요 略擧一事나 其 例甚多니라 諸葛亮이 受黃鉞於茅廬하고 韓信이 昇將壇於一卒하며 蔡澤이 奪范雎之印하며 張儀가 霸秦主之威가 皆布衣也니라 纔生王 宮은 約主니 亦是外事라 約經인댄 卽七十八中에 譬如王子初生에 卽爲耆舊臣佐의 禮敬하나니 此菩提心도 亦復如是라하며 出現品云 호대 如轉輪王의 所生太子가 具王相者는 七寶不散하고 卽紹輪王이

---

65 이대二對는 이천위심以淺爲深과 이심위천以深爲淺이다.

66 희망이란, 곧 성불成佛이다.

67 여기(此)란, 성불成佛이다.

라하니라 若約外典인댄 其事甚多하니 如周成晉獻이 皆自小爲人主
하니라 百戰夷項은 卽漢高祖라 古人詠史云호대 百戰方夷項하고 三
章且代秦하도다 功歸蕭相國하고 氣盡戚夫人이라하니 十年征戰하야
七十二瘡하고 方南面稱孤나 在位無幾거니 豈與上同이리요 況十千
劫下는 第五에 況出功高니 以修行十千劫하야 方入初住하야 成正定
聚도 亦非但發無分限心하야 卽得爾也니라 言非聊爾人耳者는 聊爾
는 爲且略也라 史書敍호대 周公은 爲文王之子요 武王之弟며 成王之
叔이니 非聊爾人耳라하얏거늘 今借此言用之니라 是以語其智下는
卽是功高로 所成之德也라 天池는 卽海也니라 故經云下는 六에 引文
成立이니 卽涅槃文이라 下半頌云호대 自未得度先度他일새 是故我
禮初發心이라하니 至法界品하야 當更廣引하리라 法慧仰推는 卽當
經意니라 如或未喩者는 喩猶曉也라 勝鬘有文은 十地廣釋하리라 勝
鬘에 說三種智하니 此卽第三에 仰推智也니라

또 저녁에 반계에서 낚시를 하였다고 한 아래는 네 번째 예를 들어
증거하여 성립한 것이니,
임금과 신하로써 일대一對를 삼은 것이다.
반계라고 한 것은 곧 이것은 강태공이 낚시를 내리던 곳이다.
태공이 문득 무왕의 재상이 되었거니 어찌 역자歷資[68]를 요망하겠
는가.
간략하게 한 가지 사실만 들었지만 그와 같은 예가 매우 많다.

---

68 역자歷資는 차례를 그치는 것이다.

제갈량이 황금 도끼[69]를 띠집에서 받았고, 한신이 장단將壇[70]을 한 졸병에서 올랐으며, 채택蔡澤이 범수范雎의 도장을 빼앗았으며, 장의張儀[71]가 진나라 군주의 위의를 패권한 것이 다 포의布衣[72]이다. 겨우 왕궁에 태어났다고 한 것은 군주를 잡은 것이니 역시 외사外事이다.

이 경을 잡는다면 곧 칠십팔권 가운데 비유하자면 왕자가 처음 태어남에 곧 늙은 신하의 예경함이 되는 것과 같나니, 보리의 마음도 또한 다시 이와 같다 하였으며

출현품에 말하기를 마치 전륜왕에게서 태어난 바 태자가 왕의 모습을 갖춘 이는 칠보七寶[73]를 흩지 않고 곧 전륜왕위를 잇는 것과 같다 하였다.

만약 외전外典을 잡는다면 그 사실이 매우 많나니,

마치 주周나라 성왕成王과 진晉나라 헌왕獻王[74]이 다 어릴 적부터

---

69 원문에 황월黃鉞은 천자가 정벌할 때 씀. 鉞은 '도끼 월' 자이다.

70 장단將壇은 장수의 집단, 장수의 세계이다.

71 채택蔡澤, 범수范雎, 장의張儀는 다 진秦나라 재상들이다. 채택이 범수에게 그 자리 나에게 물려주라고 하면서 사시지서四時之序 성공자거成功者去, 즉 사시도 차례가 있듯이 성공한 자도 물러가야 한다 하였다.

72 포의布衣는 벼슬하지 않는 사람이 입는 옷. 백의白衣, 즉 백성이다.

73 칠보七寶는 곧 전륜왕轉輪王의 칠보七寶이니, 전륜왕이 세상에 출현할 때 나타나는 것. 1. 금륜보金輪寶, 2. 백상보白象寶, 3. 감마보紺馬寶, 4. 신주보神珠寶, 5. 옥녀보玉女寶, 6. 거사보居士寶, 7. 주병보主兵寶이다.

74 주성왕周成王은 주공周公의 조카. 진헌왕晉獻王은 진晉의 헌공이니, 둘 다 어릴 적에 왕이 되었다.

사람의 군주가 된 것과 같다.

백 번을 전쟁하여 항우를 죽였다고 한 것은 곧 한나라 고조(漢高祖)
이다.

고인古人의 영사泳史[75]에 말하기를 백 번을 전쟁하여 바야흐로 항우
를 죽이고 삼장三章[76]으로 또한 진나라를 대신하였다. 공력은 소상국
蕭相國[77]에게 돌아가고, 기운은 척부인戚夫人[78]이 다한다 하였으니
십 년을 전쟁하여 칠십두 군대가 상처를 입고 바야흐로 남쪽으로
대면하는 왕이라 이름하지만 영원히 보위에 있을 기미가 없거니
어찌 위로 더불어 같겠는가.

하물며 십천세월의 높은 공력이라고 한 아래는 다섯 번째 높은
공력을 비유하여 설출한 것이니,

십천세월을 수행하여 바야흐로 초주에 들어가 정정취正定聚를 이루
는 것도 또한 다만 분한이 없는 마음을 일으켜 곧 그러함을 얻었을
뿐만이 아니다.

---

75 영사泳史란, 사실을 주제로 시가詩歌를 지은 것이다.

76 삼장三章은 약법삼장約法三章이니 1. 살인자殺人者는 사형死刑하고, 2. 상인자
傷人者(사람을 해친 자)와 3. 도인자盜人者(도둑질을 한 자)는 저죄抵罪(벌을
줌)한다.

77 소상국蕭相國은 소하蕭何이다. 장량張良은 전쟁의 일을 잘 점치고, 소하蕭何는
백성을 잘 다스리고, 한신韓信은 전쟁을 하면 이긴다. 이 3인三人으로 인인因하여
한고조漢高祖가 왕王이 되었다.

78 척부인戚夫人은, 한고조漢高祖의 부인夫人이 둘이니 一은 여후呂后니 혜왕惠王
을 낳고, 二는 척부인戚夫人이다.

구차한 사람이 아닐 뿐이겠는가 한 것은 구차하다고 한 것은 구차하게 노략질(且略[79])한다는 것이다.

사서史書에 서술하기를 주공周公은 문왕의 아들이 되고 무왕의 아우가 되며 성왕成王의 삼촌이 되는 것이니, 구차한 사람이 아니다 하였거늘 지금에는 이 말만을 빌려 인용하였을 뿐이다.

이런 까닭으로 그 지혜를 말한다면이라고 한 아래는 곧 이것은 높은 공력으로 이룬 바 공덕을 말한 것이다.

천지라고 한 것은 곧 바다이다.

그런 까닭으로 『열반경』에 말하였다고 한 아래는 여섯 번째 경문을 인용하여 성립한 것이니 곧 『열반경』의 문장이다.

이 아래 반 게송[80]에 말하기를 스스로도 아직 제도하지 못하고 먼저 다른 사람을 제도하려 하기에 이런 까닭으로 내가 처음 발심한 사람에게 예경한다 하였으니,

입법계품에 이르러 마땅히 다시 폭넓게 인용하겠다.

법혜보살이 부처님께 우러러 미룬다고 한 것은 곧 이 『화엄경』의 뜻이다.

만약 혹 알지 못했다고 한다면이라고 한 것은 유喩 자는 효曉 자와 같다.

『승만경』에 글이 있다고 한 것은 십지품에서 마땅히 해석하겠다.

---

79 차략且略이라고 한 것은 오히려 솔략率略이라 말할 것이다고 『잡화기』는 말한다.

80 원문에 하반송下半頌이란, 선심난先心難이라 한 아래 반게송이다.

『승만경』에 세 가지 지혜[81]를 설하였으니 이것[82]은 곧 제 세 번째 앙추지仰推智이다.

---

[81] 원문에 삼종지三種智란, 1. 심심법지甚深法智, 2. 수순법지隨順法智, 3. 앙추지仰推智이다.

[82] 이것이란, 유불능지唯佛能知라 한 것이다.

經

爾時天帝釋이 白法慧菩薩言호대 佛子야 菩薩初發菩提之心하
야 所得功德은 其量幾何닛가

그때에 제석천왕이 법혜보살에게 여쭈어 말하기를 불자여, 보살이
처음 보리의 마음을 일으켜 얻은 바 공덕은 그 양이 얼마나 됩니까.

疏

次正釋文이라 長分爲七하리니 一은 天王請說分이요 二는 歎深難
說分이요 三은 約喩校量分이요 四는 就法略示分이요 五는 動地興
供分이요 六은 他方證成分이요 七은 以偈重頌分이라 又釋於中에
分二리니 初는 長行이요 後는 偈頌이라 前中亦二니 初는 此界요
後는 結通이라 前中亦二니 初는 正說이요 後는 證成이라 前中亦二
니 先問後答이라 今依前辨이니 初中에 天帝問者는 在彼宮故며
聞前速成하고 生疑念故며 菩提心이 是萬行主故라 問法慧者는
是會主故며 初心에 具後之德은 唯慧境故라 下는 正顯問端이니
雖則正問功德이나 下法慧이 答功德之量은 便顯發心之相이니
是爲菩薩의 善巧辯才니라

다음은 바로 경문을 해석한 것이다.
크게 나누어 일곱 가지로 하리니

첫 번째는 제석천왕이 설법하기를 청하는 부분이요

두 번째는 깊어서 설하기 어려움을 찬탄하는 부분이요

세 번째는 비유를 잡아 헤아리는 부분이요

네 번째는 법에 나아가 간략하게 보이는 부분[83]이요

다섯 번째는 땅을 진동하고 공양구를 일으키는 부분[84]이요

여섯 번째는 타방세계에 부처님이 증명을 이루는 부분[85]이요

일곱 번째는 게송으로 거듭 읊은 부분[86]이다.

또 저 경문을 해석하는 가운데 두 가지로 나누리니

처음에는 장행문이요

뒤에는 게송문이다.

앞의 장행문 가운데 또한 두 가지가 있나니

처음에는 이 세계요

뒤에는 끝이 없음을 맺어서 통석한[87] 것이다.

앞의 이 세계 가운데 또한 두 가지가 있나니

처음에는 바로 설한 것이요

뒤에는 증명을 이루는 것이다.

앞의 바로 설한 가운데 또한 두 가지가 있나니

---

83 네 번째 운운은 영인본 화엄 6책, p.171, 말행末行이다.

84 다섯 번째 운운은 같은 책 p.186, 7행이다.

85 여섯 번째 운운은 같은 책 p.187, 2행이다.

86 일곱 번째 운운은 같은 책 p.193이다.

87 원문에 결통무진結通無盡은 같은 책 p.191, 4행이다.

먼저는 물은 것이요
뒤에는 답한 것이다.

지금에는 앞을 의지하여 분별한 것이니
처음 가운데 제석천왕이 물은 것은 저 궁전에 있는 까닭이며,
앞에서 속히 이룬다[88]고 함을 듣고 의심을 내는 까닭이며,
보리심이 만행의 주인인 까닭이다.
법혜보살에게 물은 것은 이 회의 법주인 까닭이며,
처음 발심하여 뒤의 공덕을 갖추는 것은 오직 지혜의 경계인 까닭
이다.
아래는 묻는 단서를 바로 나타낸 것이니,
비록 곧 발심의 공덕을 바로 물은 것이지만 아래에 법혜보살이
공덕의 양을 답한 것은 문득 발심의 모습을 나타낸 것이니
이것이 보살의 선교변재善巧辯才가 되는 것이다.

---

88 원문에 전속성前速成이란, 초발심시初發心時에 변성정각便成正覺이다.

經

法慧菩薩言호대 此義甚深하야 難說이며 難知며 難分別이며 難
信解며 難證이며 難行이며 難通達이며 難思惟며 難度量이며 難趣
入이니라

법혜보살이 말하기를 이 뜻[89]은 깊고도 깊어서 말하기 어려우며
알기 어려우며
분별하기 어려우며
믿고 이해하기 어려우며
증득하기 어려우며
행하기 어려우며
통달하기 어려우며
사유하기 어려우며
헤아리기 어려우며
나아가 들어가기 어렵습니다.

疏

第二에 法慧菩薩言下는 歎深難說이니 所以歎者는 法體深廣거늘
去疑令樂故며 下寄言說이 顯未盡其源故라 於中에 初句는 總이니
言甚深者는 謂約時深인댄 徹後際요 約德深인댄 至佛果요 約理深

---

89 원문에 此義란, 초발심공덕初發心功德이다.

인댄 同法界요 約行深인댄 包萬行이니 並深中之極일새 故云甚深
이라하나라 又數廣難量과 理玄叵測은 雖深非甚거니와 今卽少而
多며 卽事而理일새 初心具後를 是謂甚深이라 下十句는 別이니
由斯十義일새 故曰甚深이라하나라 於中初四는 能所對辨이니 各
前能後所니 一은 離言故로 難宣示요 二는 無相故로 超心識이요
三은 非自力辯으로 能分別이요 四는 非劣慧로 能信解라 後六은
通能所니 五는 非有所得과 及一慧能證이요 六은 非起行과 及一
行能行이요 七은 次第修慧로 不能通達이요 八九는 思慧로 不能思
惟籌度이요 十은 聞慧로 不能信向趣入이라 此六後後가 劣於前前
이니 巧顯深也니라 所以廣說難者는 非唯成上甚深이라 正誠今後
令信케하니라

제 두 번째 법혜보살이 말하였다고 한 아래는 깊어서 설하기 어려움
을 찬탄한 것이니,
찬탄한 까닭은 법체가 깊고도 넓거늘 의심을 보내어 하여금 즐겁게
하는 까닭이며,
아래에 언설을 의지하는 것이[90] 아직 그 근원을 다하지 못한 것임을
나타내는 까닭이다.

그 가운데 처음 구절은 한꺼번에 나타낸 것이니

---

90 원문에 하기언설下寄言說 운운은 아래 십유十喩 중에 다 말하기를 비유로
   능히 미치지 못하는 바라고 한 것이 이것이다.

깊고도 깊다고 말한 것은 말하자면 때가 깊은 것을 잡는다면 미래에
사무치고
공덕이 깊은 것을 잡는다면 불과에 이르고
진리가 깊은 것을 잡는다면 법계와 같고
행이 깊은 것을 잡는다면 만행을 포함하나니,
모두 깊은 가운데 지극히 깊기에 그런 까닭으로 말하기를 깊고도
깊다 하였다.

또 그 수가 넓어 헤아리기 어려운 것과 그 진리가 현묘하여 측량하기
어려운 것은 비록 깊지(深)만 깊고도 깊다(甚) 말하지 않거니와,
지금에는 적은 데 즉한 많은 것이며 사실에 즉한 진리[91]이기에 처음
발심하여 뒤에 공덕을 갖춘 것을 이것을 깊고도 깊다 말하는 것이다.

아래 열 구절은 따로 나타낸 것이니
이 열 가지 뜻을 인유하기에 그런 까닭으로 말하기를 깊고도 깊다
하였다.
그 가운데 처음에 네 구절은 능소[92]를 상대하여 분별한 것이니
각각 앞에 구절은 능能이요, 뒤의 구절은 소所이니[93]

---

[91] 적은 데 즉한 많은 것이라고 한 것은 한 지위에서 많은 공덕을 구족한 까닭이요,
사실에 즉한 진리라고 한 것은 수행한 바 사실 행이 제한이 없는 까닭이다.
역시 『잡화기』의 말이다.
[92] 능소라고 한 것은 능은 곧 설하는 사람이고, 소는 곧 듣는 사람이라고 『잡화
기』는 말한다.

첫 번째는 말을 떠난 까닭으로 선설하여 보이기 어려운 것이요

두 번째는 모습이 없는 까닭으로 심식을 초월한 것이요

세 번째는 자력의 변설로는 능히 분별할 수 없는 것이요

네 번째는 하열한 지혜로는 능히 믿고 이해할 수 없는 것이다.

뒤에 여섯 구절은 능소에 통하나니

다섯 번째는 얻을 바 있는 마음과 그리고 한 지혜로는 능히 증득할 수 없는 것이요

여섯 번째는 행할 마음을 일으키는 것과 그리고 한 행으로는 능히 행할 수 없는 것이요

일곱 번째는 차례와 같이 수혜修慧로는 능히 통달할 수 없는 것이요

여덟 번째와 아홉 번째는 사혜思慧로는 능히 사유하여 헤아릴 수 없는 것이요

열 번째는 문혜聞慧로는 능히 믿음이 향하여 나아가 들어갈 수 없는 것이다.

이 여섯 구절은 후후後後가 전전前前보다 하열하나니

선교로 깊은 것을 나타낸 것이다.

---

93 원문에 각전능후소各前能後所란, 사람(人)은 능能이 되고 법法은 후後가 된다. 즉 一에 이언離言이란 사람의 말인 까닭으로 능能이 되고, 二에 무상無相이란 법法의 모습인 까닭으로 소所가 된다. 三에 자력自力이란 사람의 자력自力이니 능能이 되고, 四에 열혜劣慧란 법法의 모습이니 소所가 된다. 뒤에 六句는 능소能所에 통通하나니 初二句에 선先은 소所가 되고 후後는 능能이 된다. 다음에 四句는 다만 능能일 뿐이다.

어려운 것을 폭넓게 설한 까닭은 오직 위에 깊고도 깊다는 것을 성립할 뿐만 아니라 바로 경계하여 지금 이후로 하여금 믿게 하는[94] 것이다.

---

[94] 원문에 영신令信이란, 초발심공덕初發心功德과 초발심시初發心時 편성정각便成正覺을 믿게 하는 것이다.

經

雖然이나 我當承佛威神之力하야 而爲汝說하리라

비록 그렇지만 내가 마땅히 부처님의 위신력을 받아 그대를 위하여
설하겠습니다.

疏

第三에 雖然下는 約喩校量分이라 於中二니 初는 結前生後니 謂
約自力則甚深거니와 承力則可說이라

제 세 번째 비록 그렇지만이라고 한 아래는 비유를 잡아 헤아리는
부분이다.
그 가운데 두 가지가 있나니
처음에는 앞에 말을 맺고 뒤에 말을 생기하는 것이니,
말하자면 자력을 잡는다면 곧 깊고도 깊어 설하기 어렵거니와 부처
님의 위신력을 받는다면 곧 가히 설할 수 있다는 것이다.

經

佛子야 假使有人이 以一切樂具로 供養東方의 阿僧祇世界에 所有衆生호대 經於一劫然後에 敎令淨持五戒케하며 南西北方과 四維上下도 亦復如是하면

불자여, 가사 어떤 사람이 일체 낙구樂具로써 동방의 아승지 세계에 있는 바 중생에게 공양하되 한 세월(一劫)이 지난 연후에 가르쳐 하여금 오계를 청정하게 가지게 하며
남방과 서방과 북방과 사유와 상방과 하방에서도 또한 다시 이와 같이 한다면

疏

二에 佛子下는 正顯校量이라 於中에 有十一大喩하니 一은 利樂衆生喩요 二는 速疾步刹喩요 三은 知劫成壞喩요 四는 善知勝解喩요 五는 善知諸根喩요 六은 善知欲樂喩요 七은 善知方便喩요 八은 善知他心喩요 九는 善知業相喩요 十은 善知煩惱喩요 十一은 供佛及生喩라 然此十一喩는 後後가 過於前前일새 故皆捨置前前하고 更擧後後하야 巧顯深勝이라 又此諸喩는 合有通別하니 通은 但通合發心德廣이니 謂如初喩中에 便合云호대 爲悉知一切世界成壞等은 此不同於喩也니라 別은 謂所合同喩나 但喩有分限하고 法無限耳니 如初喩에 合云호대 不但爲以一切樂具로 供養十

方等하니라 初一은 具通具別하며 下十은 略無通合이라 此諸喩文
이 皆應有四하니 一은 擧喩요 二는 徵問이요 三은 領答이요 四는
校量이니 初後는 具四요 中九는 略無中二니라 又諸喩內에 一一皆
有十重小喩하니 皆應擧喩問答校量이어늘 文無者는 略이라 今에
初喩十重中에 初一은 廣說이요 後九는 略明이라 初中有四하니
一은 擧廣事요 二는 徵問이요 三은 答顯廣이요 四는 辨超過라 今初
有三하니 先은 與現世益이라 文有三廣하니 謂供具界時요 次에
然後下는 與後世樂이요 後에 南西下는 類餘九方이라

두 번째 불자라고 한 아래는 헤아림을 바로 나타낸 것이다.
그 가운데 열한 가지 큰 비유가 있나니
첫 번째는 중생을 이익하고 즐겁게 하는 비유요
두 번째는 빨리[95] 세계를 걸어 지나는 비유요
세 번째는 세월(劫)이 이루어지고 무너지는 것을 아는 비유요
네 번째는 수승한 지해(解)를 잘 아는 비유요
다섯 번째는 모든 근성[96]을 잘 아는 비유요
여섯 번째는 모든 욕락[97]을 잘 아는 비유요
일곱 번째는 방편을 잘 아는 비유요
여덟 번째는 다른 사람의 마음을 잘 아는 비유요
아홉 번째는 업의 모습을 잘하는 비유요

---

95 여기에 속질速疾은 뒤에서는 일념一念이라 하였다.
96 원문에 제근諸根이란, 일체중생一切衆生의 제근諸根이다.
97 욕락欲樂이란, 일체중생一切衆生의 욕락欲樂이다.

열 번째는 번뇌를 잘 아는 비유요

열한 번째는[98] 부처님과 그리고 중생에게 공양하는 비유이다.

그러나 이 열한 가지 비유는 후후가 전전을 지나기에 그런 까닭으로
다 전전을 버려두고 다시 후후를 들어 선교로 깊고도 수승함을
나타낸 것이다.

또 이 모든 비유는 법합함에 통별이 있나니

통通은 다만 발심의 공덕이 넓은 것만 한꺼번에 법합한 것이니,
말하자면 처음 비유 가운데 문득 법합하여 말하기를 일체 세계가
이루어지고 무너지는 것을 다 안다고 한 등과 같은 것은 이것은
비유와 같지 않는 것이다.

별別은 말하자면 법합한 바가 비유와 같지만 다만 비유는 분한이
있고 법은 분한이 없을 뿐이니, 처음 비유에 법합하여[99] 말하기를
다만 일체 낙구로써 시방의 중생에게 공양할 뿐만이 아니라고 한
등과 같다.

처음에 한 가지 비유는 통합을 갖추고 별합을 갖추었으며

아래 열 가지 비유는 통합이 생략되어 없다.

이 모든 비유의 경문이 다 응당 네 가지가 있나니

첫 번째는 비유를 든 것이요

---

98 十一 아래에 明 자가 있다. 영인본 화엄 6책, p.165, 말행에 있다. 율자권律字卷
  첫 장丈, 첫 소문疏文에 있다.

99 원문에 초유합初喩合이란, 영인본 화엄 6책, p.106, 말행末行을 의인意引한
  것이다.

두 번째는 묻는 것이요

세 번째는 알고 답하는 것이요

네 번째는 헤아리는 것이니

처음에 비유와 뒤에 비유는 네 가지를 갖추었고, 중간에 아홉 가지

비유는 중간에 두 가지[100]가 생략되어 없다.

또 모든 비유 안에 낱낱이 다 십중十重의 작은 비유가[101] 있나니,

다 응당 비유와 묻는 것과 답하는 것과 헤아리는 것을 거론해야

할 것이어늘 문장이 없는 것은 생략된 것이다.

지금에 처음 비유의 십중 가운데 처음에 일중은 폭넓게 설한 것이요

뒤에 구중은 간략하게 밝힌 것이다.

처음 일중 가운데 네 가지가 있나니

첫 번째는 광다한 사실을 거론한 것이요

두 번째는 묻는 것이요

세 번째는 광다함을 답하여 나타낸 것이요

네 번째는 초과함을 분별한 것이다.

지금은 처음으로 세 가지가 있나니

먼저는 현세에 이익을 주는 것이다.

경문에 삼광三廣이 있나니

---

100 원문에 중이中二란, 1. 징문徵問, 2. 영답領答이다.

101 원문에 십중소유十重小喩란, 열 가지 작은 비유(十小喩)가 합습하여 하나의
    큰 비유(一大喩)가 되는 것이니, 一大喩 밖에 따로 十小喩가 있는 것이 아니다.

말하자면 공양구와 세계와 시간이요

다음에 연후라고 한 아래는 후세에 즐거움을 주는 것이요

뒤에 남방과 서방이라고 한 아래는 나머지 구방九方을 비류한 것이다.

經

佛子야 於汝意云何오 此人功德이 寧爲多不아

불자여, 그대의 뜻은 어떠합니까. 이 사람의 공덕이 어찌 많다
하지 않겠습니까.

疏

二는 徵問이라

두 번째는 묻는 것이다.

(經)

天帝言호대 佛子야 此人功德은 唯佛能知요 其餘一切는 無能量
者니다

제석천왕이 말하기를 불자여, 이 사람의 공덕은 오직 부처님이라야
능히 알 것이요 그 나머지 일체 사람은 능히 헤아릴 자가 없을
것입니다.

(疏)

三은 答廣니 可知니라

세 번째는 광대함을 답한 것이니 가히[102] 알 수가 있을 것이다.

---

102 㒹可의 㒹 자는 연자衍字이다. 그러나 㒹 자가 있어도 무방하다.

經

法慧菩薩言호대 佛子야 此人功德을 比菩薩의 初發心功德인댄
百分不及一이며 千分不及一이며 百千分不及一이며 如是億分
과 百億分과 千億分과 百千億分과 那由他億分과 百那由他億分
과 千那由他億分과 百千那由他億分과 數分과 歌羅分과 算分과
諭分과 優波尼沙陀分에도 亦不及一이니라

법혜보살이 말하기를 불자여, 이 사람의 공덕을 보살의 처음 발심
한 공덕에 비교한다면 백분에 일분도 미치지 못하며
천분에 일분도 미치지 못하며
백천분의 일분도 미치지 못하며
이와 같이 억분과 백억분과 천억분과 백천억분과 나유타억분과
백나유타억분과 천나유타억분과 백천나유타억분과 수분과 가라
분과 산분과 유분諭分과 우바니사타분에 또한 일분도 미치지 못
합니다.

疏

四에 超過中에 云歌羅者는 此云豎析이니 人身上毛를 爲百分中
之一分也라 或曰호대 十六分中之一分이라하니 義譯하면 爲校量
分이라 優波尼沙陀者는 此云近少니 謂少許相近比類之分也라
百千後에 卽云億分者는 中等數也라

네 번째 초과함을 분별한 가운데 가라분歌羅分이라고 말한 것은
여기에서 말하면 수석竪析[103]이니,
사람의 몸 위에 털을 백분 가운데 일분으로 한 것이다.
혹은 말하기를 십육분[104] 가운데 일분이라 하였으니
뜻으로 번역하면[105] 교량분校量分이 되는 것이다.

우바니사타라고[106] 한 것은 여기에서 말하면 근소近少이니,
말하자면 조금 서로 가까운 것으로[107] 비류比類함을 허락하는 분分
이다.
백분과 천분 뒤에[108] 곧 억분이라고 말한 것은 중간에 수數를 등취한
것이다.

---

103 수석竪析이란, 불교사전佛敎辭典엔 견절堅折이라 하였다. 또 분칙分則·계분計
分이라고도 번역한다.

104 십육분이라고 한 것은 위에서 말한 백분, 천분의 유형이 아니라 저울의
십육분에 일분과 같다고 비류한 것이니 점점 더하는 까닭이다. 역시 『잡화
기』의 말이다. 초문에 자세히 말하고 있다.

105 뜻으로 번역한다고 한 것은 이것은 또 다른 뜻이니, 『화엄경음의』에 말하기를
혹 뜻으로 번역하면 교량분이 된다 하였다. 역시 『잡화기』의 말이다.

106 우바니사타는 사전에 오파니살담이라 하였다.

107 원문에 상근相近은 서로 가까운 것끼리라는 뜻이다.

108 원문에 백천후百千後란, 백분百分, 천분千分 후에 만분萬分이라 하지 않고
억분億分이라 한 것이다.

鈔

或曰十六分之一者는 如秤有十六兩故라 然此言은 出涅槃第六如
來性品이니 云若有衆生이 於四恒河沙佛所에 發菩提心然後에 乃
能於惡世中에 不謗是法하고 受持讀誦하며 書寫經卷하며 爲他廣說
호대 十六分中一分之義를 雖復演說이라도 亦不具足이며 供五恒佛
하야 能說十六分之八分하며 六恒에 說十二分하며 七恒에 說十四分
하며 八恒에 說十六分하야사 方具라하니 遠公이 亦擧如秤하고 不別解
釋하니라 此云近少는 卽音義中에 引大般若하야 譯爲塢波尼殺曇이
라하니 塢波는 近也요 尼殺曇은 少也라 或云近對라하니 謂相近比對
라 或云極少라하니라

혹은 말하기를 십육분 가운데 일분이라고 한 것은 마치 저울에
십육량十六兩이 있는 것과 같은 까닭이다.

그러나 여기에서 말한 것은 『열반경』 제육권 여래성품[109]에서 설출한
것이니,

여래성품에 말하기를 만약 어떤 중생이 네(四) 항하사[110] 부처님의

---

[109] 여래성품如來性品은 제육권第六卷 사의품四依品이다. 여래성품如來性品은 제
팔第八卷이니, 여기에서 말한 것은 여래성품如來性品엔 없다.

[110] 네(四) 항하사 운운한 것은 저『열반경』이 다음 앞에 일 항하사 이 항하사
삼 항하사 운운의 문장이 있어 갖추어 말한 것이 지금 여기 네(四) 항하사와
같지만, 다만 다른 사람을 위하여 널리 설한다는 문장이 없는 까닭으로
오히려 십육분 가운데 일분이라는 뜻에 참예(참여)함을 얻을 수 없는 것이니,
그런 까닭으로 거론하지 않는 것이다. 역시『잡화기』의 말이다.

처소에서 보리심을 일으킨 연후에 이에 능히 악한 세상 가운데서
이 법을 비방하지 않고 받아 가지고 읽고 외우며 경전을 쓰며 다른
사람을 위하여 널리 설하되 십육분 가운데 일분의 뜻을 비록 다시
연설할지라도 또한 갖추어 설한 것이 아니며
다섯 항하사 부처님께 공양하여[111] 능히 십육분 가운데 팔분의 뜻을
연설하며
여섯 항하사 부처님께 공양하여 십이분의 뜻을 연설하며
일곱 항하사 부처님께 공양하여 십사분의 뜻을 연설하며
여덟 항하사 부처님께 공양하여 십육분의 뜻을 연설하여야 바야흐로
갖추어 설한 것이다 하였으니
원공법사가 또한 저울과 같다고만 거론하고 달리 해석하지는 아니하
였다.

여기에서 말하면 근소라고 한 것은 곧 『음의音義』 가운데 『대반야
경』[112]을 인용하여 번역하기를 오파니살담이라 하였으니,

---

111 원문에 공오항불供五恒佛 이하는 의인意引이니, 具云하면, 어떤 중생이 다섯
    항하사 부처님의 처소에서 보리심을 일으킨 연후에 이에 능히 악한 세상
    가운데서 이 법을 비방하지 않고 받아 가지고 읽고 외우며 경전을 쓰며
    다른 사람을 위하여 십육분 가운데 팔분의 뜻을 연설함이라 하고, 此下에
    대항하사불소등大恒河沙佛所等도 이와 같다 하였다. 供 자는 본문엔 없다.
    한글대장경 열반부 1, p.105, 下段에 있다.
112 『대반야경』이라고 한 것은 『화엄음의』를 검증해 본즉 대반야라는 글자가
    없다. 대개 오파니살담이 이 『대반야경』 가운데 번역하여 설출한 바인 까닭으
    로 초가가 대반야라는 글자를 더한 것이라 본다. 역시 『잡화기』의 말이다.

오파는 근近의 뜻이요

니살담은 소少의 뜻이다.

혹은 말하기를 근대近對[113]라 하였으니,

말하자면 서로 가까이 비교하여 상대한 것이다.

혹은 말하기를 지극히 적다(極少)[114] 하였다.

---

113 근대近對라고 한 것은 조금 서로 가까운 것으로써 비교하여 상대함을 허락할
   지라도 또한 미칠 수 없다는 것이다. 역시 『잡화기』의 말이다.

114 지극히 적다고 한 것은 『화엄음의』에 말하기를 혹은 말하기를 지극히 적은
   것이니, 말하자면 지극히 적은 가운데 지극히 적은 것이라 하였다. 역시
   『잡화기』의 말이다.

經

佛子야 且置此喩하고 假使有人이 以一切樂具로 供養十方의 十
阿僧祇世界에 所有衆生호대 經於百劫然後에 敎令修十善道하
며 如是供養을 經於千劫에 敎住四禪하며 經於百千劫에 敎住四
無量心하며 經於億劫에 敎住四無色定하며 經於百億劫에 敎住
須陀洹果하며 經於千億劫에 敎住斯陀含果하며 經於百千億劫
에 敎住阿那含果하며 經於那由他億劫에 敎住阿羅漢果하며 經
於百千那由他億劫에 敎住辟支佛道하면 佛子야 於意云何오 是
人功德이 寧爲多不아 天帝言호대 佛子야 此人功德은 唯佛能知
니다

불자여, 이 비유는 차치[115]하고 가사 어떤 사람이 일체 낙구로써
시방의 열 아승지 세계에 있는 바 중생에게 공양하되 백세월을
지난 연후에 가르쳐 십선도를 닦게 하며
이와 같이 공양하기를 천세월을 지난 연후에 가르쳐 사선정에
머물게 하며
백천세월을 지난 연후에 가르쳐 사무량심에 머물게 하며
억세월을 지난 연후에 가르쳐 사무색정에 머물게 하며
백억세월을 지난 연후에 가르쳐 수다원과에 머물게 하며
천억세월을 지난 연후에 가르쳐 사다함과에 머물게 하며

---

115 차량且量의 量 자는 置 자의 오자誤字이다.

백천억세월을 지난 연후에 가르쳐 아나함과에 머물게 하며
나유타억세월을 지난 연후에 가르쳐 아라한과에 머물게 하며
백천나유타억세월을 지난 연후에 가르쳐 벽지불도에 머물게 한
다면 불자여, 그대의 뜻은 어떠합니까. 이 사람의 공덕이 어찌
많다 하지 않겠습니까.
제석천왕이 말하기를 불자여, 이 사람의 공덕은 오직 부처님이라야
능히 알 것입니다.

疏

後九는 略說이라 於中文四니 同前이라 今初는 倂擧九事니 樂具皆
同하며 一切所經劫數는 漸漸增多하며 其所敎法은 轉轉增勝이라
據初世界도 亦合漸增이라 以此十은 前文標一故니 餘無者略이라
若十方共十인댄 則界不增이라

뒤에 구증은 간략하게 설한 것이다.
그 가운데 경문이 네 가지가 있나니 앞에서 말한 것과 같다.
지금은 처음으로 모두 아홉 가지 사실을 거론하였으니,
일체 낙구는 다 같으며
일체 지난 바 세월의 수는 점점 더 많으며
그곳에서 가르친 바 법은 전전히 더 수승한 것이다.
처음 일증을 의거한다면 세계도 또한[116] 합당히 점점 더 수승할
것이다.

여기에 시방은 앞의 경문에 일방一方[117]을 표한 까닭이니
나머지 비유에 없는[118] 것은 생략된 것이다.
만약 시방을 함께 시방이라고 한 것이라면 곧 세계가 점점 더 수승하
지 않을 것이다.

---

[116] 처음 일중을 의거한다면 세계도 또한 운운한 것은 그 뜻에 말하기를 앞의
경문에서 이미 일 아승지를 표하였고 여기에서 십 아승지를 말하였다면
곧 이것은 응당 낱낱 방소에 각각 십 아승지가 있는 것이고 이 시방을
함께 합하여 바야흐로 십 아승지가 된 것이 아니니, 그 이치가 점점 더
수승한 까닭이다. 역시 『잡화기』의 말이다.

[117] 일방一方은 동방東方이다.

[118] 나머지 비유에 없다고 한 것(餘無者)은 나머지 비유에는 시방의 십 아승지라는
말이 없다는 것이다. 『잡화기』는 이미 합하여 점점 더 수승하다고 하였다면
곧 또한 응당 아래 팔방八方 가운데 전전히 수를 더하여 백 아승지, 천
아승지 등이라 말해야 할 것이지만 다만 경문이 생략된 것뿐이다 하였다.

經

法慧菩薩言호대 佛子야 此人功德을 比菩薩의 初發心功德인댄
百分不及一이며 千分不及一이며 百千分不及一이며 乃至優波
尼沙陀分에도 亦不及一이니라 何以故요 佛子야 一切諸佛이 初
發心時에 不但爲以一切樂具로 供養十方의 十阿僧祇世界에 所
有衆生호대 經於百劫과 乃至百千那由他億劫故로 發菩提心이
며 不但爲敎爾所衆生하야 令修五戒와 十善業道하며 敎住四禪
과 四無量心과 四無色定하며 敎得須陀洹果와 斯陀含果와 阿那
含果와 阿羅漢果와 辟支佛道故로 發菩提心이라 爲令如來種性
으로 不斷故며 爲充遍一切世界故며 爲度脫一切世界衆生故며
爲悉知一切世界成壞故며 爲悉知一切世界中에 衆生垢淨故며
爲悉知一切世界에 自性淸淨故며 爲悉知一切衆生의 心樂煩
惱習氣故며 爲悉知一切衆生의 死此生彼故며 爲悉知一切衆
生의 諸根方便故며 爲悉知一切衆生의 心行故며 爲悉知一切衆
生의 三世智故며 爲悉知一切佛의 境界平等故로 發於無上菩提
之心하니라

법혜보살이 말하기를 불자여, 이 사람의 공덕을 보살의 처음 발심
한 공덕에 비교한다면 백분에 일분도 미치지 못하며
천분의 일분도 미치지 못하며
백천분의 일분도 미치지 못하며
내지 우바니사타분에 또한 일분도 미치지 못합니다.

무슨 까닭인가.

불자여, 일체 모든 부처님이 처음 발심할 때에 다만 일체 낙구로써 시방의 열 아승지 세계에 있는 바 중생에게 공양하되 백세월과 내지 백천나유타억세월을 지나서 공양하기 위한 까닭으로 보리심을 일으킨 것뿐만 아니며

다만 저곳에 중생을 가르쳐 하여금 오계와 십선업도를 닦게 하며 가르쳐 사선과 사무량심과 사무색정에 머물게 하며

가르쳐 수다원과와 사다함과와 아나함과와 아라한과와 벽지불도를 얻게 하기 위한 까닭으로 보리심을 일으킨 것뿐만이 아니라 여래의 종성으로 하여금 끊어지지 않게 하기 위한 까닭이며

일체 세계에 충만하여 두루하게 하기 위한 까닭이며

일체 세계에 중생을 제도하여 해탈케 하기 위한 까닭이며

일체 세계에 이루어지고 무너지는 것을 다 알게 하기 위한 까닭이며

일체 세계 가운데 중생의 더럽고 깨끗함을 다 알게 하기 위한 까닭이며

일체 세계에 자성이 청정한 줄 다 알게 하기 위한 까닭이며

일체중생의 마음이 즐거운 것과 번뇌와 습기를 다 알게 하기 위한 까닭이며

일체중생이 이곳에서 죽어 저곳에서 태어나는 것을 다 알게 하기 위한 까닭이며

일체중생의 모든 근성과 방편을 다 알게 하기 위한 까닭이며

일체중생의 마음이 가는 곳을 다 알게 하기 위한 까닭이며

일체중생의 삼세에 지혜를 다 알게 하기 위한 까닭이며

일체부처님의 경계가 평등함을 다 알게 하기 위한 까닭으로 더 이상 없는 보리의 마음을 일으킨 것입니다.

疏

第四는 校量이라 於中三이니 初는 辨超過요 二에 何以故者는 徵이니 徵意云호대 前云功德除佛難知인댄 何以比此에 猶少非類요 三은 釋意에 有二하니 一은 別翻前喩이니 謂發心無限이요 前有限故며 亦是反釋이라 二에 爲令如來種性不斷下는 通對前十하야 總顯具德이며 亦是順釋이라 於中에 有十二句하니 初三은 總相으로 對前辨勝이니 一은 翻前小果요 二는 翻前限處요 三은 翻前有限衆生이라 下九句는 即下十喩之本이니 一은 即第三에 知劫成壞喩本이요 二는 即第四에 善知勝解喩本이라 故下文云호대 乃至垢解淨解等이라하니라 三은 却是第二에 速疾步刹喩本이요 四는 即第六及第十이요 五는 即第九本이요 六은 即五七本이요 七八은 皆第八喩本이요 九에 知佛境界平等은 即第十一에 供佛喩本이라 此中九句는 即佛十力智니 一에 知成壞垢淨自性은 即業報智요 心樂은 即種種解智요 知煩惱는 即漏盡智요 生死는 即天眼智요 諸根은 即根勝劣智요 方便은 即禪解脫三昧智요 此及佛境은 並是一切至處道智요 心行은 即種種界智요 三世智는 即宿命智니 其處非處智는 以是總故며 亦是前三總句中攝이라 然此所知는 皆約一切無齊限也니 下文에 廣釋其相하니라

제 네 번째는 헤아리는 것이다.

그 가운데 세 가지가 있나니

처음에는 초과함을 분별한 것이요

두 번째 무슨 까닭인가 한 것은 묻는 것이니

묻는 뜻에 말하기를 앞[119]에서 공덕이 부처님을 제외하고는 알기 어렵다고 말하였다면 무슨 까닭으로 이 발심한 공덕에 비교함에 오히려 소분少分[120]에도 비류할 수 없는가 한 것이요

세 번째는 해석한 뜻에 두 가지가 있나니

첫 번째는 앞의 비유를 따로 번역한 것이니,

말하자면 발심은 한이 없는 것이요 앞의 낙구는 한이 있는 까닭이며, 또한 이것은 반대로 해석[121]한 것이다.

두 번째 여래의 종성으로 하여금 끊어지지 않게 하기 위한 까닭이라고 한 아래는 앞에 열 가지[122]를 모두 상대하여 공덕 구족한 것을 한꺼번에 나타낸 것이며, 또한 이것은 순리대로 해석한 것이다.

그 가운데 열두 구절[123]이 있나니

처음에 세 구절은 총상으로 앞을 상대하여 수승함을 분별한 것이니

---

119 앞이란, 영인본 화엄 6책, p.104, 9행에 낙구공양공덕樂具供養功德이다.

120 원문에 소少는 조금도, 일분一分도라는 뜻이 되지만, 우파니사타분의 뜻을 현시現示하고 있다.

121 원문에 반석反釋은 부단不但 운운하였으니 순석順釋이 아니고 반석反釋이다.

122 앞에 열 가지(前十)는 오계五戒, 십선十善, 사선四禪, 사무량심四無量心, 사무량정四無量定, 수다원, 사다함, 아나함, 아라한, 벽지불이다.

123 원문에 십이구十二句는 위령여래종성爲令如來種性 아래 十二句이다.

첫 번째 구절은 앞의 소승과를 번역한 것이요

두 번째 구절은 앞의 한限이 있는 처소[124]를 번역한 것이요

세 번째 구절은 앞의 한이 있는 중생[125]을 번역한 것이다.

아래 아홉 구절은 곧 아래 열 가지 비유의 근본이니

첫 번째 구절은 곧 제 세 번째 세월(劫)이 이루어지고 무너지는 것을 아는 비유의 근본이요

두 번째 구절은 곧 제 네 번째 수승한 지해(解)를 잘 아는 비유의 근본이다.

그런 까닭으로 아래 경문[126]에 말하기를 내지 더러운 지해와 깨끗한 지혜 등이라 하였다.

세 번째 구절은 도리어 제 두 번째 빨리 세계를 걸어 지나는 비유의 근본이요

네 번째 구절은 곧 제 여섯 번째와 그리고 제 열 번째 비유의 근본이요

다섯 번째 구절은 곧 제 아홉 번째 비유의 근본이요

여섯 번째 구절은 곧 제 다섯 번째와 제 일곱 번째 비유의 근본이요

일곱 번째 구절과 여덟 번째 구절은 다 제 여덟 번째 비유의 근본이요

아홉 번째 구절에 부처님의 경계가 평등한 줄 안다고 한 것은 곧 제 열한 번째 부처님과 그리고 중생에게 공양하는 비유의 근본이다.

---

124 원문에 전한처前限處는 시방아승지세계十方阿僧祇世界이다.

125 원문에 전유한중생前有限衆生은 시방아승지세계중생十方阿僧祇世界衆生이다.

126 아래 경문(下文)이란, 영인본 화엄 6책, p.128, 3행이니 구해垢解는 下文엔 염해染解라 하였다.

이 가운데 아홉 구절은 곧 부처님의 십력 지혜이니

첫 번째 이루어지고 무너지는 것과 더럽고 깨끗한 것과 자성을
안다고 한 것은 곧 업보지요

마음이 즐겁다고 한 것은 곧 종종해지요

번뇌를 안다고 한 것은 곧 누진지요

나고 죽는다고 한 것은 천안지요

모든 근성이라고 한 것은 곧 근승열지根勝劣智요

방편이라고 한 것은 곧 선해탈삼매지禪解脫三昧智요

이[127] 중생과 그리고 부처님의 경계라고 한 것은 모두 일체지처도지一
切至處道智요

마음이 가는 곳이라고 한 것은 곧 종종계지요

삼세에 지혜라고 한 것은 곧 숙명지이니

그 처비처지는 이 총상인 까닭이며 또한 이것은 앞의 세 가지 총구總
句[128] 가운데 섭수되는 것이다.

그러나 여기에서 아는 바는 다 일체 제한이 없음을 잡은 것이니
아래 경문에서 그 모습을 폭넓게 해석하였다.

---

127 이(此)란, 十에 일체중생一切衆生과 十一에 일체중생一切衆生이다.

128 원문에 전삼총구前三總句란, 영인본 화엄 6책, p.110, 2행에 初三句는 총상總
相이라 하였다.

經

佛子야 復置此喩하고 假使有人이 於一念頃에 能過東方의 阿僧祇世界호대 念念如是하야 盡阿僧祇劫하면 此諸世界를 無有能得知其邊際하며 又第二人이 於一念頃에 能過前人의 阿僧祇劫에 所過世界호대 如是亦盡阿僧祇劫하며 次第展轉하야 乃至第十하며 南西北方과 四維上下도 亦復如是하면 佛子야 此十方中에 凡有百人이 一一如是過諸世界라도 是諸世界는 可知邊際어니와 菩薩이 初發阿耨多羅三藐三菩提心하야 所有善根은 無有能得知其際者리라 何以故요 佛子야 菩薩不齊限하야 但爲往爾所世界하야 得了知故로 發菩提心이라 爲了知十方世界故로 發菩提心이니 所謂欲了知妙世界가 卽是麁世界요 麁世界가 卽是妙世界며 仰世界가 卽是覆世界요 覆世界가 卽是仰世界며 小世界가 卽是大世界요 大世界가 卽是小世界며 廣世界가 卽是狹世界요 狹世界가 卽是廣世界며 一世界가 卽是不可說世界요 不可說世界가 卽是一世界며 不可說世界가 入一世界요 一世界가 入不可說世界며 穢世界가 卽是淨世界요 淨世界가 卽是穢世界하며 欲知一毛端中에 一切世界差別性과 一切世界中에 一毛端一體性하며 欲知一世界中에 出生一切世界하며 欲知一切世界無體性하며 欲以一念心으로 盡知一切廣大世界호대 而無障礙故로 發阿耨多羅三藐三菩提心하니라

불자여, 다시 이 비유는 차치하고 가사 어떤 사람이 한 생각에 능히 동방의 아승지 세계를 지나가되 생각 생각에 이와 같이 하여 아승지세월이 다하도록 한다면 이 모든 세계를 능히 그 끝을 얻어 알 수 없으며

또 제 두 번째 사람이 한 생각에 능히 앞의 사람이 아승지세월에 지나간 바 세계를 지나가되 이와 같이 또한 아승지세월이 다하도록 하며

차례로 전전히 하여 이에 제 열 번째 사람에게 이르며

남방과 서방과 북방과 사유와 상방과 하방에서도 또한 다시 이와 같이 한다면

불자여, 이 시방 가운데 무릇 일백 사람이 낱낱이 이와 같이 모든 세계를 지나갈지라도 이 모든 세계는 가히 그 끝을 알 수 있거니와 보살이 처음 아뇩다라삼먁삼보리심을 일으켜 소유한 선근은 능히 그 끝을 얻어 알 사람이 없을 것입니다.

무슨 까닭인가.

불자여, 보살이 제한하여 다만 저곳 세계[129]에만 가서 요달하여 앎을 얻기 위한 까닭으로 보리심을 일으킨 것이 아니라 시방세계를 요달하여 알기 위한 까닭으로 보리심을 일으킨 것이니,

말하자면 묘한 세계가 곧 추한 세계이고 추한 세계가 곧 묘한 세계이며

솟은 세계가 곧 엎어진 세계이고 엎어진 세계가 곧 솟은 세계이며

---

129 원문에 이소爾所란, 동방東方이다.

작은 세계가 곧 큰 세계이고 큰 세계가 곧 작은 세계이며

넓은 세계가 곧 좁은 세계이고 좁은 세계가 곧 넓은 세계이며

한 세계가 곧 불가설 세계이고 불가설 세계가 곧 한 세계이며

불가설 세계가 한 세계에 들어가고 한 세계가 불가설 세계에 들어가며

더러운 세계가 곧 청정한 세계이고 청정한 세계가 곧 더러운 세계인 줄 요달하여 알고자 하며

한 털끝 가운데 일체 세계의 차별한 체성과 일체 세계 가운데 한 털끝의 한 체성을 요달하여 알고자 하며

한 세계 가운데 일체 세계를 출생하는 것을 요달하여 알고자 하며

일체 세계가 체성이 없는 줄 요달하여 알고자 하며

한 생각 마음으로써 일체 광대한 세계를 다 요달하여 알되 장애가 없게 하고자 한 까닭으로 아뇩다라삼먁삼보리심을 일으킨 때문입니다.

疏

第二에 佛子復置下는 明速疾步刹喩라 然次下九喩는 文皆分四리니 初는 擧廣喩요 二는 辨超過요 三徵이요 四釋이라 釋中皆先은 反釋이요 後는 順釋이라 今初喩中에 前三可知라 四釋中先은 反釋이니 彰前不及後요 爲了知下는 順釋이니 辨此過前이라 於中十一句에 初句는 總이요 所謂下는 別이니 知世界의 相卽相入과 無障礙義라 前七은 正明卽入이요 八에 一毛端下에 二對는 釋上卽入所

由호대 略擧三門이니 初는 以法性融通門釋이니 謂一切世界差別
性이 與一毛端體性으로 無二故라 是故로 事隨性融하야 此彼相
卽하고 事攬性起하야 彼此相入호대 各有同體異體하니 準上思之
니라

제 두 번째 불자여, 다시 이 비유는 차치하고라 한 아래는 빨리
세계를 걸어 지나는 비유를 밝힌 것이다.
그러나 이 다음 아래에 아홉 가지 비유는 경문을 다 네 가지로
나누리니
처음에는 광대한 비유를 든 것이요
두 번째는 초과함을 분별한 것이요
세 번째는 묻는 것이요
네 번째는 해석한 것이다.
해석한 가운데 다 먼저는 반대로 해석한 것이요
뒤에는 순리대로 해석한 것이다.
지금은 처음으로 비유 가운데 앞에 세 가지는 가히 알 수가 있을
것이다.
네 번째 해석한 가운데 먼저는 반대로 해석한 것이니,
앞의 발심이 뒤의 발심에 미치지 못함을[130] 밝힌 것이요
시방세계를 요달하여 알기 위한 까닭이라고 한 아래는 순리대로

---

130 원문 不及 아래에 此 자를 두어 彰前不及此요 後에 爲了知下는 운운으로
　　보기도 한다. 그리고 前 자를 喩로 보고 그 此 자를 法으로 보기도 한다.
　　그러나 생각해 볼 일이다.

해석한 것이니,

이 발심이 앞의 발심을 초과함을 분별한 것이다.

그 가운데 열한 구절에 처음 구절은 한꺼번에 해석한 것이요

말하자면이라고 한 아래는 따로 해석한 것이니,

세계가 서로 즉하고 서로 들어가는[131] 것과 장애가 없는[132] 뜻을 요달하여 아는 것이다.

앞에 일곱 구절은 서로 즉하고 서로 들어가는 것을 바로 밝힌 것이요

여덟 번째 한 털끝이라고 한 아래에 이대二對는 위에 서로 즉하고 서로 들어가는 이유를 해석하되 간략하게 삼문三門[133]을 거론한 것이니

처음에는 법성융통문으로써 해석한 것이니,

말하자면 일체 세계의 차별한 체성이 한 털끝의 한 체성으로 더불어 둘이 없는 까닭이다.

이런 까닭으로 사실이 체성을 따라 융합하여 이것과 저것이 서로 즉하고, 사실이 체성을 잡아 일어나 저것과 이것이 서로 들어가되 각각 동체와 이체異體가 있나니

위에 문장을 기준하여 생각할 것이다.

---

131 원문에 상즉상입相卽相入은 第一句 이하이다.

132 원문에 무장애無障碍는 第十一句이다.

133 삼문三門은 1. 법성융통문法性融通門, 2. 연기문緣起門, 3. 무자성문無自性門이다.

鈔

事隨性融等者는 如經一毛端中에 一切世界의 差別性者는 謂一毛端性이 卽是一切世界의 差別性일새 今一切世界가 卽事로대 隨其法性하야 卽一毛端하나니 以性卽毛端이요 諸界卽性故니라 下句亦然하야 一切世界中性이 卽是一毛端性일새 一毛隨性하야 卽一切世界하나니 上句는 多卽一이요 下句는 一卽多니라 事攬性起等者는 謂一毛端之事가 攬一切世界性成일새 故一切世界가 隨其多性하야 在一毛中하나니 下句亦然하야 一切世界가 攬一毛端性成일새 故一毛隨性하야 遍在一切世界中하니라 各有同體異體者는 謂一毛端과 及一切刹이 爲各有也니라 云何異體고 一一刹等이 各有體故라 云何同體고 差別界體가 同一體故라 今一毛中에 自有體性일새 是爲異體요 而同諸刹體일새 故曰同體니 一一諸刹이 各自有體나 卽與毛端으로 共同一體니라 今諸刹相이 隨其異體하야 卽彼毛端之同體일새 故刹卽毛端이요 毛端異體가 隨其同體하야 遍於諸刹之異體일새 故彼體卽刹이니 故毛卽諸刹이라 然이나 上釋理性融通中에 却不廣出同異體義나 但有其意하니 如上文云호대 謂不異理之一事가 具攝理性時는 卽同體義요 令彼不異理之多事로 隨所依理하야 皆於一中現은 卽異體隨同也니 故云準上思之라하니라

사실이 체성을 따라 융합[134]한다고 한 등은 경에 한 털끝 가운데 일체 세계의 차별한 체성이라고 한 것과 같은 것은 말하자면 한

---

134 원문에 성性 자 아래에 융融 자가 있는 것이 좋아 보증하여 번역하였다.

털끝의 체성이 곧 일체 세계의 차별한 체성이기에 지금에 일체 세계가 곧 사실이지만 그 법성을 따라서 한 털끝에 즉하나니, 법성이 곧 한 털끝이요 모든 세계가 곧 체성인 까닭이다.
아래 구절[135]도 또한 그러하여 일체 세계 가운데 체성이 곧 한 털끝의 체성이기에 한 털끝이 체성을 따라 일체 세계에 즉하나니
위에 구절[136]은 많은 것이 곧 하나요, 아래 구절[137]은 하나가 곧 많은 것이다.

사실이 체성을 잡아 일어난다고 한 등은 말하자면 한 털끝의 사실이 일체 세계의 체성을 잡아 이루어지기에 그런 까닭으로 일체 세계가 그 많은 체성을 따라서 한 털끝 가운데 있나니[138]
아래 구절도 또한 그러하여 일체 세계가 한 털끝의 체성을 잡아서 이루어지기에 그런 까닭으로 한 털끝이 체성을 따라서 두루 일체 세계 가운데 있는 것이다.

각각 동체와 이체가 있다고 한 것은 말하자면 한 털끝과 그리고

---

135 원문에 下句는 經의 下句니 일체세계중─切世界中에 일모단성─毛端性이다.
136 원문에 上句는 일모단중─毛端中에 일체세계성─切世界性이다.
137 원문에 下句는 일체세계중─切世界中에 일모단성─毛端性이다.
138 원문에 일체세계─切世界가 수기다성隨其多性하야 재일모중在─毛中이라고 한 것은 『능엄경楞嚴經』에 어일모단於─毛端에 현보왕찰現寶王刹하고 좌미진리坐微塵裏하야 전대법륜轉大法輪이라 하니 통하는 의미가 있다. 그러나 문장만 이끌어 왔을 뿐이다.

일체 세계가 각각 동체와 이체가 있는 것이다.

어떤 것이 이체인가.[139]

낱낱 세계 등이 각각 체성이 있는 까닭이다.

어떤 것이 동체인가.

차별한 세계의 체성이 다 한 체성인 까닭이다.

지금에는 한 털끝[140] 가운데 스스로 체성이 있기에 이것을 이체라 하고

모든 세계의 체성과 같기에 그런 까닭으로 동체라 말하는 것이니

낱낱이 모든 세계가[141] 각각 스스로 체성이 있지만 곧 털끝으로 더불어 함께 다[142] 한 체성인 것이다.

지금에 모든 세계의 모습이[143] 그 이체를 따라서 저 털끝의 동체에 즉하기에 그런 까닭으로 세계가 곧 한 털끝이요

저 털끝의 이체가 그 동체를 따라서 모든 세계의 이체에 두루하기에

---

139 원문에 운하이체云何異體下는 세계世界의 동체同體와 이체異體를 밝힌 것이다. 『잡화기』도 이와 같이 말하고 있다.

140 원문에 금일모수一毛下는 털끝의 동체同體와 이체異體를 밝힌 것이다. 『잡화기』도 이와 같이 말하고 있다.

141 낱낱이 모든 세계가 운운한 것은 거듭 세계의 동체를 밝힌 것이니, 앞에서는 다만 세계와 세계가 서로 바라보는 것으로 동체를 밝힌 것이고 지금에는 곧 털끝을 바라보는 것으로 동체를 밝힌 것이다. 그러한 즉 앞에서는 자류自類를 바라보고 지금에는 이류異類를 바라본 까닭이다. 역시 『잡화기』의 말이다.

142 원문에 공동共同이란, 共 자는 제찰諸刹에 속하고, 同 자는 毛로 더불어 동일同一한 체성體性이라는 것이다.

143 원문에 금제찰상수諸刹相下는 세계가 곧 털끝임을 밝히고 있다.

그런 까닭으로 저 털끝의 체성이 곧 세계이니 그런 까닭으로 한 털끝이 곧 모든 세계인 것이다.

그러나 위에 이성융통을 해석한[144] 가운데 도리어 동체와 이체의 뜻을 폭넓게 설출하지는 않았지만 다만 그 뜻만은 있나니,

위의 문장에서 말하기를[145] 말하자면 진리(理)와 다르지 아니한 한 사실(事)이 이성을 갖추어 섭수하는 때라고 한 것과 같은 것은 곧 동체의 뜻이요

저 진리(理)와 다르지 아니한 수많은 사실(事)로 하여금 의지할 바 진리를 따라서 다 하나 가운데 나타나게 하는 것이라고 한 것과 같은 것은 곧 이체가 동체를 따르는 것이니,

그런 까닭으로 말하기를 위에 문장을 기준하여 생각할 것이다 하였다.

疏

九에 一世界中에 出生一切世界者는 此約緣起門釋이니 謂諸緣起가 更互相生이라 有其二義하니 一은 約體有體無體義니 是故相即이요 二는 約用有力無力義니 是故相入이라 亦有同體異體義니

---

144 원문에 상석이성융통上釋理性融通이란, 『현담玄談』 의리분제義理分齊 가운데 석이성융통중釋理性融通中이다.

145 원문에 여상문如上文 운운은 도리어 『현담玄談』 의리분제義理分齊 가운데 석이성융통인중釋理性融通因中의 글이라 할 것이다. 『잡화기』는 다만 주자권宙字卷 71장을 가리킨 것이라고만 하였다.

並準上思之니라 欲知一切世界無體性者는 約無自性門이니 以
大非定大일새 故能卽小等이라 十은 總結이니 欲以一念으로 盡知
如是廣無邊際가 重重卽入호대 無障礙事故로 發菩提心이라 又
此엔 言知어니와 偈中엔 亦身往彼라하니라

아홉 번째 구절에 한 세계 가운데 일체 세계를 출생하였다고 한
것은 이것은 연기문을 잡아 해석한 것이니,
말하자면 모든 연기가 다시 서로 상생相生하는 것이다.
거기에 두 가지 뜻이 있나니
첫 번째는 자체에 자체가 있고 자체가 없는 뜻을 잡은 것이니
이런 까닭으로 서로 즉하는 것이요
두 번째는 작용에 힘이 있고 힘이 없는 뜻을 잡은 것이니
이런 까닭으로 서로 들어가는 것이다.
또 동체와 이체의 뜻이 있나니
모두 위[146]에 문장을 기준하여 생각할 것이다.

일체 세계가 체성이 없는 줄 요달하여 알고자 하는 까닭이라고
한 것은 무자성문을 잡은 것이니,
큰 것이 결정된 큰 것이 아니기에 그런 까닭으로 능히 작은 것에
즉한다는 등이다.
열 번째 구절은 모두 맺는 것이니,

---

146 위란, 영인본 화엄 6책, p.115, 1행이다.

한 생각으로써 이와 같이 광대하여 끝이 없는 세계가 중중으로 즉입卽入함을 다 요달하여 알되 장애하는 일이 없게 하고자 한 까닭으로 보리심을 일으킨 것이다.

또 여기 장행문에서는 요달하여 안다고 말하였거니와 게송문 가운데서는 또한 몸이 저곳에 간다 하였다.

鈔

謂諸緣起等者는 一毛之一이 由刹之多인댄 刹爲能生이요 毛爲所生이어니와 因毛之一하야 有刹之多인댄 多爲所生이라 所生無體일새 多卽是一이요 能生有體일새 毛攝諸刹이라 上에 毛爲所生은 反此可知라 一毛是能生인댄 卽是有力이요 諸刹是所生인댄 卽是無力이니 力攝無力일새 一毛에 有於多刹이라 多刹能生인댄 一毛卽無力이니 力攝無力일새 毛入多刹이라 同體異體는 廣如玄中하니라 以大非定大等者는 等取小非定小일새 故能卽大요 及等染非定染일새 故能卽淨이요 淨非定淨일새 故能卽染等이라 至大가 有於小相이나 不壞於大는 小入大也니 反顯至小가 有於大相이나 不壞小相은 則芥納須彌니라

말하자면 모든 연기라고 한 등은 한 털끝의 하나가 세계의 많음을 인유한다면 세계는 능생能生이 되고 털끝은 소생所生이 되거니와 털끝의 하나를 인유하여 세계의 많음이 있다면 많은 것이 소생이

되는 것이다.

소생은 자체가 없기에 많은 것이 곧 하나요

능생은 자체가 있기에 털끝이 모든 세계를 섭수하는 것이다.

위에 털끝은 소생이 된다고 한 것은 이것을 반대로 해석하면 가히 알 수가 있을 것이다.

한 털끝이 능생이라고 한다면 곧 이것은 힘이 있는 것이요

모든 세계가 소생이라고 한다면 곧 이것은 힘이 없는 것이니,

힘이 있는 것이 힘이 없는 것을 섭수하기에 한 털끝에 수많은 세계가 있는 것이다.

수많은 세계가 능생이라고 한다면 한 털끝은 곧 힘이 없는 것이니,

힘이 있는 것이 힘이 없는 것을 섭수하기에 한 털끝이 모든 세계에 들어가는 것이다.

동체와 이체라고 한 것은 『현담』 가운데 폭넓게 설한 것과 같다.

큰 것이 결정된 큰 것이 아니라고 한 등은 작은 것이 결정된 작은 것이 아니기에 그런 까닭으로 능히 큰 것에 즉한다는 것을 등취한 것이요

그리고 더러운 것이 결정된 더러운 것이 아니기에 그런 까닭으로 능히 깨끗한 것에 즉하고, 깨끗한 것이 결정된 깨끗한 것이 아니기에 그런 까닭으로 더러운 것에 즉한다는 등을 등취한 것이다.

지극히 큰 것이 작은 모습을 함유하고 있지만 큰 것을 무너뜨리지

않는 것은 작은 것이 큰 것에 들어가는 것[147]이니,

지극히 작은 것이 큰 모습을 함유하고 있지만 작은 모습을 무너뜨리지 않는 것은 곧 개자가 수미산을 용납하는 것을 반대로 나타낸 것이다.

---

147 원문에 소입대야小入大也라고 한 것은 응당 대입소야大入小也라고 해야 할 것이다. 지극히 큰 것이 작은 모습을 함유하고 있는 까닭으로 작은 것에 들어가는 것이니, 응당 말하기를 큰 것이 작은 것에 들어가지만 큰 모습을 무너뜨리지 않는 까닭으로 대입소야大入小也라 말하는 것이다.

經

佛子야 復置此喩하고 假使有人이 於一念頃에 能知東方의 阿僧
祇世界에 成壞劫數호대 念念如是하야 盡阿僧祇劫하면 此諸劫
數를 無有能得知其邊際하며 有第二人이 於一念頃에 能知前人
의 阿僧祇劫에 所知劫數하며 如是廣說하야 乃至第十하며 南西
北方과 四維上下도 亦復如是하면 佛子야 此十方의 阿僧祇世界
에 成壞劫數는 可知邊際어니와 菩薩의 初發阿耨多羅三藐三菩
提心功德善根은 無有能得知其際者리라 何以故오 菩薩不齊限
하야 但爲知爾所世界의 成壞劫數故로 發阿耨多羅三藐三菩提
心이니라

불자여, 다시 이 비유는 차치하고 가사 어떤 사람이 한 생각에
능히 동방의 아승지 세계에 이루어지고 무너지는 세월의 수를
알되 생각 생각에 이와 같이 하여 아승지세월이 다하도록 한다면
이 모든 세월의 수를 능히 그 끝을 얻어 알 수 없으며
또 제 두 번째 사람이 한 생각에 능히 앞의 사람이 아승지세월에
안 바 세월의 수를 알며
이와 같이 폭넓게 설하여 이에 제 열 번째 사람에게 이르며
남방과 서방과 북방과 사유와 상방과 하방에서도 또한 다시 이와
같이 한다면 불자여, 이 시방의 아승지 세계에 이루어지고 무너지
는 세월의 수는 가히 그 끝을 알 수 있거니와 보살이 처음 아뇩다라
삼먁삼보리심을 일으킨 공덕과 선근은 능히 그 끝을 얻어 알 사람이

없을 것입니다.

무슨 까닭인가.

보살이 제한하여 다만 저곳 세계의 이루어지고 무너지는 세월의 수만을 알기 위한 까닭으로 아뇩다라삼먁삼보리심을 일으킨 것이 아니라

疏

第三에 佛子下는 知劫成壞喩라 文亦有四하니 初는 明喩廣大니 擧成攝住하고 擧壞兼空이라 二에 佛子此下는 對辨超過라 三徵이 요 四釋이라 釋中亦二니 先은 反釋이요 後는 順釋이라

제 세 번째 불자여, 다시 이 비유는 차치하고라 한 아래는 세월(劫)이 이루어지고 무너지는 것을 아는 비유이다.

경문에 또한 네 가지가 있나니

처음에는 광대한 비유를 밝힌 것이니,

이루어지는 것을 거론하여 머무는 것을 섭수하고 무너지는 것을 거론하여 공한 것을 겸하였다.

두 번째 불자여, 이 시방의 아승지 세계라고 한 아래는 초과함을 상대하여 분별한 것이요

세 번째는 묻는 것이요

네 번째는 해석한 것이다.

해석한 가운데 또한 두 가지가 있나니
먼저는 반대로 해석한 것이요
뒤에는 순리대로 해석한 것이다.

經

爲悉知一切世界成壞劫하야 盡無餘故로 發阿耨多羅三藐三菩
提心이니 所謂知長劫이 與短劫平等하고 短劫與長劫平等하며
一劫與無數劫平等하고 無數劫與一劫平等하며 有佛劫與無佛
劫平等하고 無佛劫與有佛劫平等하며 一佛劫中에 有不可說佛
하고 不可說佛劫中에 有一佛하며 有量劫與無量劫平等하고 無
量劫與有量劫平等하며 有盡劫與無盡劫平等하고 無盡劫與有
盡劫平等하며 不可說劫與一念平等하고 一念與不可說劫平等
하며 一切劫入非劫하고 非劫入一切劫하며 欲於一念中에 盡知
前際後際와 及現在一切世界의 成壞劫故로 發阿耨多羅三藐
三菩提心이니 是名初發心大誓莊嚴으로 了知一切劫神通智니라

일체 세계의 이루어지고 무너지는 세월(劫)을 다 알아 다 남김없이
하기 위한 까닭으로 아뇩다라삼먁삼보리심을 일으킨 것이니,
말하자면[148] 긴 세월이 짧은 세월로 더불어 평등하고 짧은 세월이
긴 세월로 더불어 평등하며
한세월이 무수세월로 더불어 평등하고 무수세월이 한세월로 더불
어 평등하며
부처님 있는 세월이 부처님 없는 세월로 더불어 평등하고 부처님
없는 세월이 부처님 있는 세월로 더불어 평등하며

---

148 원문 소위所謂 아래에 欲 자가 있어야 옳다. 이 欲 자가 8행 아래 입일체겁入一
切劫에까지 미친다.

한 부처님 세월 가운데 불가설 부처님 세월이 있고 불가설 부처님
세월 가운데 한 부처님 세월이 있으며

한량이 있는 세월이 한량이 없는 세월로 더불어 평등하고 한량이
없는 세월이 한량이 있는 세월로 더불어 평등하며

다함이 있는 세월이 다함이 없는 세월로 더불어 평등하고 다함이
없는 세월이 다함이 있는 세월로 더불어 평등하며

불가설 세월이 한 생각으로 더불어 평등하고 한 생각이 불가설
세월로 더불어 평등하며

일체세월이 세월이 아닌 것(非劫)에 들어가고 세월이 아닌 것이
일체세월에 들어감을 알고자 하며

한 생각 가운데 과거와 미래와 그리고 현재 일체 세계의 이루어지고
무너지는 세월을 다 알고자 한 까닭으로 아뇩다라삼먁삼보리심을
일으킨 때문이니,

이것이 이름이 처음 발심하여 큰 서원의 장엄으로 일체세월을
요달하여 아는 신통의 지혜입니다.

疏

順中三이니 初는 總이요 次에 所謂下는 別이요 三에 是名下는 結能
知智라 別中에 言平等者는 通相卽相入이니 就緣就性과 唯心等
殊나 皆無障礙일새 故云平等이라하니라 一에 長短者는 如婆婆爲
短이요 安樂爲長이니 遞傳相望으로 以爲長短이라 二三及四는 文
並可知라 五에 量無量者는 如勝蓮華界劫이 更無有上은 名爲無

量이요 已下는 皆有量이라

순서대로 해석한 가운데 세 가지가 있나니
처음에는 한꺼번에 해석한 것이요
다음에 말하자면이라고 한 아래는 따로 해석한 것이요
세 번째 이 이름이라고 한 아래는 능히 아는 지혜를 맺는 것이다.
따로 해석한 가운데 평등이라고 말한 것은 서로 즉하고 서로 들어가
는 것을 통석한 것이니,
인연에 나아간 것과 자성에 나아간 것과 오직 마음이라 한 등이
다르지만 다 장애가 없기에 그런 까닭으로 말하기를 평등하다 한
것이다.
첫 번째 긴 세월과 짧은 세월이라고 한 것은 사바세계와 같은 것은
짧은 세월이 되고 안락세계와 같은 것은 긴 세월이 되나니,
번갈아 전하여 서로 바라봄으로써 긴 세월과 짧은 세월을 삼은
것이다.
두 번째와 세 번째와 그리고 네 번째는 경문을 아울러 가히 알
수가 있을 것이다.
다섯 번째 한량이 있는 세월과 한량이 없는 세월이라고 한 것은
수승한 연화세계의 세월이 다시 더 이상 없는 것과 같은 것은 이름이
한량이 없는 세월이 되고, 그 이하는 다 한량이 있는 세월이 되는
것이다.

鈔

言平等者는 總取諸句平等이니 而平等字는 要須長短等相하야사 方
有卽入故니라 然云劫者는 婆沙一百三十五云호대 分別時分일새 故
名爲劫이니 體卽五蘊生滅로 以成於劫이라하니라 大乘은 卽以時爲
體니 經云호대 長劫與短劫平等等者는 意云호대 長劫卽短劫이요 短
劫卽長劫이라도 亦是平等하며 長劫入短劫이요 短劫亦長劫이라도
亦是平等이라하니라 就緣은 卽緣起相由門이요 就性은 卽法性融通
門이요 唯心은 卽唯心所現門이라 卽十因中之三이니 等取餘夢幻等
七하니라 二三及四等者는 二는 卽一多요 三은 卽有佛無佛이니 如過
去莊嚴과 現在賢劫과 未來星宿에 各有千佛은 名爲有佛劫이요 此後
六萬二千劫을 空過하야도 無有佛은 名爲無佛劫이라 四는 卽多少니
如威光修因할재 種種莊嚴劫中에 有十須彌山微塵數佛하고 大通智
勝佛은 處東南方이니 梵王讚云호대 一百八十劫을 空過無有佛이라
하니라 準十住毘婆沙第十云인댄 如經中說하야 諸比丘야 是賢劫前
九十一劫에 毘婆尸佛出하시고 百三十一劫에 有二佛出하시니 一은
名尸棄요 二는 名毘式婆라 此賢劫中에 鳩樓孫과 迦那含牟尼와 迦
葉佛出하시고 六萬二千劫을 空過無佛이라하니라 如勝蓮華界等은
卽壽量品이라

평등하다고 말한 것은 모든 구절이 평등하다고 한 것을 모두 취한
것이니,
평등하다는 글자는 반드시 긴 세월과 짧은 세월 등의 모습을 수구하

여야 바야흐로 즉입卽入할 수 있는 까닭이다.

그러나 세월(劫)이라고 말한 것은『바사론』일백삼십오권에 말하기를 시분時分과 분별하기에 그런 까닭으로 이름을 세월이라 하는 것이니,

곧 자체가 오온이 생멸하는 것으로 세월을[149] 이룬다 하였다.

대승에서는[150] 곧 시분으로써 자체를 삼나니,

경에 말하기를 긴 세월이 짧은 세월로 더불어 평등하다고 한 등은 그 뜻에 말하기를 긴 세월이 곧 짧은 세월이고 짧은 세월이 곧 긴 세월이라 할지라도 역시 평등하며,

긴 세월이 짧은 세월에 들어가고 짧은 세월이 긴 세월에 들어간다 할지라도 역시 평등하다는 것이다.

인연에 나아간다고 한 것은 곧 연기상유문이요

자성에 나아간다고 한 것은 곧 법성융통문이요

오직 마음이라고 한 것은 곧 유심소현문이다.

곧 십인十因[151] 가운데 세 가지이니

---

149 원문에 어겁於劫은『잡화기』에 어겁"이라하니" 토이다. 나는 어겁"이라하니라" 토니, 뜻은 다를 바가 없다.

150 대승 운운은 대개 소승은 오온으로써 겁劫의 자체를 삼고 대승은 시분(時)으로써 세월의 자체를 삼나니, 자체를 잡은 것이 다름이 있는 것이다. 역시 『잡화기』의 말이다.

151 십인十因이란, 1. 유심소현唯心所現, 2. 법무정성法無定性, 3. 연기상유緣起相由, 4. 여환몽如幻夢, 5. 여영상如影像, 6. 인무한因無限, 7. 불증궁佛證窮, 8. 심정용深定用, 9. 신통해설神通解脫, 10. 법성융통法性融通이다.

나머지 몽환 등 일곱 가지를 등취하였다.

두 번째와 세 번째와 그리고 네 번째라고 한 등은 두 번째는 곧
한세월과 수많은 세월이요
세 번째는 곧 부처님이 있는 것과 부처님이 없는 세월이니,
과거 장엄세월과 현재 현재세월(賢劫)과 미래 성수세월(星宿劫)에
각각 천불이 있는 것과 같은 것은 이름이 부처님이 있는 세월이
되고, 이 이후에 육만이천세월[152]을 지나도록 부처님이 없는 것은
이름이 부처님이 없는 세월이 되는 것이다.
네 번째는 곧 부처님이 많은 세월[153]과 부처님이 적은 세월[154]이니,
마치 대위광이 인행을 닦을 때에 가지가지 장엄세월 가운데 열
수미산 미진수 부처님[155]이 있었고 대통지승여래[156]는 동남방에 거처
하고 있었나니, 범왕이 찬탄하여 말하기를 일백팔십세월을 지나도
록 부처님이 없을 것이다 한 것과 같다.
『십주비바사론』제십권을 기준하여 말한다면 『십주경』가운데 말한
것과 같아서 모든 비구야, 이 현재세월 전 구십한세월에[157] 비바시불

---

152 원문에 육만이천겁六萬二千劫이란, 대겁大劫이다.
153 원문에 多란, 가히 말할 수 없는 부처님 세월이다.
154 원문에 少란, 한 부처님 세월이다.
155 원문에 십수미불十須彌佛은 불가설불不可說佛이다.
156 원문에 대통지승불大通智勝佛은 『화엄경法華經』에 나온다. 대위광大威光도
　　또한 그렇다. 대위광은 『화엄경』 비로자나품에도 있나니 내자권來字卷 이권
　　二卷에 있다.
157 원문에 구십일겁九十一劫이라고 한 등은 다 작은 세월(小劫)을 잡은 것이고

이 출현하셨고 일백삼십한세월에 두 부처님이 있어 출현하셨으니,
첫 번째는 이름이 시기불이요
두 번째는 이름이 비시바불[158]이다.
이 현재세월 가운데 구루손불과 가나함모니불과 가섭불이 출현하셨
고 육만이천세월을 지나도록 부처님이 없을 것이다 하였다.

수승한 연화세계의 세월이 다시 더 이상 없는 것과 같은 것이라고
한 것은 곧 여래수량품의 말이다.

疏

六은 有成壞則有盡이요 無成壞則無盡이니 標中但云호대 成壞는
從多分說이며 亦麤盡細不盡이라 七은 念劫相望이요 八에 劫非劫
은 自有三義하니 一은 約未經增減인댄 縱百千年이라도 名爲非劫
이어니와 若經增減인댄 成壞名劫이요 二는 如勝蓮華刹은 旣不可
校量인댄 亦無劫數니 故名非劫이요 三은 推妄歸眞인댄 劫入非劫
이어니와 依眞起妄인댄 非劫入劫이니 斯則前七은 事事無礙요 此
乃理事無礙라 九는 一念速知와 兼總包無盡이니 以斯無限으로
安可比前이리요 三에 結能知智는 卽十通中에 知盡未來際劫神
通也라

　큰 세월(大劫)을 잡은 것이 아니라고 『잡화기』는 말하고 있다.
158 비바시불(비시바불)은 비사부불毘舍浮佛이라고도 한다.

여섯 번째는 이루어지고 무너지는 것이 있는 것은 곧 다함이 있는 세월이요

이루어지고 무너지는 것이 없는 것은 곧 다함이 없는 세월이니, 한꺼번에 표標[159]하여 해석한 가운데 다만 말하기를 이루어지고 무너지는 세월이라고 한 것은 다분多分을 좇아 설한 것이며

또한 큰 세월은 다함이 있는 것이요 작은 세월은 다함이 없는 것이다.

일곱 번째는 한 생각[160]과 한세월(劫)이 서로 바라보는 것이다.

여덟 번째 세월과 세월이 아닌 것은 스스로 세 가지 뜻이 있나니

첫 번째는 증감의 세월을 그치지 아니함을 잡는다면 비록 백년천년이라도 이름이 세월이 아닌 것이 되거니와 만약 증감의 세월을 그친다면 이루어지고 무너지는 것이 이름이 세월이 되는 것이요

두 번째는 수승한 연화세계와 같은 것은 이미 가히 헤아릴 수 없다면 또한 세월의 수가 없는 것이니 그런 까닭으로 이름이 세월이 아닌 것이 되는 것이요

세 번째는 허망한 것을 미루어 진실에 돌아간다면 세월이 세월이 아닌 것에 들어가거니와 진실한 것을 의지하여 허망한 것을 일으킨다면 세월이 아닌 것이 세월에 들어가는 것이니,

이에 곧 앞의 일곱 가지는 사사무애요 여기 한 가지는 이사무애이다.

아홉 번째는 한 생각에 빨리 아는 것과 겸하여 끝이 없음을 모두 포함하고 있나니,

---

159 표標란, 이 경문 처음에 위실지일체세계성괴겁爲悉知一切世界成壞劫이라 한 것이니, 총표석중總標釋中이라는 말이다.
160 원문에 염겁念劫이라 한 염念은 찰나刹那를 말한다.

이 무한으로써 어찌 가히 앞의 유한과 비교하겠는가.

세 번째는 능히 아는 지혜를 맺는다고 한 것은 곧 열 가지 신통 가운데 모든 미래제세월을 다 아는 신통이다.

經

佛子야 復置此喩하고 假使有人이 於一念頃에 能知東方의 阿僧祇世界에 所有衆生의 種種差別解호대 念念如是하야 盡阿僧祇劫하며 有第二人이 於一念頃에 能知前人의 阿僧祇劫에 所知衆生의 諸解差別호대 如是亦盡阿僧祇劫하며 次第展轉하야 乃至第十하며 南西北方과 四維上下도 亦復如是하면 佛子야 此十方衆生의 種種差別解는 可知邊際어니와 菩薩이 初發阿耨多羅三藐三菩提心功德善根은 無有能得知其際者리라 何以故요 佛子야 菩薩不齊限하야 但爲知爾所衆生解故로 發阿耨多羅三藐三菩提心이니라

불자여,[161] 다시 이 비유는 차치하고 가사 어떤 사람이 한 생각에 능히 동방의 아승지 세계에 있는 바 중생의 가지가지 차별한 지해를 알되 생각 생각에 이와 같이 하여 아승지세월이 다하도록 하며 또 제 두 번째 사람이 한 생각 가운데 능히 앞의 사람이 아승지세월에 안 바 중생의 모든 지해가 차별함을 알되 이와 같이 또한 아승지세월이 다하도록 하며

차례로 전전히 하여 이에 제 열 번째 사람에게 이르며

남방과 서방과 북방과 사유와 상방과 하방에서도 또한 다시 이와 같이 한다면 불자여, 이 시방에 중생의 가지가지 차별한 지해는

---

161 佛子야 운운은 入法界品, 즉 영인본 14책, p.350, 6행에 인용하였다.

가히 그 끝을 알 수 있거니와 보살이 처음 아뇩다라삼먁삼보리심을
일으킨 공덕과 선근은 능히 그 끝을 얻어 알 사람이 없을 것입니다.
무슨 까닭인가.
불자여, 보살이 제한하여 다만 저곳에 중생의 지해만을 알기 위한
까닭으로 아뇩다라삼먁삼보리심을 일으킨 것이 아니라

疏

第四에 佛子下는 善知勝解喩라 文四同前하니 初는 擧廣喩라 梵
云阿地目多는 此云勝解니 謂於決定境에 印持爲性하고 不可引
轉爲業이니 今譯은 存略耳라 釋中亦二니 先反後順이라

제 네 번째 불자여, 다시 이 비유는 차치하고라 한 아래는 수승한
지해를 잘 아는 비유이다.
경문에 네 가지는 앞에서와 같나니
처음에는 광대한 비유를 거론한 것이다.
범어에 말하기를 아지목다는 여기에서 말하면 수승한 지해이니,
말하자면 결정한 경계에 인지印持하는 것으로 자성을 삼고 가히
이끌어 전전케 하지 못하는 것으로 업을 삼나니,
지금에 번역은 간략하게 번역함을 두었을 뿐이다.
해석한 가운데 또한 두 가지가[162] 있나니
먼저는 반대로 해석한 것이요

---

162 원문에 二亦은 亦二가 좋아 고쳐 번역하였다.

뒤에는 순리대로 해석한 것이다.

謂於決定境等者는 謂以邪正의 敎理證力으로 於所取境에 審決印
持일새 由此異緣이 不能引轉이라

말하자면 결정된 경계라고 한 등은 말하자면 삿된 교리와 바른
교리를 증득한[163] 힘으로써 취한 바 경계에 살펴서 결정하고 인지하기
에 이것을 인유하여 다른 인연이 능히 이끌어 전전케 못하는 것이다.

---

163 원문에 사정교리증邪正敎理證이란, 정교正敎는 말할 것도 없고 사교邪敎의
　　진리도 알아야 그 사교邪敎를 대치對治할 수 있는 것이다.

經

爲盡知一切世界에 所有衆生의 種種差別解故로 發阿耨多羅
三藐三菩提心이니 所謂欲知一切差別解無邊故며 欲知一衆生
解와 無數衆生解平等故며 欲得不可說差別解의 方便智光明
故며 欲悉知衆生海에 各各差別解하야 盡無餘故며 欲悉知過現
未來에 善不善의 種種無量解故며 欲悉知相似解와 不相似解故
며 欲悉知一切解가 卽是一解요 一解卽是一切解故며 欲得如來
解力故며

일체 세계에 있는 바 중생의 가지가지 차별한 지해(解)를 다 알기
위한 까닭으로 아뇩다라삼먁삼보리심을 일으킨 것이니,
말하자면 일체 차별한 지해가 끝이 없음을 알고자 한 까닭이며
한 중생의[164] 지해와 무수한 중생의 지혜가 평등함을 알고자 한
까닭이며
가히 말할 수 없는 차별한 지해의 방편에 지혜의 광명을 얻고자
한 까닭이며
중생의 바다에 각각 차별한 지해를 다 알아서 다 남김없이 하고자
한 까닭이며
과거 현재 미래에 선과 불선의 가지가지 한량없는 지해를 다 알고자
한 까닭이며

---

164 원문 故 자 아래에 욕지欲知라는 두 글자가 있어야 한다. 따라서 보증하여
번역하였다.

서로 같은 지해와 서로 같지 아니한 지해를 다 알고자 한 까닭이며
일체 지해가 곧 한 지해이고 한 지해가 곧 일체 지해임을 다 알고자
한 까닭이며
여래 지해의 힘을 얻고자 한 까닭이며

疏

順中初는 總이요 後에 所謂下는 別이라 別中에 總有十三句하니
初有八句는 總相以辨이요 後有五句는 一一別明이라 前中又二니
初三解는 爲得方便解智光이니 此光은 通因通果라 於中에 一廣
二深이니 約理等故요 三은 卽能知라 後五句는 爲得佛十力中에
勝解智力하야 解一切法이니 初一은 約人이니 謂衆生海解故요 次
一은 約時及性이요 三은 約境이니 明似不似라 上은 皆明所知廣이
라 四는 事事相卽이니 顯所知深이라 上은 皆所知요 後一은 能知니
卽得十力之一也니라

순리대로 해석한 가운데 처음에는 한꺼번에 해석한 것이요
뒤에 말하자면이라고 한 아래는 따로 해석한 것이다.
따로 해석한 가운데 모두 열 세 구절이 있나니
처음에 여덟 구절이 있는 것은 총상總相으로써 분별한 것이요
뒤에 다섯 구절이 있는 것은 낱낱이 별상別相으로 밝힌 것이다.
앞의 총상 가운데 또한 두 가지가 있나니
처음에 세 가지 지해는 방편의 지해에 지혜의 광명을 얻기 위한

것이니[165]

이 광명은 원인에도 통하고 과보에도 통하는 것이다.

그 가운데 첫 번째 구절은 넓은 것이요

두 번째 구절은 깊은 것이니

진리가 평등함을 잡은 까닭이요

세 번째 구절은 곧 능히 아는 것이다.

뒤에 다섯 구절은 부처님의 십력 가운데[166] 승해지력勝解知力을 얻어

서 일체법을 알기 위한 것이니

처음에 한 구절은 사람을 잡은 것이니

말하자면 중생의 바다를 아는 까닭이요

다음에 한 구절은 시간과 그리고 자성[167]을 잡은 것이요

세 번째는 경계를 잡은 것이니

같은 지해와 같지 아니한 지해를 밝힌 것이다.

이상에서는 알 바가 광대함을 밝힌 것이다.

네 번째 구절은 사실과 사실이 서로 즉함을 잡은 것이니

알 바가 깊음을 나타낸 것이다.

이상은 다 알 바(所知)요

---

165 방편의 지해 운운은 이 해석 역시 영인본 화엄 6책, p.127, 8행에 정위해중正位
解中에 득여래해탈무장애지고得如來解脫無障碍智故라 한 것을 기준하여 번역
하였다.

166 원문에 불십력중佛十力中이란, 영인본 화엄 6책, p.78을 참고하라.

167 원문에 시時는 삼세三世이고, 성性은 선악성善惡性이다.

뒤에 한 구절은 능히 아는(能知) 것이니
곧 부처님의 십력十力의 하나[168]이다.

鈔

別中에 總有十三句者는 此是義句니 以一解로 爲一句故라

따로 해석한 가운데 모두 열세 구절이 있다고 한 것은 이것은 의구義句
이니
한 지해로써 한 구절을 삼은 까닭이다.

---

[168] 십력十力의 하나란, 승해지력勝解知力이다.

經

欲悉知有上解無上解와 有餘解無餘解와 等解不等解의 差別故며

더 이상이 있는 지해와 더 이상이 없는 지해와 남김이 있는 지해와 남김이 없는 지해와 평등한 지해와 평등하지 않는 지해가 차별함을 다 알고자 한 까닭이며

疏

第二에 從欲悉知有上下는 一一別明이라 上但云多라하야 未識差別之相일새 今略示之니라 於中五句가 各是一義니 初句三對니 約佛菩薩相望인댄 一은 妙覺無上이요 餘皆有上이니 此約竪論이라 二는 約橫辨이니 盡未盡故라 三은 同位互望은 爲等이요 高下位相望은 爲不等이라

제 두 번째 더 이상이 있는 지해 등을 다 알고자 한 까닭이라고 한 것으로 좇아 아래는 낱낱이 따로 밝힌 것이다.
이상에서는 다만 말하기를 많다고만 하여 그 차별의 모습을 알지 못하였기에 지금에 간략하게 현시한 것이다.
그 가운데 다섯 구절이 각각 한 뜻이니
처음 구절[169]은 삼대三對이니
부처님과 보살을 잡아서 서로 바라본다면 첫 번째는 묘각은 더

이상 없는 것이요

나머지는 다 더 이상이 있는 것이니,

이것은 수竪를 잡아 논한 것이다.

두 번째는 횡橫을 잡아 분별한 것이니

다함이 있고 다함이 없는[170] 까닭이다.

세 번째는 같은 지위에서 서로 바라보는 것은 평등한 것이요

높고 낮은 지위에서 서로 바라보는 것은 평등하지 않는 것이다.

---

169 처음 구절이란, 원문에 욕실지하欲悉知下로 차별고差別故까지 1행이 다 이
   처음 一句이다. 此下도 그렇다.

170 원문에 진盡은 유여有餘이고, 미진未盡은 무여無餘이다.

經

欲悉知有依解無依解와 共解不共解와 有邊解無邊解와 差別
解無差別解와 善解不善解와 世間解出世間解의 差別故며

의지할 것이 있는 지해와 의지할 것이 없는 지해와 같은 지해와
같지 않는 지해와 끝이 있는 지해와 끝이 없는 지해와 차별이
있는 지해와 차별이 없는 지해와 좋은 지해와 좋지 않는 지해와
세간의 지해와 출세간의 지해가 차별함을 다 알고자 한 까닭이며

疏

第二句는 有六對하니 約五乘凡聖이 相望差別이라 有依無依는
約自性差別이니 託於根境하며 及稱眞故요 二는 約淺深差別이니
甚深般若는 不共小乘故요 三은 約境差別이니 佛解無邊하야 餘未
盡故요 四는 約二諦니 世諦差別이며 勝義無差故요 五는 巧拙差
別이요 六은 漏無漏差別이라

제 두 번째 구절은 육대가 있나니
오승의 범부와 성인이 서로 바라봄에 차별함을 잡은 것이다.
의지할 것이 있는 것과 의지할 것이 없는 것이라고 한 것은 자성이
차별함을 잡은 것이니,
육근과 육경에 의탁하며 그리고 진여에 칭합한 까닭이요
두 번째는 얕고 깊은 것이 차별함을 잡은 것이니

깊고 깊은 반야는 소승과 같지 않는 까닭이요
세 번째는 경계가 차별함을 잡은 것이니
부처님의 지해는 끝이 없어서 나머지 사람은 다할 수 없는 까닭이요
네 번째는 이제二諦를 잡은 것이니
세제는 차별이 있는 것이며 승의제는 차별이 없는 까닭이요
다섯 번째는 교묘함과 서룲이 차별한 것이요
여섯 번째는 유루와 무루가 차별한 것이다.

經

欲於一切妙解와 大解와 無量解와 正位解中에 得如來解脫의
無障礙智故며

일체 묘한 지해와 큰 지해와 한량없는 지해와 바른 지위의 지해
가운데 여래 해탈의 걸림 없는 지혜를 얻고자 한 까닭이며

疏

第三句는 有四解하니 約佛乘說이라 一은 深故요 二는 廣故요 三은
無分量故요 四는 契眞如正位니 得果解故며 事理無礙故며 無二
礙故라

제 세 번째 구절은 네 가지 지해가 있나니
불승을 잡아 설한 것이다.
첫 번째는 깊은 까닭이요
두 번째는 넓은 까닭이요
세 번째는 분량이 없는 까닭이요
네 번째는 진여의 바른 지위에 계합한 것이니
과위의 지해(解)를 얻은 까닭이며 사실과 진리가 걸림이 없는 까닭이
며 두 가지 장애가 없는 까닭이다.

經

欲以無量方便으로 悉知十方一切衆生界에 一一衆生의 淨解染
解와 廣解略解와 細解麁解하야 盡無餘故며

한량없는 방편으로써 시방의 일체중생 세계에 낱낱 중생의 깨끗한
지해와 더러운 지해와 넓은 지해와 간략한 지해와 세밀한 지해와
거친 지해를 다 알아 다 남김없이 하고자 한 까닭이며

疏

第四句는 唯約衆生하야 以辨差別이라 於中初는 能知方便이니 不
礙空하고 而知假故요 後에 悉知下는 明其所知라 有三對六解하니
與惑相應은 名染이요 不相應은 名淨이라 廣略者는 約境及作意差
別이요 麁細者는 約行相差別이니 委悉不委悉故니라

제 네 번째 구절은 오직 중생만을 잡아 차별함을 분별한 것이다.
그 가운데 처음에는 능히 아는 방편이니
공空에 걸리지 않고 가假를 아는 까닭이요
뒤에 다 안다고 한 아래는 그 알 바를 밝힌 것이다.
삼대三對에 여섯 가지 지해가 있나니
번뇌로 더불어 서로 응하는 것은 이름이 더러운 것이요
서로 응하지 않는 것은 이름이 깨끗한 것이다.
넓은 지해와 간략한 지해라고 한 것은 경계와 그리고 작의作意가

차별함을 잡은 것이요

거칠고 세밀하다고 한 것은 행상이 차별함을 잡은 것이니

자세히 알고 자세히 알지 못하는[171] 까닭이다.

---

171 원문에 위실委悉은 세細이고, 불위실不委悉은 추麤이다.

經

欲悉知深密解와 方便解와 分別解自然解와 隨因所起解와 隨緣
所起解하야 一切解網을 悉無餘故로 發阿耨多羅三藐三菩提心
이니라

깊고 비밀한 지해와 방편의 지해와 분별하는 지해와 자연의 지해와
원인을 따라 생기하는 바 지해와 조연을 따라 생기하는 바 지해를
다 알아서 일체 지해의 그물을 다 남김없이 하고자 한 까닭으로
아뇩다라삼먁삼보리심을 일으킨 때문입니다.

疏

第五句는 多約知聖教解라 於中文二니 先은 正明이요 二에 一切
下는 通結前文이라 初中深密者는 開則深은 約方廣一乘이요 密은
謂密意며 合則深이 卽是密이니 以祕以妙하야 卽事而眞故라 二에
方便者는 略有三種하니 一은 進趣方便이니 謂見道前에 方便道是
요 二는 施爲方便 卽第七波羅蜜이니 依實起權이 皆善巧故며 實
無此事어늘 假施設有故요 三은 集成方便이니 諸法同體를 巧相集
成이 如六相巧成이 亦名方便이니 今並能解니라 言分別者는 凡於
一法에 多門決擇故요 言自然者는 法爾本覺이 內熏發故라 隨因
所起者는 過去聞熏之所發故며 或於現在에 正思惟等으로 而能
知故라 言隨緣所起者는 善友의 增上緣力으로 所開悟故라 二에

一切下는 總結이니 廣多交絡일새 故如網也라 爲此無限하야 而起
大心커니 豈同前喩리요

제 다섯 번째 구절은 다분히 성인의 가르침을 아는 지혜를 잡은
것이다.
그 가운데 경문이 두 가지가 있나니
먼저는 바로 밝힌 것이요
두 번째 일체 지해의 그물이라고 한 아래는 앞의 경문을 모두 맺는
것이다.

처음에 바로 밝힌 가운데 깊고 비밀하다고 한 것은 열어서 본다면
곧 깊다고 한 것은 방정하고 넓은 일승을 잡은 것이고
비밀하다고 한 것은 말하자면 비밀한 뜻이며
합하여서 본다면 곧 깊은 것이 곧 비밀한 것이니
신비하고 묘하여 사실에 즉한 진실인 까닭이다.
두 번째 방편이라고 한 것은 간략하게 세 가지가 있나니
첫 번째는 진취進趣 방편이니,
말하자면 견도 앞에 방편도가 이것이요
두 번째는 보시가 방편이 되나니,
곧 제 일곱 번째 방편바라밀이니 진실을 의지하여 방편을 일으키는
것이 다 선교방편인 까닭이며
진실에는 이 일이 없거늘 거짓으로 시설하여 있는 까닭이요
세 번째는 집성集成 방편이니,

모든 법의 동일한 체성을 교묘한 모습으로 모아 이루는 것이 마치 육상六相을 교묘하게 이루는 것과 같은 것이 또한 이름이 방편이니, 지금에는 모두 능히 아는 것이다.

분별이라고 말한 것은 무릇 한 법에 수많은 문으로 결택決擇하는 까닭이요

자연이라고 말한 것은 법이 자연스레[172] 본각이 안으로 훈습하여 일어나는 까닭이다.

원인을 따라 생기하는 바라고 한 것은 과거에 들은 것이 훈습되어 생기하는 바인 까닭이며

혹은 현재에 바르게 사유하는 등으로 능히 아는 까닭이다.

조연을 따라 생기하는 바라고 말한 것은 선지식의 증상연의 힘으로 개오하는 바인 까닭이다.

두 번째 일체 지해의 그물이라고 한 아래는 모두 맺는 것이니, 넓고 많은 것이 서로 이어지기에 그런 까닭으로 그물과 같다는 것이다.

이 한계가 없음을 알기 위하여 대보리심을 일으켰거니 어찌 앞에 비유와 같겠는가.

---

172 원문에 法爾란, 법연法然, 천연天然, 자연自然이라고도 한다.

經

佛子야 復置此喩하고 假使有人이 於一念頃에 能知東方의 無數
世界에 一切衆生의 諸根差別호대 念念如是하야 經阿僧祇劫하
며 有第二人이 於一念頃에 能知前人의 阿僧祇劫에 念念所知의
諸根差別하며 如是廣說하야 乃至第十하며 南西北方과 四維上
下도 亦復如是하면 佛子야 此十方世界에 所有衆生의 諸根差別
은 可知邊際어니와 菩薩의 初發阿耨多羅三藐三菩提心功德善
根은 無有能得知其際者리라 何以故요 菩薩不齊限하야 但爲知
爾所世界에 衆生根故로 發阿耨多羅三藐三菩提心이라 爲盡知
一切世界中에 一切衆生根의 種種差別하며 廣說컨댄 乃至欲盡
知一切諸根網故로 發阿耨多羅三藐三菩提心이니라

불자여, 다시 이 비유는 차치하고 가사 어떤 사람이 한 생각에
능히 동방의 무수한 세계에 일체중생의 모든 근성이 차별함을
알되 생각 생각에 이와 같이 하여 아승지세월이 지나도록 하며
또 제 두 번째 사람이 한 생각에 능히 앞의 사람이 아승지세월에
생각 생각에 안 바 모든 근성이 차별함을 알며
이와 같이 폭넓게 설하여 이에 제 열 번째 사람에게 이르며
남방과 서방과 북방과 사유와 상방과 하방에서도 또한 다시 이와
같이 한다면 불자여, 이 시방세계에 있는 바 중생의 모든 근성이
차별한 것은 가히 그 끝을 알 수 있거니와 보살이 처음 아뇩다라삼
먁삼보리심을 일으킨 공덕과 선근은 능히 그 끝을 얻어 알 사람이

없을 것입니다.

무슨 까닭인가.

보살이 제한하여 다만 저곳 세계에 중생의 근성만을 알기 위한
까닭으로 아뇩다라삼먁삼보리심을 일으킨 것이 아니라

일체 세계 가운데 일체중생의 근성이 가지가지로 차별함을 다
알기 위하며

폭넓게 설한다면 내지 일체 모든 근성의 그물을 다 알고자 한
까닭으로 아뇩다라삼먁삼보리심을 일으킨 때문입니다.

疏

第五는 知根智니 可知라

제 다섯 번째는 모든 근성의 지혜를 아는 비유[173]이니
가히 알 수가 있을 것이다.

---

173 원문에 지근지知根智는 영인본 화엄 6책, p.103, 十一喩엔 五에 선지제근유善
知諸根喩라 하였다. 혹은 모든 근기의 수승하고 하열함을 아는 지혜의 비유라
고도 해석한다. 智 자가 능지能知인가 소지所知인가의 차이이다.

經

佛子야 復置此喩하고 假使有人이 於一念頃에 能知東方의 無數
世界에 所有衆生의 種種欲樂호대 念念如是하야 盡阿僧祇劫하
며 次第廣說하야 乃至第十하며 南西北方과 四維上下도 亦復如
是하면 此十方衆生의 所有欲樂은 可知邊際어니와 菩薩의 初發
阿耨多羅三藐三菩提心功德善根은 無有能得知其際者리라 何
以故요 佛子야 菩薩不齊限하야 但爲知爾所衆生의 欲樂故로 發
阿耨多羅三藐三菩提心이라 爲盡知一切世界에 所有衆生의 種
種欲樂하며 廣說컨댄 乃至欲盡知一切欲樂網故로 發阿耨多羅
三藐三菩提心이니라

불자여, 다시 이 비유는 차치하고 가사 어떤 사람이 한 생각에
능히 동방의 무수한 세계에 있는 바 중생의 가지가지 욕망과 즐거움
을 알되 생각 생각에 이와 같이 하여 아승지세월이 다하도록 하며
차례로 폭넓게 설하여 이에 제 열 번째 사람에게 이르며
남방과 서방과 북방과 사유와 상방과 하방에서도 또한 다시 이와
같이 한다면 이 시방에 중생의 있는 바 욕망과 즐거움은 가히
그 끝을 알 수 있거니와 보살이 처음 아뇩다라삼먁삼보리심을
일으킨 공덕과 선근은 능히 그 끝을 얻어 알 사람이 없을 것입니다.
무슨 까닭인가.
불자여, 보살이 제한하여 다만 저곳에 중생의 욕망과 즐거움만을
알기 위한 까닭으로 아뇩다라삼먁삼보리심을 일으킨 것이 아니라

일체 세계에 있는 바 중생의 가지가지 욕망과 즐거움을 다 알기
위하며
폭넓게 설한다면 내지 일체 욕망과 즐거움의 그물을 다 알고자
한 까닭으로 아뇩다라삼먁삼보리심을 일으킨 때문입니다.

疏

第六은 知欲樂이라 欲은 謂於所樂境을 希望爲性하고 勤依爲業이
니 卽勝解智所攝이니 會釋如前하니라

제 여섯 번째는 모든 욕망과 즐거움을 아는[174] 비유이다.
욕망이라고 한 것은 말하자면 좋아하는 바 경계를 희망하는 것으로
자성을 삼고 부지런히 의지하는 것으로 업을 삼는 것이니,
곧 승해지력勝解智力에 섭수되는 바이니 회석은 앞[175]에서 말한 것과
같다.

鈔

卽勝解智所攝者는 約十力智니 以種種解智도 亦名樂欲이라 若約
法相인댄 欲與解別이니 皆是別境五中之一이어니와 而在十力하야는
合之爲一이니 取名有差니라

---

174 원문에 제육지욕락第六知欲樂이란, 六에 선지욕락유善知欲樂喩이다.
175 앞(前)이란, 영인본 화엄 6책, p.124, 2행과 p.125, 7행이다.

곧 승해지에 섭수되는 바라고 한 것은 십력지十力智를 잡은 것이니
종종해[176]지력도 또한 이름이 즐거움과 욕망이다.

만약 법상종을 잡는다면 욕망과 더불어 승해가 다르나니,

다 별경의 다섯 가지[177] 가운데 하나이거니와 십력에 있어서는 그
욕망과 승해를 합하여 하나로 하였으니,

이름을 취한 것이 차이가 있는 것이다.

---

176 해解 자 아래 탈脫 자는 연衍 자이다

177 별경이란, 별경심소別境心所로 다섯 가지가 있다. 1. 욕欲. 2. 해탈解脫,
    3. 염念, 4. 정定, 5. 혜慧이다.

經

佛子야 復置此喩하고 假使有人이 於一念頃에 能知東方의 無數
世界에 所有衆生의 種種方便하며 如是廣說하야 乃至第十하며
南西北方과 四維上下도 亦復如是하면 此十方衆生의 種種方便
은 可知邊際어니와 菩薩의 初發阿耨多羅三藐三菩提心功德善
根은 無有能得知其際者리라 何以故요 佛子야 菩薩不齊限하야
但爲知爾所世界衆生의 種種方便故로 發阿耨多羅三藐三菩提
心이라 爲盡知一切世界에 所有衆生의 種種方便하며 廣說컨댄
乃至欲盡知一切方便網故로 發阿耨多羅三藐三菩提心이니라

불자여, 다시 이 비유는 차치하고 가사 어떤 사람이 한 생각에
능히 동방의 무수한 세계에 있는 바 중생의 가지가지 방편을 알며
이와 같이 폭넓게 설하여 이에 제 열 번째 사람에게 이르며
남방과 서방과 북방과 사유와 상방과 하방에서도 또한 다시 이와
같이 한다면 이 시방에 중생의 가지가지 방편은 가히 그 끝을
알 수 있거니와 보살이 처음 아뇩다라삼먁삼보리심을 일으킨 공덕
과 선근은 능히 그 끝을 얻어 알 사람이 없을 것입니다.
무슨 까닭인가.
불자여, 보살이 제한하여 다만 저곳 세계에 중생의 가지가지 방편
만을 알기 위한 까닭으로 아뇩다라삼먁삼보리심을 일으킨 것이
아니라
일체 세계에 있는 바 중생의 가지가지 방편을 다 알기 위하며

폭넓게 설한다면 내지 일체 방편의 그물을 다 알고자 한 까닭으로
아뇩다라삼먁삼보리심을 일으킨 때문입니다.

疏

第七에 知方便者는 卽禪善巧와 及至處道智라 方便三種은 如向
所辨이니 所望別故로 無相濫失이어다

제 일곱 번째[178] 방편을 아는 비유는 곧 선禪의 선교와 그리고 지처도
지至處道智[179]이다.
방편에 세 가지는 앞에서 분별한 바와 같나니[180]
바라보는 바가 다른 까닭으로 서로 함부로 허물하지 말 것이다.

鈔

所望別故等者는 前三方便은 屬解요 今은 屬欲故니라

바라보는 바가 다른 까닭이라고 한 등은 앞에 세 가지 방편은 지해(解)
에 배속하고 지금에는 선욕禪欲[181]에 배속한 까닭이다.

---

178 원문에 第七은 역시 七에 선지방편유善知方便喩이다.

179 지처도지至處道智는 영인본 화엄 6책, p.78, 5행이다.

180 원문에 여향소변如向所辨이란, 영인본 화엄 6책, p.129, 5행이다.

181 원문에 욕欲은 북장경北藏經엔 제선諸禪이라 하였고, 속장경엔 제선욕諸禪欲
    이라 하였다.

經

佛子야 復置此喩하고 假使有人이 於一念頃에 能知東方의 無數
世界에 所有衆生의 種種差別心하며 廣說컨댄 乃至此十方世界
에 所有衆生의 種種差別心은 可知邊際어니와 菩薩의 初發阿耨
多羅三藐三菩提心功德善根은 無有能得知其際者리라 何以故
요 佛子야 菩薩不齊限하야 但爲知爾所衆生心故로 發阿耨多
羅三藐三菩提心이라 爲悉知盡法界와 虛空界에 無邊衆生의 種
種心하며 乃至欲盡知一切心網故로 發阿耨多羅三藐三菩提心
이니라

불자여, 다시 이 비유는 차치하고 가사 어떤 사람이 한 생각에
능히 동방의 무수한 세계에 있는 바 중생의 가지가지 차별한 마음을
알며
폭넓게 말한다면 내지 시방세계에 있는 바 중생의 가지가지 차별한
마음은 가히 그 끝을 알 수 있거니와 보살이 처음 아뇩다라삼먁삼보
리심을 일으킨 공덕과 선근은 능히 그 끝을 얻어 알 사람이 없을
것입니다.
무슨 까닭인가.
불자여, 보살이 제한하여 다만 저곳에 중생의 마음만을 알기 위한
까닭으로 아뇩다라삼먁삼보리심을 일으킨 것이 아니라
모든 법계와 허공계에 끝없는 중생의 가지가지 마음을 다 알기
위하며

내지 일체 마음의 그물을 다 알고자 한 까닭으로 아뇩다라삼먁삼보리심을 일으킨 때문입니다.

疏

第八은 知心이라 義兼王所니 卽他心智라

제 여덟 번째[182]는 다른 사람의 마음을 아는 비유이다.
그 뜻은 심왕과 심소를 겸하였으니
곧 타심지他心智이다.

鈔

卽他心智者는 若是十力인댄 卽屬界攝이라

곧 타심지라고 한 것은 만약 십력이라면 곧 종종계지력에 섭속되는
것이다.

---

182 원문에 第八은 八에 선지타심유善知他心喩이다.

經

佛子야 復置此喩하고 假使有人이 於一念頃에 能知東方의 無數
世界에 所有衆生의 種種差別業하며 廣說컨댄 乃至此十方衆生
의 種種差別業은 可知邊際어니와 菩薩의 初發阿耨多羅三藐三
菩提心善根邊際는 不可得知니라 何以故오 佛子야 菩薩不齊限
하야 但爲知爾所衆生業故로 發阿耨多羅三藐三菩提心이라 欲
悉知三世에 一切衆生業하며 乃至欲悉知一切業網故로 發阿耨
多羅三藐三菩提心이니라

불자여, 다시 이 비유는 차치하고 가사 어떤 사람이 한 생각에
능히 동방의 무수한 세계에 있는 바 중생의 가지가지 차별한 업을
알며
폭넓게 설한다면 내지 이 시방에 중생의 가지가지 차별한 업은
가히 그 끝을 알 수 있거니와 보살이 처음 아뇩다라삼먁삼보리심을
일으킨 선근의 끝은 가히 얻어 알 사람이 없을 것입니다.
무슨 까닭인가.
불자여, 보살이 제한하여 다만 그곳에 중생의 업만을 알기 위한
까닭으로 아뇩다라삼먁삼보리심을 일으킨 것이 아니라
삼세에 일체중생의 업을 다 알고자 하며
내지 일체 업의 그물을 다 알고자 한 까닭으로 아뇩다라삼먁삼보리
심을 일으킨 때문입니다.

疏

第九는 知業이니 卽業報智라 上皆文四는 同前可知라 若辨其名
體인댄 具如初會十力章中이요 若廣顯差別인댄 如第九地하니라

제 아홉 번째[183]는 업의 모습을 아는 비유이니
곧 업보지業報智이다.
이상에 다 경문에 네 가지가 있는 것은 앞에서와 같나니
가히 알 수가 있을 것이다.
만약 그 명체를 분별한다면 초회 십력장 가운데 갖추어 설한 것과
같고
만약 그 차별을 폭넓게 나타낸다면 제구지와 같다.

---

183 원문에 第九는 九에 선지업상유善知業相喩이다.

經

佛子야 復置此喩하고 假使有人이 於一念頃에 能知東方의 無數
世界에 所有衆生의 種種煩惱호대 念念如是하야 盡阿僧祇劫하
면 此諸煩惱의 種種差別을 無有能得知其邊際하며 有第二人이
於一念頃에 能知前人의 阿僧祇劫에 所知衆生의 煩惱差別하야
如是復盡阿僧祇劫하며 次第廣說하야 乃至第十하며 南西北方
과 四維上下도 亦復如是하면 佛子야 此十方衆生의 煩惱差別은
可知邊際어니와 菩薩의 初發阿耨多羅三藐三菩提心善根邊際
는 不可得知니라 何以故오 佛子야 菩薩不齊限하야 但爲知爾所
世界에 衆生煩惱故로 發阿耨多羅三藐三菩提心이라

불자여, 다시 이 비유는 차치하고 가사 어떤 사람이 한 생각에
능히 동방의 무수한 세계에 있는 바 중생의 가지가지 번뇌를 알되
생각 생각에 이와 같이 하여 아승지세월이 다하도록 한다면 이
모든 번뇌의 가지가지 차별을 능히 그 끝을 얻어 알 수 없으며
또 제 두 번째 사람이 한 생각에 능히 앞의 사람이 아승지세월에
안 바 중생의 번뇌가 차별함을 알아 이와 같이 다시 아승지세월이
다하도록 하며
차례로 폭넓게 설하여 이에 제 열 번째 사람에게 이르며
남방과 서방과 북방과 사유와 상방과 하방에서도 또한 다시 이와
같이 한다면 불자여, 이 시방에 중생의 번뇌가 차별한 것은 가히
그 끝을 알 수 있거니와 보살이 처음 아뇩다라삼먁삼보리심을

일으킨 선근의 끝은 가히 얻어 알 사람이 없을 것입니다.
무슨 까닭인가.
불자여, 보살이 제한하여 다만 저곳 세계에 중생의 번뇌만을 알기
위한 까닭으로 아뇩다라삼먁삼보리심을 일으킨 것이 아니라

疏

第十에 佛子復置下는 明知煩惱差別喩라 文亦分四리니 前三可
知라 第四釋中에 亦先反이요 後順이라

제 열 번째[184] 불자야, 다시 이 비유는 차치하고라 한 아래는 번뇌의
차별을 아는 비유를 밝힌 것이다.
경문에 또한 네 가지로 나누리니
앞의 세 가지는 가히 알 수가 있을 것이다.
제 네 번째 해석한 가운데 또한 먼저는 반대로 해석한 것이요,
뒤에는 순리대로 해석한 것이다.

---

184 원문에 第十은 十에 선지번뇌유善知煩惱喩이다.

經

爲盡知一切世界에 所有衆生의 煩惱差別故로 發阿耨多羅三
藐三菩提心이니 所謂欲盡知輕煩惱와 重煩惱와 眠煩惱와 起煩
惱와 一一衆生의 無量煩惱가 種種差別하야 種種覺觀으로 淨治
一切의 諸雜染故며

일체 세계에 있는 바 중생의 번뇌가 차별함을 다 알기 위한 까닭으
로 아뇩다라삼먁삼보리심을 일으킨 것이니,
말하자면 가벼운 번뇌와 무거운 번뇌와 잠자는 번뇌와 일어나는
번뇌와 낱낱 중생의 한량없는 번뇌가 가지가지로 차별함을 다
알아 가지가지 각관[185]으로 일체 모든 잡염을 청정하게 다스리고자
한 까닭이며

疏

順中에 初總이요 後에 所謂下는 別이라 別有六門하니 各先惑이요
後治니 謂非但空知라 意在斷故니라 初門은 總明이요 後一은 義兼
總別이요 中間四門은 別擧其重이라 今初門中에 輕重眠起로 通下
諸惑일새 故名爲總이니 治中輕重은 總中之總이라 以品言之인댄

---

185 가지가지 각관이라고 한 것은 染染을 잡는다면 각관"하야" 토이고 정淨을
잡는다면 각관"으로" 토이다. 역시 『잡화기』의 말이다. 나는 "으로" 토로
보았다.

一切煩惱가 各有輕重하니 約起惑者의 心有異故니라 據難易斷인댄 現行爲輕이요 種子爲重이니 卽眠起是라 又分別爲輕이요 俱生爲重이라 若據破壞三寶하고 焚燒善根인댄 則邪見最重이요 餘悉名輕이라 若據損惱自他하고 障菩薩道인댄 瞋恚最重이요 餘悉名輕이라 若據發潤生死流轉인댄 無明愛取爲重이라 若依爲諸惑根인댄 則三毒爲重이라 若依障初聖道하야 不受聖敎인댄 見慢爲重이라 若據遠隨現行하야 障無學道인댄 我愛慢爲重이요 餘可名輕이라 若煩惱當體相望인댄 十大煩惱爲重이요 隨惑爲輕이요 隨煩惱中에 大中小隨 展轉輕重이라 又正使爲重이요 習氣爲輕이라 更有異門이나 可略言也니라

순리대로 해석한 가운데 처음에는 한꺼번에 해석한 것이요
뒤에 말하자면이라고 한 아래는 따로 해석한 것이다.
따로 해석한 가운데 육문六門이 있나니
각각 먼저는 번뇌요
뒤에는 다스리는 것이니,
말하자면 다만 한갓 번뇌를 알려고만 하는 것이 아니라 그 뜻이 번뇌를 끊고자 하는 데 있는 까닭이다.
처음에 한 문門은 한꺼번에 밝힌 것이요
뒤에 한 문門은 그 뜻이 한꺼번에 밝히고 따로 밝힌 것을 겸한 것이요
중간에 네 문門은 그 무거운 번뇌를 따로 거론한 것이다.

지금은 처음 문門 가운데 가벼운 번뇌와 무거운 번뇌와 잠자는
번뇌와 일어나는 번뇌로써 아래 모든 번뇌를 통석하기에 그런 까닭
으로 이름을 한꺼번에 밝힌 것이다 한 것이니
다스리는[186] 가운데 가벼운 번뇌와 무거운 번뇌라고 한 것은 번뇌를
한꺼번에 밝힌 가운데 한꺼번에 밝힌 것이다.
번뇌의 품류로써 말한다면 일체 번뇌가 각각 가벼운 것과 무거운
것이 있나니
번뇌를 일으키는 사람의 마음이 다름이 있음을 잡은 까닭이다.

어렵게 끊고 쉽게 끊는 것을 의거한다면 현행現行은 가벼운 번뇌가
되고 종자種子는 무거운 번뇌가 되나니,
곧 잠자는 번뇌와 일어나는 번뇌가 이것이다.
또 분별分別은 가벼운 번뇌가 되고 구생俱生은 무거운 번뇌가 되는
것이다.
만약 삼보를 파괴하고 선근을 태우는 것을 의거한다면 곧 사견邪見은
가장 무거운 번뇌가 되고 나머지는 다 가벼운 번뇌라 이름하는
것이다.
만약 자기와 다른 사람을 손뇌損惱하고 보살도를 장애하는 것을
의거한다면 진애瞋恚는 가장 무거운 번뇌가 되고 나머지는 다 가벼운
번뇌라 이름하는 것이다.
만약 발윤發潤[187]하여 생사에 의존하는 것을 의거한다면 무명無明과

---

186 就는 治 자의 잘못이다.

애愛와 취取는 무거운 번뇌가 되는 것이다.

만약 모든 번뇌의 근본이 되는 것을 의거한다면 곧 삼독은 무거운 번뇌가 되는 것이다.

만약 처음 성인의 도를 장애하여 성인의 가르침을 받지 않는 것을 의거한다면 아견我見과 아만我慢[188]은 무거운 번뇌가 되는 것이다.

만약 멀리 현행現行을 따라 무학도無學道를 장애하는 것을 의거한다면 아애我愛[189]와 아만我慢은 무거운 번뇌가 되고 나머지는 가히 가벼운 번뇌라 이름할 것이다.

만약 번뇌의 당체가 서로 바라본다면 열 가지 큰 번뇌[190]는 무거운 번뇌가 되고 수번뇌隨煩惱는 가벼운 번뇌가 되고, 수번뇌 가운데 대수大隨 번뇌와 중수中隨 번뇌와 소수小隨 번뇌는 전전히 가볍기도 하고 무겁기도 한 것이다.

또 정사正使[191]는 무거운 번뇌가 되고 습기習氣[192]는 가벼운 번뇌가

187 발윤發潤은 발업윤생發業潤生의 준말이니, 번뇌를 의지하여 업業을 일으켜 생生을 윤택케 하는 것이다.

188 아만我慢은 근본번뇌根本煩惱의 열 가지 가운데 하나이니 즉 탐貪·진瞋·치癡·만慢·의疑·신견身見·변견邊見·사견邪見·견취견見取見·계금취견戒禁取見으로 나누어 십사十使라 한다. 처음 다섯 가지(初五)를 오둔사五鈍使, 뒤에 다섯 가지(後五)를 오리사五利使라 한다. 사실 오리사는 악견惡見 안에 있는 것이다. 즉 악견에 신견 등이 있다는 것이다.

189 아애我愛는 사번뇌四煩惱의 하나로, 사번뇌는 아치我癡·아견我見·아만我慢·아애我愛이다.

190 원문에 십대번뇌十大煩惱란, 근본번뇌根本煩惱 열 가지이다.

191 정사正使란, 번뇌煩惱의 주체主體를 말한다.

되는 것이다.
다시 다른 문이 있으나 말을 생략하는 것이 좋을 듯하다

鈔

一切煩惱가 各有輕重者는 分九品故라 約起惑下는 出輕重所由니
如一貪惑重者는 於下劣境에 起猛利貪하고 中者는 稱境而起하고 下
者는 設於勝境이라도 心亦微薄等이니 三品各三일새 故成九品이라
據難易下는 別別相望하야 以論輕重이라 言種子爲重者는 如俱生惑
種은 金剛喩定에서 方斷盡故니 故下經云호대 金剛道滅하야사 方畢
竟이라하니라 又分別爲輕者는 眞見道中에 一時頓斷이라 故唯識云
호대 見所斷惑에 十俱頓斷은 以眞見道가 總緣諦故라하니 此約大乘
이어니와 若通三乘인댄 唯識論云호대 煩惱障種을 見所斷者는 三乘
見道位인 眞見道中에 一時頓斷이라하니라 俱生爲重者는 於修道位
中에 數數修習하야 無分別智라야 方能斷故니라 餘如十地初說하니
라 邪見最重者는 涅槃經云호대 一切煩惱가 邪見攝盡이라하니라 戒
經十重에 謗三寶爲最重이니 十惡亦然이라하니라 瞋恚最重者는 如
普賢行品에 一念瞋心起하면 百萬障門開라하니라 無明愛取爲重者
는 淨名經云호대 從癡有愛일새 則我病生이라하며 涅槃經云호대 生死
本際가 凡有二種하니 一者는 無明이요 二者는 有等이라 三毒爲重者
는 本行經云호대 世間之毒이 莫過三毒이니 諸隨惑等이 皆從此生이
라하니라 見慢爲重者는 見則偏執一理하야 亢徹在心이니 安受聖教

---

192 습기習氣란, 번뇌煩惱의 여훈餘薰을 말한다.

하며 慢旣恃己니 豈復他求리요 我愛慢重者는 略有三義하니 一은 約
識인댄 至第七故니 四惑相應이 是也요 二는 約行인댄 通至諸禪故니
如明法品에 當辨하리라 三은 約果인댄 至阿羅漢이니 若作是念호대
我得阿羅漢道라하면 則不得故라 十大煩惱爲重者는 唯識云호대 煩
惱는 謂貪瞋癡慢疑惡見이라하니 卽六根本이라 俱舍論云호대 六由
見異十이니 謂開惡見爲五라 一은 身見이요 二는 邊見이요 三은 邪見
이요 四는 見取요 五는 戒禁取라하니라

일체 번뇌가 각각 가벼운 것과 무거운 것이 있다고 한 것은 번뇌를
구품으로 나눈 까닭이다.
번뇌를 일으키는 사람의 마음이 다름이 있음을 잡은 까닭이라고
한 아래는 가벼운 번뇌와 무거운 번뇌의 인유한 바를 설출한 것이니,
마치 하나의 탐혹貪惑이 무거운 사람은 하열한 경계에 맹리하게
탐욕을 일으키고 보통 사람은 경계에 합하여 일으키고 가벼운 사람
은 수승한 경계를 설립할지라도 마음이 또한 작은 발(簾) 등과 같나
니, 삼품三品이 각각 삼품이 있기에 그런 까닭으로 구품九品을 이루는
것이다.

어렵게 끊고 쉽게 끊는 것을 의거한다고 한 아래는 따로따로 서로
바라보아 가벼운 번뇌와 무거운 번뇌를 논한 것이다.
종자는 무거운 번뇌가 된다고 말한 것은 마치 구생혹의 종자는
금강유정金剛喩定[193]에서 바야흐로 끊어 다하는 것과 같은 까닭이니,
그런 까닭으로 아래 경에 말하기를 금강도에서 번뇌를 소멸하여야

바야흐로 필경이 된다 하였다.

또 분별은 가벼운 번뇌가 된다고 한 것은 진견도眞見道[194] 가운데서
일시에 문득 끊는 것이다.

그런 까닭으로 『유식론』에 말하기를 견도위에서 끊을 바 번뇌[195]에
열 가지를 함께 문득 끊는[196] 것은 진견도가 모두 사제를 반연하는[197]
까닭이다 하였으니 이것은 대승을 잡은 것이어니와, 만약 삼승을
통석한다면 『유식론』에 말하기를 번뇌장의 종자[198]를 견도위에서
끊는 바라고 한 것은 삼승의 견도위인 진견도 가운데서 일시에
문득 끊는 것이다 하였다.

구생은 무거운 번뇌가 된다고 한 것은 수도위 가운데서 자주자주
닦아 익혀 분별이 없는 지혜라야 바야흐로 능히 끊는 까닭이다.

---

193 금강유정金剛喩定은 등각보살위等覺菩薩位이다.

194 진견도眞見道는 운허사전 p.829를 참고하라.

195 견도위에서 끊을 바 번뇌라고 한 것은 이장二障의 분별을 한꺼번에 거론한
것이다. 역시 『잡화기』의 말이다.

196 열 가지를 함께 문득 끊는다고 한 것은 그 열 가지는 십사十使를 가리키는
것이 아닌가 의심하나니, 이장二障의 분별이 십사로 더불어 동시에 끊는
것을 말하는 것이라 여겨진다. 다 『잡화기』의 말이다.

197 모두 사제를 반연한다고 한 것은 수자권水字卷 14장에 말하기를 상견도相見道
는 사제를 반연하고 진견도는 따로 반연하지 않는다 하였으니 가히 검증하여
설할 것이다. 역시 『잡화기』의 말이다.

198 원문에 장중障重이라 한 중重 자는 본 『유식론』에는 종種 자로 되어 있나니
대개 분별 가운데 종자를 말하는 것이다. 이상은 『잡화기』의 말이나 차본에는
이미 종種 자로 교정되어 있다.

나머지는 십지 초두에서 설한 것과 같다.

곧 사견은 가장 무거운 번뇌가 된다고 한 것은 『열반경』에 말하기를 일체 번뇌가 사견에 섭수되어 다한다 하였다.

『계경戒經』[199]의 십중대계에 삼보를 비방하는 것이 가장 무거운 것이 되나니 십악도 또한 그렇다[200] 하였다.

진애는 가장 무거운 번뇌가 된다고 한 것은 저 보현행품에 한 생각 진심瞋心이 일어나면 백만 장애문이 열린다 하였다.

무명과 애와 취는 무거운 번뇌가 된다고 한 것은 『정명경』에 말하기를 어리석음을 좇아 애愛가 있기에 곧 아我라는 병이 생긴다 하였으며 『열반경』에 말하기를 생사의 본제本際가 무릇 두 가지 종류가 있나니 첫 번째는 무명이요 두 번째는 유有다 한 등이다 하였다.

삼독은 무거운 번뇌가 된다고 한 것은 『본행경』에 말하기를 세간의 독이 삼독을 지나는 것이 없나니 모든 수혹隨惑 등이 다 이 삼독을 좇아 생긴다 하였다.

아견과 아만은 무거운 번뇌가 된다고 한 것은 아견은 곧 한 이치에 치우쳐 집착하여 그 이치를 잡아 사무쳐[201] 마음에 두는 것이니

---

199 『계경戒經』은 『보살선계경菩薩善戒經』이니, 七卷으로 구나발마 번역이다. 영인본 화엄 6책, p.201에도 이 경(此經)이 나온다. 그러나 今 『계경戒經』은 『범망경梵網經』이니 영인본 화엄 6책, p.322, 1행을 보라.

200 십악도 또한 그렇다고 한 것은 십악 가운데 사견邪見이 있는 까닭이니, 『대명법수』 42권, 초 6장을 볼 것이다. 역시 『잡화기』의 말이다.

201 宊은 宆의 잘못(誤)이다. 宆는 '잡될 요' 자이다. 혹 究 자로 보아 究徹이라 하니 끝까지 자기 소견에 집착하는 것을 말한다.

어찌 성인의 가르침을 받으며

아만은 이미 자기만을 믿는 것이니 어찌 다시 다른 사람을 구하겠는가.

아애와 아만은 무거운 번뇌가 된다고 한 것은 간략하게 세 가지 뜻이 있나니

첫 번째는 식識을 잡는다면 제칠식에 이르는 까닭이니

네 가지 번뇌[202]가 상응하는 것이 이것이요

두 번째는 행行을 잡는다면 모두 제선諸禪에 이르는 까닭이니

저 명법품[203]에서 마땅히 분별하겠다.

세 번째는 과果를 잡는다면 아라한에 이르는 것이니,

만약 이러한 생각을 하되 내가 아라한도를 얻었다 한다면 곧 얻은 것이 아닌 까닭이다.

열 가지 큰 번뇌는 무거운 번뇌가 된다고 한 것은 『유식론』에 말하기를 번뇌는 말하자면 탐·진·치·만·의·악견이다 하였으니

곧 여섯 가지 근본번뇌이다.

『구사론』 게송에 말하기를[204] 여섯 가지 번뇌가 악견의 다름을 인유하

---

202 원문에 사혹四惑은 아치我癡, 아견我見, 아만我慢, 아애我愛이다.

203 명법품이라고 한 것은 율자권律字卷 하권, 34장, 상에 있다. 역시 『잡화기』의 말이다. 명법품明法品은 이 초발심공덕품初發心功德品 다음 품이다.

204 『구사론』 게송 운운은, 『구사론』은 십구권 수면품睡眠品 제오권의 일권이니, 그 게송에 말하기를 여섯 가지 번뇌가 악견의 다름을 인유하여 열 가지가 되나니 / 다르다는 것은 말하자면 신견身見과 / 변집견邊執見과 사견邪見과 / 견취견見取見과 계금취견戒禁取見이다(六有見異十 異謂有身見 邊執見 邪見 見取 戒禁取) 하였다. 『잡화기』는 악견의 다름을 인유하여 열 가지가 된다고 한

여 열 가지가 되나니,

말하자면 악견을[205] 열면 다섯 가지가 되는 것이다.

첫 번째는 신견이요

두 번째는 변견이요

세 번째는 사견이요

네 번째는 견취견이요

다섯 번째는 계견취견이다 하였다.

隨煩惱中에 大中小隨가 展轉輕重者는 大隨爲重이요 中小爲輕이며
中隨爲重이요 小隨爲輕일새 名爲展轉이라 言隨惑者는 唯識頌云호
대 隨煩惱謂忿과 恨覆惱嫉慳과 誑諂與害憍와 無慚與無愧와 掉擧
及昏沈과 不信幷懈怠와 放逸及失念과 散亂不正知라하고 長行釋云
호대 唯是煩惱의 分位差別과 等流性故로 名隨煩惱라하니라 依疏釋
云인댄 謂忿等十과 及失念과 不正知와 放逸等은 假染心所니 是貪等
差別位일새 名隨煩惱요 無慚無愧와 掉擧昏沈散亂과 不信懈怠의
七法은 雖別有體나 是前根本之等流일새 故名隨煩惱니 由煩惱爲
因하야 此得有故라하니라 論云호대 此二十種을 類別說有三하니 謂忿
等十은 各別起故로 名小隨煩惱요 無慚等二는 遍不善故로 名中隨
煩惱요 掉擧等八은 遍染心故로 名大隨煩惱라하니 疏釋云호대 然忿
等十은 自類相望인댄 各別而起하나니 非共他中大惑俱나 行位局故

것은 다른 악견이 다섯 가지를 이루는 까닭으로 열 가지가 된다고만 하였다.

205 원문에 위謂, 개開, 악견惡見, 위爲, 오五라는 다섯 글자와 一, 二, 三, 四,
五라는 번호는 『구사론』 게송에는 없다.

로 名之爲小요 無慚愧二는 自類得俱하야 行通忿等이나 唯遍不善하
야 位局後八일새 但得名中이요 掉擧等八은 自得俱生하야 但染皆遍
하나니 得俱生故로 不可名小며 染皆遍故로 不得名中이니 二義旣殊
일새 故八名大라하니라 習氣爲輕者는 此卽阿羅漢等의 餘習也라

수번뇌 가운데 대수번뇌와 중수번뇌와 소수번뇌가 전전히 가볍기도
하고 무겁기도 하다고 한 것은 대수번뇌는 무거운 것이 되고 중수번
뇌와 소수번뇌는 가벼운 것이 되며, 중수번뇌는 무거운 것이 되고
소수번뇌는 가벼운 것이 되기에 이름을 전전이라 한 것이다.
수혹隨惑이라고 말한 것은 유식송唯識頌[206]에 말하기를
수번뇌는 말하자면 분忿과
한恨과 부復와 뇌惱와 질嫉과 간慳과
광誑과 첨諂과 더불어 해害와 교憍와
무참無慚과 더불어 무괴無愧와

도거掉擧와 그리고 혼침惛沈과
불신不信과 아울러 해태懈怠와
방일放逸과 그리고 실념失念과
산란散亂과 부정지不正知라 하고,
장행문에 해석하여 말하기를 오직 이 번뇌의 분위分位 차별과 등류等
流의 자성인 까닭으로 이름을 수번뇌라 한다 하였다.

---

206 유식송唯識頌은 『성유식론成唯識論』 제육권第六卷이다.

『유식론』소疏에서 해석한 것을 의지[207]하여 말한다면, 말하자면 분·한 등 열 가지와 그리고 실념과 부정지와 방일 등은 가염심소假念心所[208]이니 이것은 탐·진 등 차별위差別位이기에 이름이 수번뇌요 무참과 무괴와 도거와 혼침과 산란과 불신과 해태의 일곱 가지 법은 비록 따로 자체가 있지만 이것은 앞에 근본번뇌의 등류이기에 그런 까닭으로 이름을 수번뇌라 하는 것이니,

번뇌가 원인이 됨을 인유하여 이것이 있음을 얻는 까닭이다 하였다.

『성유식론』[209]에 말하기를 이 스무 가지를 유별類別로 세 가지가 있다고 설하였으니, 말하자면 분·한 등 열 가지는 각각 따로 일어나는 까닭으로 이름을 소수번뇌라 하고,

무참 등 두 가지는 불선不善에 두루하는 까닭으로 이름을 중수번뇌라 하고,

도거 등 여덟 가지는 염심染心에 두루하는 까닭으로 이름을 대수번뇌라 하였으니,[210]

---

207 원문에 의경석依經釋의 依 자는 彼 자로 보기도 한다. 依 자라면 청량淸凉이 유식소唯識疏를 이끌어 말한 것이 되고, 彼 자라면 바로 저 유식소唯識疏를 말하는 것이다.

208 가염심소假念心所라고 한 것은 말하자면 이 방일 등은 따로 자체가 없어서 다른 염심染心을 가자하여 이루어지는 것이니, 마치 아첨하고 속이는 것이 모두 탐욕과 어리석음의 일분一分으로써 자체를 삼는 등과 같다. 수자권收字 卷 29장, 상을 볼 것이다. 또 이 이름을 해석한 것은 『회현기』 24권 17장과 『대명법수』 50권, 초 3장을 볼 것이다. 역시 『잡화기』의 말이다. 가염심소는 수번뇌隨煩惱이고 진정심왕眞淨心王은 근본번뇌根本煩惱이다.

209 『성유식론成唯識論』은 제육권第六卷이다.

『유식론』 소에 해석하여 말하기를 그러나 분·한 등 열 가지[211]는
자류自類가 서로 바라본다면 각각 따로 일어나나니[212] 저 중혹中惑과
대혹大惑으로 함께하지 않지만[213] 행위가 국한한 까닭으로[214] 이름을
소수번뇌라 하고

무참과 무괴의 두 가지는 자류가 함께함을 얻어 행위가 분·한 등에
통하지만 오직 불선에만 두루하여 행위가 뒤의 여덟 가지에 국한하
기에[215] 다만 중수번뇌라고 이름함을 얻고

---

210 소수번뇌小隨煩惱는 唯六識이고, 중수번뇌中隨煩惱는 通六識이고, 대수번뇌
　　大隨煩惱는 通前五·六·七識이다.

211 분·한 등 열 가지라 운운한 것은 속주俗註(俗詮註)를 검증해 본즉 대·중·소의
　　세 가지 혹惑의 유형이 다르나니, 말하자면 자류自類가 함께 일어나는 것과
　　염심에 두루하는 두 가지 성품과 모든 염심에 두루하는 것이니 이 세 가지
　　뜻을 다 갖춘 것은 이름이 대수번뇌(대혹)이고, 함께 없는 것은 이름이
　　소수번뇌(소혹)이다. 두 가지 소수번뇌의 성품은 불선不善의 성품과 유부有覆
　　의 성품이라 하였다. 또 『백법론』 주에도 설출하였으니 가히 인용하여 초문을
　　대조할 것이다. 이상은 『잡화기』의 말이나, 불선은 악이고 유부는 무기
　　가운데 유부무기와 무부무기 가운데 유부무기이다.

212 원문에 각별이기各別而起란, 忿時엔 忿만 일어나는 등등이다.

213 원문에 非不의 不 자는 연자衍字이다. 원문에 중대혹中大惑이란, 중혹中惑과
　　대혹大惑이니 즉 소혹小惑은 소수혹小隨惑(煩惱), 중혹中惑은 중수혹中隨惑(煩
　　惱), 대혹大惑은 대수혹大隨惑(煩惱)이다. 소혹小惑은 唯六識, 중혹中惑은 通六
　　識, 대혹大惑은 通前五·六·七識이다. 즉 소혹小惑은 중혹中惑·대혹大惑으로
　　더불어 함께하지 않는다.

214 행위가 국한한다고 한 것은 불선심에만 두루하고 염심에 두루한다는 등의
　　뜻이 없는 까닭이다. 다 『잡화기』의 말이다.

215 행위가 뒤의 여덟 가지에 국한한다고 한 것은, 행위가 저 뒤의 여덟 가지에

도거 등 여덟 가지는 자류가 함께 일어남을 얻어 다만 염심에만
다 두루하나니,
함께 일어남을 얻은 까닭으로 가히 소수번뇌라고 이름함을 얻을
수 없으며,
염심에만 다 두루하는 까닭으로 중수번뇌라고 이름함을 얻을 수
없나니
두 가지 뜻이 이미 다르기에 그런 까닭으로 여덟 가지는 대수번뇌라
이름한다 하였다.

습기는 가벼운 번뇌가 된다고 한 것은 이것은 곧 아라한 등의 나머지
습기이다.

更有異門等者는 上來에 已有十門解釋거니와 有以五住煩惱에 無明
爲重이니 障大菩提故요 前四爲輕이니 障見修故라하니 今謂前四位
도 亦障菩提요 無明住地도 亦障見修일새 故不存之라하니라 又有云
호대 等分爲輕이니 稱境起故요 多分爲重이니 過境起故라하며 又云
暫起間起와 羸劣起者는 爲輕이요 多起常起와 猛利起者는 爲重이라
하니 此二卽前에 約品中收之니라 又云迷事爲輕이니 後得智斷故요
迷理爲重이니 根本智斷故라하니 此則與前에 無明爲重이니 障菩提
故로 亦小相違일새 故略不言耳요 非無有理일새 故云可略이라하니라

국한한다는 것이다. 역시 『잡화기』의 말이나 어於 자만 더하였을 뿐 별다른
뜻이 없다.

迷事迷理는 至十地中하야 當廣分別하리라

다시 다른 문이 있다고 한 등은 상래에 이미 십문으로 해석한 것이
있었거니와, 어떤 사람이 오주지번뇌(五住煩惱)[216]에 무명주지는 무
거운 번뇌가 되나니[217] 대보리를 장애하는 까닭이요

앞에 사주지四住地는 가벼운 번뇌가 되나니 견도와 수도를 장애하는
까닭이다 하니,

지금에 말하기를 앞에 사위四位[218]도 또한 보리를 장애하고 무명주지
도 또한 견도와 수도를 장애하기에 그런 까닭으로 생략하여 두지
않는다 하였다.

또 어떤 사람이 말하기를 등분의 번뇌(等分煩惱)[219]는 가벼운 번뇌가
되나니 경계에 칭합하여 일어나는 까닭이요

다분의 번뇌(多分煩惱)[220]는 무거운 번뇌가 되나니 경계를 지나 일어
나는 까닭이다 하였으며

또 말하기를 잠깐 일어나는 것과 사이에 일어나는 것과 약하고
하열하게 일어나는 것은 가벼운 번뇌가 되고, 많이 일어나는 것과

---

216 오주지번뇌(五住煩惱)는 『불교사전佛敎辭典』(운허), p.623을 참조하라.

217 무명주지 운운은 오주지五住地 가운데 第五에 무명주지無明住地가 最後故로
爲重이라 한 것이다.

218 원문에 전사위前四位는 곧 앞에 四住地이다.

219 등분번뇌等分煩惱는 영인본 화엄 6책, p.146, 말행末行에 나온다.

220 다분번뇌 운운은, 등분번뇌等分煩惱는 탐貪·진瞋·치癡 삼독三毒만 함께 일으
키는 것이고, 다분번뇌多分煩惱는 삼독심三毒心을 수없이 일으키는 것이다.

항상 일어나는 것과 맹렬하고 예리하게 일어나는 것은 무거운 번뇌
가 된다 하였으니,

이 두 가지는 앞에 품품品品을 잡은 가운데 거두었다.

또 말하기를 사실(事)에 미혹한 것[221]은 가벼운 번뇌가 되나니 후득지
로 끊는 까닭이요

진리에 미혹한 것[222]은 무거운 번뇌가 되나니 근본지로 끊는 까닭이다
하였으니,

이것은 앞에 무명주지는 무거운 번뇌가 되나니 대보리를 장애하는
까닭이라고 한 것으로 더불어 또한 조금 서로 어기기에[223] 그런
까닭으로 생략하여 말하지 아니하였을 뿐이고[224] 일리가 없지는
않기에 그런 까닭으로 말하기를 생략하는 것이 좋을 듯하다 하였다.

사실에 미혹하고 진리에 미혹한 것은 십지 가운데 이르러 마땅히
폭넓게 분별하겠다.

---

221 원문에 미사迷事는 번뇌장煩惱障이다.

222 원문에 미리迷理는 소지장所知障이다.

223 조금 서로 어긴다고 한 것은 앞에서는 보리를 장애하는 것으로써 무거운
번뇌를 삼았고 지금에는 보리를 장애하는 것으로써 가벼운 번뇌를 삼는
까닭이니, 그 뜻에 말하기를 앞에도 이미 있지 않았거니 앞으로 더불어
서로 어긴다고 한 것을 또한 어찌 가히 세우겠는가 하였다. 역시 『잡화기』의
말이다.

224 원문에 약불언이略不言耳란, 疏中에서 생략하여 말하지 않았다는 것이다.

疏

言眠起者는 眠卽種子니 眠伏藏識이요 起卽對境現行이라 言一
一衆生의 無量煩惱는 總結多端이라 種種差別은 如後略說거니와
廣唯佛知니라 種種覺觀은 通能所治니 有染淨故라 染爲所治니
煩惱依故라 如欲恚害覺은 能生貪等의 無量煩惱니 涅槃加五하
야 說有八覺이라 一은 欲覺이니 求可意事요 二는 瞋覺이니 念欲瞋
他요 三은 惱覺이니 念欲惱他요 四는 親里覺이니 憶念親緣이요
五는 國土覺이니 念世安危요 六은 不死覺이니 積財資養이요 七은
族姓覺이니 念族高下요 八은 輕侮覺이니 侮卽是慢念이니 自恃欺
人이라하니라 此等非一일새 故云種種이라하니 皆能引起一切煩
惱니라 對上一一衆生의 無量煩惱인댄 亦名引起分別이라 言淨治
者는 欲以不淨觀治요 瞋以慈治요 惱害以悲治요 次四는 以無常
觀治요 後一은 以無我我所觀治니 故云種種覺觀으로 淨治一切
雜染이라하니라

잠자는 번뇌와 일어나는 번뇌라고 말한 것은 잠잔다고 한 것은
곧 종자이니 장식에 면복眠伏하는 것이요
일어난다고 한 것은 곧 경계를 상대하여 현행現行하는 것이다.

낱낱 중생의 한량없는 번뇌라고 말한 것은 번뇌가 많음을 모두
맺는 것이다.
가지가지 차별이라고 한 것은 뒤에 간략하게 설한 것과 같거니와[225]

폭넓게 설한 것은 오직 부처님만이 아는 것이다.

가지가지 각관이라고 한 것은 능치能治와 소치所治에 통하나니 염染과 정淨이 있는 까닭이다.

염이라고 한 것은 소치가 되는 것이니 번뇌가 의지하는 까닭이다. 저 욕각欲覺과 애각恚覺과 해각害覺은 능히 탐·진 등 한량없는 번뇌를 생기하나니, 『열반경』[226]에는 오각五覺을 더하여 팔각八覺이 있다고 설하였다.

첫 번째는 욕각이니 자기 뜻에 옳은 일을 구하는 것이요

두 번째는 진각이니 욕심을 생각하여 다른 사람에게 진심을 내는 것이요

세 번째는 뇌각이니 욕심을 생각하여 다른 사람을 뇌롭게 하는 것이요

네 번째는 친리각親里覺[227]이니 친한 인연을 기억하여 생각하는 것이요

다섯 번째는 국토각國土覺이니 세간의 안위를 생각하는 것이요

---

225 원문에 여후약설如後略說이란, 後五門이다.

226 혹자는 열반涅槃이라는 글자 위(앞)에 如 자가 있어야 한다고 하나 없어도 무방하다. 즉 『잡화기』에 열반이라는 글자는 마땅히 여열반설如涅槃說이라 말한 것이라 하였다. 그것은 아마도 초문(영인본 화엄 6책, p.145, 8행)에 고운여열반설故云如涅槃說이라 한 때문인 듯하다. 그렇다면 토를 번뇌煩惱 "니" 여열반설如涅槃說"하니라"로 달아야 할 것이다. 그대로 두고 본다면 초문에 고운여열반설이라고 한 말은 소문에 열반涅槃에 가오설유팔각加五說 有八覺이라는 말을 뜻으로 인용한 것이라고 볼 것이다.

227 친리親里는 연고지를 말함이다.

여섯 번째는 불사각不死覺이니 재물을 쌓아 자질을 기르는 것이요
일곱 번째는 족성각族性覺이니 족성의 높고 낮음을 생각하는 것이요
여덟 번째는 경모각輕侮覺이니 모侮[228]라고 한 것은 곧 교만한 생각이
니 스스로를 믿고 다른 사람을 속이는 것이다 하였다.

이와 같은 등이 하나가 아니기에 그런 까닭으로 말하기를 가지가지
각관이다 하였으니 다 능히 일체 번뇌를 이끌어 일으키는 것이다.
위에 낱낱중생의 한량없는 번뇌라고 한 것을 상대한다면 또한 이름
을 이끌어 일으키는 분별(引起分別)[229]이라 할 것이다.

정치淨治라고 말한 것은 욕각은 부정관으로써 다스리고
진각은 자慈로써 다스리고
뇌각과 해각은 비悲로써 다스리고
다음에 네 가지는 무상관으로써 다스리고
뒤에 한 가지는 무아관無我觀과 무아소관無我所觀[230]으로써 다스리는
것이니,
그런 까닭으로 경에 말하기를 가지가지 각관으로 일체 잡염을 청정
하게 다스리고자 한다 하였다.

---

228 侮는 '업신여길 모' 자이다.

229 원문에 인기분별引起分別이란, 引起之分別이니 인기引起하는 분별分別이라
   할 것이다. 아래 이둔분별장利鈍分別障과 같은 예例이다.

230 원문에 무아아소관無我我所觀이란, 五에 무아관無我觀과 六에 무아소관無我所
   觀이다.

鈔

能生貪等無量煩惱者는 卽第二十三經의 高貴德王菩薩品이라 經
云호대 復次善男子야 一切凡夫가 雖善護身心이나 猶故生於三種惡
覺하나니 以是因緣으로 雖斷煩惱하야 得生非想非非想處나 猶故還
墮三惡道中하니라 善男子야 譬如有人이 渡於大海에 垂至彼岸하야
沒水而死인달하야 凡夫之人도 亦復如是하야 垂盡三有하야 還墮三
塗하나니 何以故요 無善覺故니라 云何善覺고 所謂六念이라하시고 下
廣說惡覺之過일새 故云如涅槃說이라하니라 言加五說有八覺者는
卽俱舍等論에 亦名八尋이라하니 下疏所列이라 惱覺은 卽是害覺이
라 涅槃엔 通說六念爲善이어니와 今엔 別說之일새 故로 以不淨等治
로 爲善이니 大意可知라

능히 탐·진 등 한량없는 번뇌를 생기한다고 한 것은 곧 열반 이십삼경
의 고귀덕왕보살품이다.
『열반경』에 말하기를 다시 선남자야, 일체 범부가 비록 몸과 마음을
잘 수호하지만 오히려 짐짓 세 가지 악각惡覺을 생기하나니,
이 인연으로써 비록 번뇌를 끊어 비상비비상처에 태어남을 얻었지만
오히려 짐짓 도리어 삼악도 가운데 떨어지는 것이다.
선남자야, 비유하자면 어떤 사람이 큰 바다를 건너감에 저 언덕에
거의 다 이르러 물에 빠져 죽는 것과 같아서, 범부의 사람도 또한
다시 이와 같아서 삼유가 거의 다하여 도리어 삼도에 떨어지나니
무슨 까닭인가.

선각善覺이 없는 까닭이다.

어떤 것이 선각인가.[231]

말하자면 육념六念[232]이라 하시고 그 아래에[233] 악각의 허물을 폭넓게 설하였기에 그런 까닭으로 말하기를『열반경』에서 설한 것과 같다 하였다.

오각을 더하여 팔각이 있다고 설하였다고 말한 것은 곧『구사론』 등의 논에 또한 이름을 팔심八尋이라 하였으니,

아래 소문[234]에서 열거한 바이다.

뇌각惱覺은[235] 곧 해각이다.

『열반경』에서는 육념이 선善이 된다고 한꺼번에 설하였거니와, 지금에는 따로 설하였기에 그런 까닭으로 부정관 등으로써 다스리는 것으로 선을 삼은[236] 것이니 대의는 가히 알 수가 있을 것이다.

---

231 원문에 운하선각云何善覺 운운은,『열반경涅槃經』은 육념六念으로 선각善覺을 삼고, 청량淸凉스님은 부정관不淨觀·자관慈觀·비관悲觀·무상관無常觀·무아관無我觀·무아소관無我所觀으로 선각善覺을 삼았다.

232 육념六念은 염불念佛·염법念法·염승念僧·염아念我·염시念施·염천念天이다. 『잡화기』는 다만 육념이라고 한 것은 불佛·법法·승僧·계戒·시施·천天이니 해자권海字卷 25장과 14장을 볼 것이다고 하였다.

233 원문에 하광설下廣說이라 한 下는 육념六念 下이다.

234 아래 소문(下疏)이란, 지금의 소문(今之疏)이니 영인본 화엄 6책, p.144, 4행에 열거한 팔각八覺이다.

235 뇌각惱覺 운운은 팔각八覺 중엔 해각害覺이 없기에 해각害覺은 뇌각惱覺에 속한다고 말한 것이다.

236 원문에 위선爲善이란, 육선六善을 말한다. 즉 부정관不淨觀 등이다.

經

欲盡知依無明煩惱와 愛相應煩惱하야 斷一切諸有趣에 煩惱結
故며

무명을 의지한 번뇌와 애애愛와 상응하는 번뇌를 다 알아 일체 모든
유취有趣[237]에 번뇌의 결박을 끊고자 한 까닭이며

疏

第二는 依流轉門이니 於所治中에 卽癡愛發潤이라 斷一切下는
明治니 由癡愛故로 諸趣流轉하나니 從癡有愛하야 菩薩病生故니
라 一切衆生의 三有五趣에 三結을 要當斷盡이니 一에 欲界諸愛는
別名欲結이요 二에 上二界愛는 合名有結이요 三에 三界無明은
名無明結이라 三結은 亦名三漏니 卽上癡愛斷已에 永盡生死流
故니라

제 두 번째는 유전문을 의지한 것이니
소치所治 가운데 곧 치癡와 애애愛가 발윤發潤하는 것이다.
일체 모든 유취에 번뇌의 결박을 끊는다고 한 아래는 다스림을
밝힌 것이니
치와 애를 인유한 까닭으로 모든 유취有趣에 유전하나니 치癡를

---

237 유취有趣는 삼유오취三有五趣를 말함이다.

좇아 애愛가 있어서 보살이 병이 생기는[238] 까닭이다.

일체중생의 삼유오취三有五趣에 삼결三結을 반드시 마땅히 끊어 다 하고자 하는 것이니

첫 번째 욕계의 모든 애愛는 따로 욕결欲結이라 이름할 것이요

두 번째 위에 색계, 무색계 두 세계의 애는 합당히 유결有結이라 이름할 것이요

세 번째 삼계의 무명은 무명결無明結이라 이름할 것이다.

삼결은 또한 삼루三漏라 이름하나니 곧 위에 치와 애를 끊어 마침에 영원히 생사에 유전함을 다하는 까닭이다.

---

238 원문에 보살병생菩薩病生이란, 『정명경淨名經』의 말이다. 영인본 화엄 6책, p.140, 2행에 淨名經云호대 從癡有愛일새 즉아병생則我病生이라 하였다.

經

欲盡知貪分煩惱와 瞋分煩惱와 癡分煩惱와 等分煩惱하야 斷一切煩惱根本故며

탐분의 번뇌와 진분의 번뇌와 치분의 번뇌와 등분의 번뇌를 다 알아 일체 번뇌의 근본을 끊고자 한 까닭이며

疏

第三은 依病行門이니 四分分別하리라 分是性義니 各據偏多하야 受貪等名은 名爲不等이요 三分俱多는 名爲等分이라 然不出三일새 此三을 別名三不善根이니 故治中云호대 斷根本也라하니라

제 세 번째는 병행문을[239] 의지한 것이니
사분으로 분별하겠다.
분分이라고 한 것은 이 성性의 뜻이니 각각 치우쳐 많은 것을 의거하여 탐 등의 이름을 받은 것은 이름이 부등不等[240]이 되는 것이요 삼분三分이 함께 많은 것은 이름이 등분等分이 되는 것이다.
그러나 탐진치 세 가지를 벗어나지 않기에 이 세 가지를 따로 이름하

239 병행病行이라고 한 것은 율자권律字卷 하권 25장, 하 10행을 보라고 『잡화기』는 말한다.
240 부등不等이란 같지 않다, 즉 다르다는 것이니 탐진치의 이름이 다르다는 것이다.

여 삼불선근三不善根이라 하나니,

그런 까닭으로 다스리는 가운데 말하기를 번뇌의 근본을 끊고자

한다 하였다.

經

欲悉知我煩惱와 我所煩惱와 我慢煩惱하야 覺悟一切煩惱하야
盡無餘故며

아我의 번뇌와 아소我所의 번뇌와 아만의 번뇌를 다 알아 일체
번뇌를 깨달아 남김없이 다하고자 한 까닭이며

疏

第四는 依通諸識門이라 明我我所니 謂第七識이 恒執第八하야
爲內我故라 惑謂爲我所하야 染之起慢일새 故云我慢이라하니 通
至第六히 內執我身하고 外執資具하야 恃己陵人이라 又此我者는
亦兼法我니 若盡此惑인댄 則諸惑皆盡일새 故治中云호대 盡無餘
也라하니라

제 네 번째는 모든 식에 통하는 문을 의지한 것이다.
그 뜻은 아我와 아소我所를 밝힌 것이니
말하자면 제칠식이 항상 제팔식에 집착하여 자기 안에 아我를 삼는
까닭이다.
혹은 말하기를 아소我所를 삼아 그것에 염착하여 아만을 일으키기에
그런 까닭으로 말하기를 아만이다 하였으니,
모두 제육식에 이르기까지 안으로 아신我身에 집착하고 밖으로 자구
資具에 집착하여 자기만을 믿고 다른 사람을 업신여기는 것이다.

또 이 아我라고 한 것은 또한 법아法我를 겸한 것이니,
만약 이 번뇌를 다하면 곧 모든 번뇌가 모두 다하기에 그런 까닭으로
다스리는 가운데 말하기를 남김없이 다하고자 한다 하였다.

經

欲悉知從顚倒分別로 生根本煩惱와 隨煩惱와 因身見하야 生六
十二見하야 調伏一切煩惱故며

전도된 분별을 좇아 근본번뇌와 수번뇌가 생기하는 것과 신견을
인하여 육십이견이 생기하는 것을 다 알아 일체 번뇌를 조복하고자
한 까닭이며

疏

第五는 約相生門이니 以利鈍分別인댄 先鈍後利라 故淨名推身호
대 以欲貪爲本하고 欲貪은 以虛妄分別爲本하고 虛妄分別은 以顚
倒想爲本하고 顚倒想은 以無住爲本이라하니 今以無住는 非煩惱
故로 略不言耳니라 而順明之인댄 從顚倒와 虛妄分別하야 生貪等
惑하고 依貪等惑하야 有諸隨惑하야 展轉相生이라 顚倒想者는 不
淨計淨等故라 利中에 卽身見爲本하야 生六十二見하나니 此有二
說이라 一은 依三世五蘊이니 至下當明하리라 二는 依異道邪見이
니 具如瑜伽의 八十七說하니라

제 다섯 번째는 상생문을 잡은 것이니
오리사五利使와 오둔사五鈍使[241]로써 분별한다면 먼저는 오둔사요,

---

[241] 오리사五利使와 오둔사五鈍使라고 한 것은 『유식론』 주에 말하기를 탐貪

뒤에는 오리사이다

그런 까닭으로『정명경』에 몸을 추궁하되 탐욕으로써 근본을 삼고 탐욕은 허망한 분별로써 근본을 삼고 허망한 분별은 전도된 생각으로써 근본을 삼고 전도된 생각은 주착함이 없는 것으로써 근본을 삼는다 하였으니,

지금에 주착함이 없다고 한 것은 번뇌가 아닌 까닭으로 생략하고 말하지 아니하였을 뿐이다.

그러나 순리대로 밝힌다면 전도된 생각과 허망한 분별을 좇아 탐진 등 번뇌가 생기고 탐진 등 번뇌를 의지하여 모든 수번뇌가 있어서 전전이 상생하는 것이다.

전도된 생각이라고 한 것은 깨끗하지 않는데 깨끗하다고 헤아리는 등인 까닭이다.

오리사 가운데는 곧 신견으로 근본을 삼아 육십이견을 생기하나니 여기에 두 가지 설명이 있다.

첫 번째는 삼세의 오온을 의지하나니

아래에 이르러 마땅히 밝히겠다.[242]

등 다섯 가지는 오둔사라 이름하고, 악견을 다섯 가지로 열어 곧 오리사라고 이름한 것은 저 반연할 바 경계에 완고하게 어리석어 결정할 수 없는 까닭으로 둔鈍이라 말하고, 과연 결정코 끊는 까닭으로 말하기를 이利라 이름한다 하였으니 지금은 먼저 오둔사 가운데 여섯 가지 근본번뇌를 모두 거론하였으나 그 많음을 좇아 설한 까닭으로 둔鈍이라 말한 것이다. 역시『잡화기』의 말이다. 여섯 가지 근본번뇌란 탐·진·치·만·의·악견이다.

242 원문에 지하당명至下當明이란, 아래 십장품十藏品이다.

두 번째는 이도異道의 사견을 의지하나니
갖추어 설한 것은 『유가론』팔십칠권에 설한 것과 같다.

鈔

利中卽身見爲本等者는 言身見者는 唯識論에 名薩迦耶見이라하니
釋云호대 謂五取蘊으로 執著我我所하야 一切見趣의 所依爲業이니
此見差別이 有二十句와 六十五等이나 分別起攝이라하니라 釋曰하면
此見差別下는 卽疏云호대 一은 依三世五蘊說者라하니라 彼疏釋云
호대 薩迦耶見은 具足컨댄 梵云호대 薩迦耶達利瑟致라하니 經部師
云호대 薩是僞義요 迦耶是身이요 達利瑟致是見이라 身是聚義니 卽
聚義假라 應言호대 緣聚身起見이 名爲身見이라하리라 薩婆多云호대
薩是有義요 迦耶等如前하니 雖見聚身을 而是實有나 身者는 卽是自
體異名이니 應言自體見이라하리라 大乘法師解云호대 僧吃爛底薩
은 便成移轉이니 以大心心上에 所變之法일새 故言移轉이라하니라
身見依五蘊하야 起此我見이니 此爲依故로 諸見得生일새 故言見趣
所依爲業이라하니 趣者는 況也요 惑은 所歸處也라 言二十句者는 對
法第一云호대 謂如計色是我아 我有色가 色屬我아 我在色中가하니
一蘊有四일새 五蘊合하면 有二十句也니라 五爲我見이요 餘皆我所
니 謂相應我所과(卽我有色) 隨逐我所와(卽色屬我) 不離我所니(卽
我在色中) 故有十五我所라하니 此卽分別行緣蘊이요 不分別所起
處니라 若歷三世하면 便有六十이요 加身卽我하면 爲六十一이요 我
復異身하면 爲六十二니라 又計常無常等하면 爲六十二니 如十藏品

하니라 論云六十五者는 婆沙論云호대 謂如以色爲我요 於餘四蘊에
各三我所니 謂是我瓔珞과 我僮僕과 我器니 卽有十二요 色爲一我니
卽總有十三이요 五蘊에 總有六十我所見하고 有五我見하니 爲六十
五라하니 此卽分別行緣蘊이요 亦分別所起處니 此等皆是分別我見
이라

오리사 가운데는 곧 신견으로[243] 근본을 삼는다고 한 등은 신견이라
고 말한 것은 『유식론』에 이름을 살가야견薩迦耶見이라 하였으니
해석[244]하여 말하기를 말하자면 오취온으로 아와 아소에 집착하여
일체 견취의 의지하는 바로 업을 삼나니, 이 견見의 차별이 이십구절
과 육십오견 등이 있지만 분별기分別起에 함섭된다 하였다.
해석[245]하여 말하면 이 견의 차별이라고 한 아래는 곧 소문에서
말하기를 첫 번째는 삼세의 오온을 의지하여 설명한 것이라 한
것이다.
저 『유식론』 소에 해석하여 말하기를 살가야견이라고 한 것은 갖추
어 말하면 범어에 말하기를 살가야 달리슬치라 하였으니,
경량부사經量部師가 말하기를 살薩은 이 거짓의 뜻이요 가야迦耶는
이 몸의 뜻이요 달리슬치는 이 견見의 뜻이다.
신身이라고 한 것은 이 취취聚의 뜻이니 곧 취의 뜻이라고 한 것은
거짓이라는 뜻이다.

---

243 원문에 이신견以身見의 以 자는 소문疏文에는 卽 자이다.
244 여기서 해석이라 한 것은 『유식론』 소석疏釋이다.
245 여기서 해석이라 한 것은 청량스님의 해석이다.

응당 말하기를 취신聚身을 반연하여 견해를 일으키는 것이 이름이 신견이 된다 해야 할 것이다 하였다.

살바다부사가 말하기를 살은 이 유有의 뜻이요 가야 등은 앞에서 말한 것과 같나니, 비록 취신을 진실로 있는 것으로 보지만 취신은 곧 이 자체의 다른 이름이니 응당 말하기를 자체를 보는 것이라 해야 할 것이다 하였다.

대승법사가 해석하여 말하기를 승흘난저살僧吃爛底薩²⁴⁶은 곧 이전移轉이라는 말을 이루는 것이니, 사대와 심왕과 심소의 분상에 변하는 바 법이기에 그런 까닭으로 말하기를 이전이라 한다 하였다.

신견이 오온을 의지하여 이 아견을 일으키나니, 이것이 의지가 되는 까닭으로 모든 견해가 생기함을 얻기에 그런 까닭으로 말하기를 견취에 의지하는 바로 업을 삼는다 하였으니, 취라고 한 것은 모습(況)²⁴⁷이요 혹은 돌아갈 바 처소이다.

이십구절이라고 말한 것은 『대법론』 제일권에 말하기를 말하자면 색色이 이 아我인가 아가 이 색인가, 색이 아에 속하는가 아가 색

---

246 승흘난저살僧吃爛底薩이라고 한 것은 이 대승법사는 곧 살薩 자를 이전移轉의 뜻으로써 해석하였다. 그러한 즉 승흘난저살은 이것은 갖추어 말한 것이다. 원문의 대심심大心心이라고 한 것은 이것은 제팔식이니 그런 까닭으로 대大라고 말한 것이다. 이상은 『잡화기』의 말이다. 그러나 승흘난저살은 살가야薩迦耶라는 범어의 다른 이름이고, 대大는 사대四大로 색온色蘊이고, 위에 심심心心은 심왕心王으로 식온識蘊이고, 아래 심심心心은 심소心所로 수受, 상想, 행行, 온蘊이다.

247 황況은 의황意況이라고 『잡화기』는 말하였다.

가운데 있는가 하고 헤아리는 것과 같나니, 일온—蘊[248]이 네 가지가 있기에 오온을 합하면 이십구절이 있는 것이다.

오온은 아견이 되고 나머지는 다 아소我所가 되는 것이니, 말하자면 아소에 상응하는 것과[249] (곧 아가 색에 있는 것) 아소를 따르는[250] 것과 (곧 색이 아에 속하는 것) 아소를 떠나지 않는[251] 것이니 (곧 아가 색 가운데 있는 것) 그런 까닭으로 십오 아소가 있다 하였으니 이것은 곧 이십구절의 행이 오온을 반연한 것을 분별한[252] 것이요 생기한 바 처소[253]를 분별한 것은 아니다.

---

248 일온—蘊은 색온色蘊이다.

249 말하자면 아소에 상응하는 것과 운운한 것은 본론(『대법론』제일권)에 말하기를 어찌하여 십오 아소가 이 아소견我所見을 인유한다 하는가 하니 여기에 답한 것이다. 상응한다고 한 것은 『대법론』문에 말하기를 나에게 색이 있고 내지 나에게 식이 있나니 무슨 까닭인가. 내가 저로 더불어 상응함을 인유하여 저가 있다고 말하는 까닭이다 하였다. 역시 『잡화기』의 말이다. 아소我所란 나의 소유라는 말이고, 아소견이란 나의 소유물이라 고집하는 것이다.

250 원문의 수축隨逐이라 한 축逐 자는 본론(『대법론』제일권)에는 전轉 자로 되어 있다. 저 본론에 말하기를 아소를 따라 전한다(隨轉)고 한 것은 색이 아我에 속하는 것으로부터 식이 아에 속함에 이르나니 무슨 까닭인가. 만약 저 색 등이 이 아의 자제한 힘을 인유하여 따라 전한다고 한다면 저 색 등을 설하여 아소我所라 말할 것이다 하였다. 역시 『잡화기』의 말이다.

251 떠나지 않는다고 한 것은 『대법론』문에 말하기를 내지 아가 식 가운데 있나니 무슨 까닭인가. 저 식이 실아實我가 오온 가운데 있다고 계교하여 두루 자체를 따라 행하는 까닭이다 하였다. 역시 『잡화기』의 말이다.

252 원문에 분별행연온分別行緣蘊이란, 二十 구절의 行이 오온五蘊을 반연하는 것을 분별分別한다는 것이다.

만약 삼세를 지난다면 곧 육십이 있고, 몸이 곧 아임을 더한다면
육십일이 되고, 아가 다시 몸과 다름을 더한다면 육십이가 되는
것이다.

또 상과 무상 등을 헤아린다면 육십이견이 되는 것이니 십장품과
같다.

논에 말하기를 육십오라고 한 것[254]은 『바사론』 제팔권에 말하기를
말하자면 색온은 아가 되고 나머지 사온에 각각 세 가지는 아소가
되는 것과 같나니, 말하자면 아我의 영락과 아의 동복童僕과 아의
기물器物이니 곧 십이十二가 있고, 색온이 일아一我가 되나니 곧
모두 십삼이 있고, 오온에 모두 육십아소견我所見이 있고[255] 오아견五

---

253 원문에 소기처所起處는 아소我所이다. 즉 아소我所에서 생기하는 영락瓔珞과
　　동복童僕 등이니, 지금엔 이 말이 없기에 분별分別하지 않는다 한 것이다.
　　『잡화기』는 이것은 곧 이십구절의 행이 오온을 운운한 것은 이것은 다만
　　그 이십구절의 행이 그 오온을 반연한 것을 분별하여 해석한 것을 말한
　　것뿐이고, 그 아소가 생기한 바 처소를 분별하여 말한 것은 아니니, 곧
　　『바사론』 제팔권에서 말한 바 나의 영락 등이라 한 것이 이것이 이 생기하는
　　처소이다 하였다.
254 원문에 논운육십오論云六十五란, 이(此) 소문疏文 초두初頭에 유식석론唯識釋
　　論에 二十句와 六十五等이라 한 六十五이다.
255 원문에 오온총유육십아소견五蘊總有六十我所見이란, 오온五蘊에 각각 12아
　　소十二我所가 있기에 육십六十이 되는 것이다. 즉 색色이 아我가 되면 나머
　　지 사온四溫이 아소我所가 되어 나머지 사온四溫에 각각 삼아소三我所인
　　영락瓔珞·동복童僕·기물器物이 있어 12아소十二我所가 된다. 수受가 아我가
　　되고 나머지 사온四溫이 아소我所가 되며 상想·행行·식識도 그러하다. 따라

我見이 있으니 육십오견이 되는 것이다 하였으니,
이것은 곧 행이 오온을 반연한 것을 분별하는 것이요 또한 생기한
바 처소를 분별하는 것이니 이런 등이 다 아견으로 분별하는 것이다.

二에 依異道邪見等者는 論中約迷하야 前際後際로 爲次어니와 今依
唯識의 約所依見分之리라 謂於前際에 計四遍常과 四一分常하며 及
依計後際에 有想十六하고 無想俱非가 各有八論하야 共四十種常見
差別이요 有計後際에 七斷滅論하니 此四十七이 共因我見하야 而起
邊見이요 有計前際에 二無因論과 四有邊論과 四不死矯亂하며 及計
後際에 五現涅槃하니 故六十二니라 此六十二가 以邪見邊見二로 爲
自體하고 以餘二見으로 而爲眷屬하고 依於身見하야 以爲根本이라하
니 此亦擧大數니라 次依瑜伽하야 以釋相者인댄 初四遍常者는 謂我
及世間이 一切皆常이나 但有隱顯이라 依上中下의 靜慮等하야 起宿
住하야 隨念生四常論하나니 一은 由能憶二十成壞劫이요 二는 能憶
四十劫이요 三은 能憶八十劫이요 四는 依天眼所見하야 現在世에 見
諸有情이 死時生時에 諸蘊相續하고 彼便執我와 世間俱常이라 言四
一分常者는 謂四皆一分이니 一者는 從梵天沒하야 來生此間하야 得
宿住通하야 作如是等執호대 梵王是常이요 我等無常이라할새 故名
一分이라 二는 聞梵王이 有如是見이나 大種是常이요 心是無常이라
하며 或復翻此니라 三은 有先從戲忘天沒하야 來生此間하야 得通起

서 오온五蘊에 각각 12아소十二我所가 있기에 60아소견六十我所見이라 한
것이다.

執호대 不生此者는 常이요 我生此者는 是無常이라 四는 有先從意憤天沒하야 來生此間하야 得通起執이라한 一分은 同前하니라 此天住處는 住妙高層級하며 或三十三天이라하니라

두 번째 이도의 사견을 의지한다고 한 등은 『유가론』[256] 가운데 미혹함을 잡아[257] 전제와 후제로 차례를 삼았거니와, 지금에는 『유식론』[258]의 의지하는 바 견해를 잡은 것을 의지하여 분별하겠다. 말하자면 전제에 사변상四徧常과 사일분상四一分常을 헤아리며, 그리고 후제에 유상(想)이 십육론이 있고 무상無想과 구비俱非가 각각 팔론이 있다고 헤아림을 의지하여[259] 함께 사십종상견[260]의 차별이 있고

---

256 『유가론瑜伽論』은 87권이다.

257 『유가론』가운데 미혹함을 잡아 운운한 것은 『유가론』에 말하기를 사변상견四邊常見과 사일분상四一分常과 이무인二無因과 사유변상四有邊想과 사불사교란四不死矯亂인 이와 같은 십팔十八의 모든 악취惡趣는 이것은 전제前際를 계교하여 아我를 설한 것이요, 또 십육유견상론十六有見想論과 팔비유상비무상八非有想非無想과 칠단견七斷見과 오현법열반五現法涅槃인 이 사십사四十四 모든 악견취惡見趣는 이것은 후제를 계교하여 아를 설한 것이다 하였다. 역시 『잡화기』의 말이다. 팔비유상비무상은 팔비유상과 팔비무상이기에 사십사四十四가 되는 것이다. 『유가론』은 팔십칠권이고 바로 아래 『유식론』은 제육권이다.

258 『유식론唯識論』은 제육권第六卷이다.

259 依 자는 혹 연자衍字로 보기도 한다.

260 사십종상견四十種常見은 四徧常의 四와 四一分常의 四와 後際에 有想 十六과 無想八과 俱非八을 合하면 四十種常見이 된다.

후제에 칠단멸론七斷滅論²⁶¹을 헤아림이 있나니 이 사십칠견이 함께 아견을 인하여 변견을 일으키고

전제에 이무인론二無因論²⁶²과 사유변론四有邊論²⁶³과 사불사교란론 四不死矯亂論²⁶⁴을 헤아림이 있으며 그리고 후제에 오현열반五現涅槃²⁶⁵을 헤아림이 있나니, 그런 까닭으로 육십이견이 되는 것이다. 이 육십이견이 사견과 변견²⁶⁶의 두 가지로써 자체를 삼고 나머지

---

261 칠단멸론七斷滅論은 『능가경楞嚴經』 제십권第十卷 행음장行陰章을 참조할 것이니 두 장 뒤 영인본 화엄 6책, p.157, 9행에 설출하였다.

262 이무인론二無因論은 같은 책 p.158, 4행이다.

263 사유변론四有邊論은 같은 책 p.158, 말행末行이다.

264 사불사교란론四不死矯亂論은 같은 책 p.159, 6행이다.

265 오현열반五現涅槃은 같은 책 p.160, 6행이다.

266 원문에 육십이사견변견六十二邪見邊見은 『능엄경楞嚴經』 변마장辨魔障, 계환소戒環疏 第十卷, 二丈, 上二行下를 기준하여 과목科目으로 현시現示하여 본다. 今鈔文과 같다.

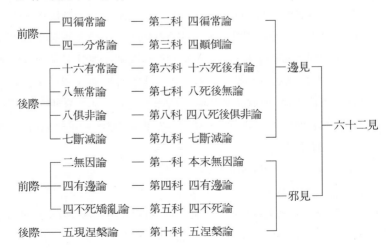

이견[267]으로써 권속을 삼고 신견을 의지하여 근본을 삼는다 하였으니, 이것은 또한 대수大數를 거론한 것이다.

다음에 『유가론』을 의지하여 그 모습을 해석한다면 처음에 사변상이라고 한 것은 말하자면 아와 그리고 세간이 일체가 다 영원(常)하지만 다만 숨고 나타남이 있을 뿐이다.[268]
상·중·하의 사정려四靜慮[269] 등을 의지하여 숙주통을 일으켜 생각을 따라 사상론四常論[270]을 생기하나니
첫 번째는 이십성괴成壞의 세월(劫)을 능히 기억함을 인유한 것이요
두 번째는 사십세월을 능히 기억함을 인유한 것이요
세 번째는 팔십세월을 능히 기억함을 인유한 것이요
네 번째는 천안으로 보는 바를 의지하여 현재 세상에 모든 유정이

---

267 원문에 여이견餘二見은 견취見取와 계금취견戒禁取見이다.

268 원문에 단유은현但有隱顯이란, 前三은 過去를 기억하는 까닭으로 隱이요, 後一은 現在 보는 까닭으로 顯이다. 그러나 『잡화기』는 겁 가운데 成劫과 유정 가운데 生은 이것은 나타난 것이고, 겁 가운데 괴겁과 유정 가운데 死는 이것은 숨은 것이다 하였다.

269 사정려四靜慮는 사선정四禪定이다.

270 사상론四常論은 삼상론三常論이라 할 것이니, 위에 사변상四徧常 가운데 앞에 삼변상(前三徧常)이다. 『잡화기』에 말하기를 본론(『유가론』)에 말하기를 정려에 두 가지가 있나니 첫 번째는 숙주수념으로 더불어 함께 행하는 것이요, 두 번째는 얻은 바 천안으로 더불어 함께 행하는 것이니, 숙주수념으로 더불어 함께 행하는 것은 전제에 삼상론三常論을 계교한 것이다 하였으니, 그렇다면 곧 사상론四常論이라 한 四는 응당 三이라 해야 할 것이다 하였다.

죽을 때와 태어날 때에 제온諸蘊이 상속함을 보고 저가 문득 아와
세간이 함께 영원하다고 집착함을 인유한[271] 것이다.

사일분상이라고 말한 것은 말하자면 네 가지가 다 일분이니

첫 번째는 범천으로 좇아 죽어 이 세상[272]에 와서 태어나 숙주통을
얻어 이와 같은 등의 집착을 짓되 범천왕은 영원하고 우리 등은
무상하다 하기에 그런 까닭으로 이름을 일분[273]이라 하는 것이다.

두 번째는 범천왕이 이와 같은 소견이 있음을 들었지만 사대종은[274]
영원하고 마음은 무상하다 하며 혹은 다시 이것을 번복하는 것이다.

세 번째는 먼저 희망천[275]으로 좇아 죽어 이 세상에 와서 태어나
신통을 얻어 집착을 일으킴이 있으되 이런 생각을 내지 않는 것은
영원한 것이고 내가 이런 생각을 내는 것은 무상한 것이라 하는
것이다.

---

271 첫 번째 由의 뜻이 여기까지 미치는 것이다.

272 원문에 차간此間이란, 인간세상人間世上이다.

273 일분一分이란, 범왕梵王은 영원하고 우리 등은 무상하다 하니, 영원한 것(常)이
   일분一分이다.

274 사대종 운운한 것은 이것은 곧 단지 범천왕에게만 나아가서 영원하고 영원하
   지 아니함(無常)을 설한 것이라고 『잡화기』는 말한다.

275 희망천이라고 한 것은 욕계천欲界天을 말한다. 『잡화기』에 말하기를 『유식
   론』 주에 이르되 동쪽에서 유희하다가 서쪽을 잊고 앞에 있다가 뒤를 잊는
   까닭으로 그렇게 말한 것이다 하고, 주림전珠琳傳을 기준한 즉 도리천(욕계
   도리천)이라 말한다 하였다. 죽는다(沒)고 말한 것은 『유가론』에 말하기를
   저 모든 하늘의 대중이 어떤 때는 전전히 모눈(角眼)으로 서로 본다 하였으니,
   서로 봄을 인유한 까닭으로 의분意憤이 전전히 더하고, 의분이 전전히 더함을
   인유한 까닭으로 저곳(의분천, 곧 도리천)으로 좇아 죽는다 하였다.

네 번째는 먼저 의분천[276]으로 좇아 죽어 이 세상에 와서 태어나 신통을 얻어 집착을 일으킴이 있다 한 일분은 앞[277]에서 말한 것과 같다.

이 하늘이 머무는 곳은[278] 수미산 꼭대기 층에 머물며 혹은 삼십삼천이라고도 하였다.

釋曰若依瑜伽인댄 此中에 卽說二無因하니 以同計前際故니라 唯識은 此後에 卽明有想의 十六等하니 言十六者는 有四四句니라 一은 我有色이요 死後有想이니 執色爲我는 名我有色이요 取諸法說은 名爲有想이니 卽欲界全과 色界一分이니 除無想天이라 二는 我無色이요 死後有想이니 執無色蘊하야 爲我니라 此在欲界와 乃至無所有處니 唯除非想이라 三은 我亦有色이며 亦無色이요 死後有想이니 執五蘊爲我니라 四는 我非有色이며 非無色이요 死後有想이니 遮第三也니라 依尋伺等至하야 皆容得起니라 第二四句云호대 一은 執我有邊이요 死後有想이니 執色爲我가 體有分限하나니 如指節等하니라 二는 執我無邊이요 死後有想이니 執非色爲我가 遍一切處故니라 三은 執我亦有邊이며 亦無邊이요 死後有想이니 執我隨身의 卷舒等이라 四는 執我非有邊이며 非無邊이요 死後有想이니 遮第三也니라 或依尋

---

276 의분천意憤天은 곧 도리천忉利天이다.

277 앞(前)이란, 제 세 번째를 말함이다.

278 원문에 천몰天沒이라고 한 아래에 내생차간來生此間 득통기집得通起執이라는 말이 있어야 한다. 나는 보증하여 번역하였다. 이 하늘이란, 삼선천과 사선천이다.

伺等至하야 皆起니라 第三四句者는 一은 我有一想이요 二는 我有種種想이요 三은 我有小想이요 四는 我有無量想이라 一에 一想者는 在前三無色이요 二에 種種想者는 在欲界色界니 除無想天이라 三에 小想者는 執少色하고 或執少無色하야 爲我想하고 爲我所하니 我與彼合이 名爲小想이라 在欲色界니 除無想天이라 四에 無量想者는 執無量色하고 或執無量色하야 爲我想이니 我與彼合이 名無量想이라 第四四句者는 一은 我純有樂이요 死後有想이니 在前三靜慮라 二는 我純有苦요 死後有想이니 在地獄中이라 三은 我有苦有樂이요 死後有想이니 在人欲天과 鬼畜生界니라 四는 我無苦無樂이요 死後有想이니 在第四禪已上이니 尋伺等至로 皆容得起니라

해석하여 말하면 만약 『유가론』을 의지한다면 이 가운데 이무인二無因을 설하였으니 전제에서 헤아린 것과 같은 까닭이다.

『유식론』은 이 뒤에 곧 유상有想이 십육론이 있다는 등을 밝혔으니 십육론이라고 말한 것은 사四의 사구四句가 있는 것이다.

첫 번째는 아는 유색이요 죽은 뒤에는 유상이라고 집착하는 것이니 색에 집착하여 아를 삼는 것은 이름이 아는 유색이요

모든 법에 취착하여 설한 것은 이름이 유상이 되나니

곧 욕계의 전부와 색계의 일분이니 무상천은 제외한다.

두 번째는 아는 무색이요 죽은 뒤에는 유상이라고 집착하는 것이니 색온이 없다고 함에 집착하여 아를 삼는 것이다.

이것은 욕계와 내지 무소유처에 있는 것이니 오직 비상비비상처는 제외한다.

세 번째는 아는 또한 유색이며 또한 무색이요 죽은 뒤에는 유상이라고 집착하는 것이니

오온에 집착하여 아를 삼는 것이다.

네 번째는 아는 유색도 아니며 무색도 아니요 죽은 뒤에는 유상이라고 집착하는 것이니

제 세 번째를 막는 것[279]이다.

이것은 심사尋伺와 등지等至를[280] 의지하여 다 일어남을 얻는 것을 용납하는 것이다.

제 두 번째 사구四句에 말하기를 첫 번째는 아는 유변이요 죽은 뒤에는 유상이라고 집착하는 것이니,

색에 집착하여 아를 삼는 것이 자체가 분한이 있나니 마치 손가락 마디 등과 같다.

두 번째는 아는 무변이요 죽은 뒤에는 유상이라고 집착하는 것이니,

비색에 집착하여 아를 삼는 것이 일체 처소에 두루하는 까닭이다.

세 번째는 아는 또한 유변이며 또한 무변이요 죽은 뒤에는 유상이라

---

279 원문에 차제삼遮第三이라고 한 것은 第三에 유색有色과 무색無色을 부정한다는 것이다.

280 심사尋伺와 등지等至 운운한 것은 『유가론』 제칠권에 말하기를 저 모든 외도가 혹 심사尋伺를 의지하며 그리고 정려靜慮를 의지하여 이와 같은 집착을 일으킨다 하였으니, 심사는 초선천에 있고 등지等至는 사선천에 다 통하는 것이다. 역시 『잡화기』의 말이다.

심사는 관견觀見이요, 등지는 정정이다. 심사는 욕계欲界로부터 색계초선色界初禪까지이고, 등지는 색계·무색계에 통한다.

고 집착하는 것이니,

아가 몸의 말고 펴는 등을 따른다고 집착하는 것이다.

네 번째는 아는 유변도 아니며 무변도 아니요 죽은 뒤에는 유상이라

고 집착하는 것이니,

제 세 번째를 막는 것이다.

이것은 혹 심사와 등지를 의지하여 다 일어나기도 하는[281] 것이다.

제 세 번째 사구는 첫 번째는 아는 일상一想만 있다고 집착하는

것이요

두 번째는 아는 종종상種種想이 있다고 집착하는 것이요

세 번째는 아는 소상小想만 있다고 집착하는 것이요

네 번째는 아는 무량상이 있다고 집착하는 것이다.

첫 번째 일상이라고 한 것은 앞의 삼무색처에 있는 것이요

두 번째 종종상이라고 한 것은 욕계와 색계에 있는 것이니

무상천은 제외한다.

세 번째 소상이라고 한 것은[282] 조금 색계에 집착하고 혹은 조금

무색계에 집착하여 아상을 삼고 아소를 삼는 것이니,

아가 저로 더불어 합하는 것이 이름이 소상이 되는 것이다.

이것은 욕계와 색계에 있는 것이니 무상천은 제외한다.

네 번째 무량상이라고 한 것은 무량한 색계에 집착하고 혹은 무량한

---

281 원문에 개기皆起란, 第二 四句가 심사尋伺와 등지等至를 의지하여 일어난다는
   것이다.
282 三이라는 글자 아래에 소상자小想者라는 세 글자가 있어야 한다.

무색계에 집착하여 아상을 삼는 것이니,

아가 저로 더불어 합하는[283] 것이 이름이 무량상이 되는 것이다.

제 네 번째 사구는 첫 번째는 아는 순전히 즐거움만 있고 죽은
뒤에는 유상이라고 집착하는 것이니,

앞의 삼정려[284]에 있는 것이다.

두 번째는 아는 순전히 괴로움만 있고 죽은 뒤에는 유상이라고
집착하는 것이니,

지옥 가운데 있는 것이다.

세 번째는 아는 순전히 괴로움만 있기도 하며 즐거움만 있기도
하고 죽은 뒤에는 유상이라고 집착하는 것이니,

인간과 욕계천과 축생계[285]에 있는 것이다.

네 번째는 아는 순전히 괴로움도 없으며 즐거움도 없고 죽은 뒤에는
유상이라고 집착하는 것이니,

제사선천 이상에 있는 것이다.

이것은 심사와 등지로 다 일어남을 얻는 것을 용납하는 것이다.

---

283 원문에 피합彼合이라는 말 아래에 명무량상名無量想이라는 네 글자가 있어야
　　좋다.

284 삼정려三靜慮라 한 삼三 자는 응당 이二 자라 할 것이니, 『유가론』에는 다만
　　공무변처, 식무변처의 이처二處만 설한 까닭이다. 역시 『잡화기』의 말이다.

285 축생계畜生界의 界 자는 본론本論에 말하기를 鬼와 방생傍生과 人과 욕천등欲
　　天等이라 하니 鬼 자가 좋다. 『잡화기』는 이와 같이 말하고 있다.

無想俱非가 各八論者는 無想八論者는 有二四句하니 初四句者는
一은 我有色이요 死後無想이니 執色爲我하야 得無想定하나니 見他
有人이 得定生彼하고 作如是計니라 二는 我無色이요 死後無想이니
執命根爲我하야 得無想定이라 三은 執我亦有色이며 亦無色이요 死
後無想이니 雙執色命根하야 爲我하야 於此二中에 起一我想이라 四
는 執我非有色이며 非無色이요 死後無想이니 遮第三句니라 等至尋
伺로 皆容起故니라 第二四句者는 一은 執我有邊이요 死後無想이니
執色爲我하야 其量狹小等으로 得無想定이라 二는 執我無邊이요 死
後無想이니 執色爲我하야 遍一切處等이라 三은 執我亦有邊이며 亦
無邊이요 死後無想이니 執色爲我하야 隨身有卷舒故니라 第四句者
는 遮第三句요 更無別義라 等至尋伺로 皆容得起니라 後에 俱非八論
者는 有二四句하니 一은 云執我有色이요 死後非有想非無想이니 執
色爲我하야 見諸有情이 入非想非非想定하나니 想不明利일새 作如
是執이라 唯尋伺執이요 非得定也니라 二는 執我無色이요 死後如前
이니 執無色蘊하야 爲我等하야 入非想非非想定하나니 想不明了일새
故作如是執이라 三은 執我亦有色이며 亦無色이요 死後如前이니 執
色無色爲我하야 見有情等은 同前하니라 上皆依尋伺起요 非由等至
니라 其第四句는 遮第三句요 更無別義니라 第二四句는 云一은 執我
有邊이요 死後非有想非無想이니 乃至第四句히 其文易知니라 如是
一切가 皆執四無色爲我니 以得非想非非想定일새 容有此執이라 一
은 由彼定의 時分位促故로 別以一一蘊으로 而爲所緣하야 執我有邊
이라 二는 由彼定의 時分長故로 總以四蘊으로 爲所緣일새 故執我無
邊이라 三은 由彼定이 或一一蘊과 或總爲所緣일새 故成第三句라

第四句는 遮第三이요 更無別義니라

무상과 구비가 각각 팔론이 있다고 한 것은 첫 번째 무상의 팔론이라
고 한 것은 두 가지 사구四句가 있나니[286]
처음에 사구는 첫 번째는 아는 유색이요 죽은 뒤에는 무상이라고
집착하는 것이니,
색에 집착하여 아를 삼아 무상정을 얻나니 저 어떤 사람이 무상정을
얻어 저곳에 태어남을 보고 이와 같은 헤아림을 짓는 것이다.
두 번째는 아는 무색이요 죽은 뒤에는 무상이라고 집착하는 것이니,
명근命根에 집착하여 아를 삼아 무상정을 얻는 것이다.
세 번째는 아는 또한 유색이며 또한 무색이요 죽은 뒤에는 무상이라
고 집착하는 것이니,
색과 명근[287]에 함께 집착하여 아를 삼아 이 두 가지 가운데 하나의
아상을 일으키는 것이다.
네 번째는 아는 유색도 아니며 무색도 아니고 죽은 뒤에는 무상이라
고 집착하는 것이니,
제 세 번째 구절을 막는 것이다.
이것은 등지와 심사로 다 일어남을 용납하는 까닭이다.

---

286 원문에 유이사구有二四句란, 그 뜻이 무상無想에 국한한다. 구비俱非의 二四句
는 영인본 화엄 6책, p.156, 6행에 있다.
287 색色과 명근命根이라고 한 것은, 색色은 유색有色이고 명근命根은 무색無色
이다.

제 두 번째 사구는 첫 번째는 아는 유변이요 죽은 뒤에는 무상이라고 집착하는 것이니,

색에 집착하여 아를 삼아 그 양이 협소한 등으로 무상정을 얻는 것이다.

두 번째는 아는 무변이요 죽은 뒤에는 무상이라고 집착하는 것이니,

색에 집착하여 아를 삼아 일체 처소에 두루하는 등이다.

세 번째는 아는 또한 유변이며 또한 무변이요 죽은 뒤에는 무상이라고 집착하는 것이니,

색에 집착하여 아를 삼아 몸에 말고 펴는 것이 있음을 따르는 까닭이다.

제 네 번째 구절은 제 세 번째 구절을 막는 것이고 다시 별 뜻이 없다.

이것은 등지와 심사로 다 일어남을 얻는 것을 용납하는 것이다.

뒤에 구비俱非의 팔론이라고 한 것은 두 가지 사구가 있나니

첫 번째는 말하기를 아는 유색이요 죽은 뒤에는 유상도 아니고 무상도 아니라고 집착하는 것이니,

색에 집착하여 아를 삼아 모든 유정이 비상비비상정에 들어감을 보나니 생각이 밝고 영리하지 못하기에 이와 같은 집착을 짓는 것이다.

오직 심사로 집착하는 것일 뿐이고 저 정定[288]을 얻은 것은 아니다.

---

288 저 정定이란, 비상비비상정을 말함이다.

두 번째는 아는 무색이요 죽은 뒤에는 전前과 같다[289]고 집착하는
것이니,

색온이 없다고 함에 집착하여 아 등等을 삼아 비상비비상정에 들어가
나니 생각이 밝고 영리하지 못하기에 그런 까닭으로 이와 같은
집착을 짓는 것이다.

세 번째는 아는 또한 유색이며 또한 무색이요 죽은 뒤에는 전과
같다고 집착하는 것이니,

색과 무색에 집착하여 아를 삼아 유정 등을 보는 것[290]은 전과 같다.
이상은 다 심사를 의지하여 일으킨 것이요 등지를 인유한 것은
아니다.

그 제 네 번째 구절은 제 세 번째 구절을 막는 것이고 다시 별
뜻이 없다.

제 두 번째 사구는 말하기를 첫 번째는 아는 유변이요 죽은 뒤에는
유상도 아니고 무상도 아니라고 집착하는 것이니,

이에 제사구에 이르기까지 그 문장을 쉽게 알 수 있을 것이다.
이와 같이 일체가 다 사무색정에 집착하여 아를 삼나니,

비상비비상정을 얻었기에 이 집착이 있음을 용납하는 것이다.
첫 번째는 저 정定의 시간과 분分의 위치와 빠름을 인유한 까닭으로
따로 낱낱 온蘊으로써 소연所緣을 삼아 아는 유변이라고 집착하는

---

289 원문에 여전如前이란, 즉 一에 死後엔 非有想非無想이라 한 것이다.
290 원문에 견유정등見有情等이란, 견제유정등見諸有情等이 입비상비비상정入非
　　想非非想定이라 한 것이다.

것이다.

두 번째는 저 정의 시간과 분의 긴 것을 인유한 까닭으로 모두 사온四蘊으로써 소연을 삼기에 그런 까닭으로 아는 무변이라고 집착하는 것이다.

세 번째는 저 정이 혹은 낱낱 온蘊과 혹은 모든 온蘊으로써 소연을 삼기에 그런 까닭으로 제 세 번째 구절을 이루는 것이다.

제 네 번째 구절은 제 세 번째 구절을 막는 것이고 다시 별 뜻이 없다.

七斷滅論者는 一은 執我有色이 麤四大種의 所造爲性이요 死後斷滅하야 畢竟無有니 見身死後에 有而無故라 二는 我欲界天이 死後斷滅이라 三은 我色界天이 死後斷滅이라 四는 我空無邊處와 乃至非想이 皆云死後斷滅이라 後之四執은 執彼彼地하야 爲生死頂니 故前四十見은 爲常이요 後七見은 爲斷이라 此皆見斷일새 名分別起니라 言有計前際에 二無因論等者는 皆因邪見이니 起見不正일새 故名之爲邪니라 二無因者는 一은 從無想天沒하야 來生此間이나 無宿住通하야 不能憶彼出心已前에 所有諸位하고 便執諸法이 本無而起하며 如我도 亦應本無而起라하야 便起執言호대 我及世間이 無因而起라하니라 二는 由尋伺하야 不憶前身하고 作如是執호대 無因而起라하니 如是二見은 由無想天과 及虛妄尋伺의 二事而起니라 四有邊者는 一은 由一向에 能憶下至無間地獄하고 上至第四靜慮하고 執我於中에 悉皆充滿이라하야 便作是念호대 過此有我라도 我應能見일새 故知有邊이라 二는 由一向에 能憶傍無有邊하고 執我遍滿일새 故執無邊이라

三은 由能憶上下及傍일새 故雙執有邊無邊이라 四는 由能憶壞劫斷位하야 便生非有邊非無邊想하나니 諸器世間이 無所得故라

칠단멸론²⁹¹이라고 한 것은 첫 번째는 아는 유색이 큰 사대종의 지은 바로 자성을 삼고 죽은 뒤에는 단멸하여 필경에 없다고 집착하는 것이니,
몸이 죽은 뒤에 있지만 없는 줄로 보는 까닭이다.
두 번째는 아는 욕계천이 죽은 뒤에는 단멸한다고 말하는 것이다.
세 번째는 아는 색계천이 죽은 뒤에는 단멸한다고 말하는 것이다.
네 번째는 아는 공무변처와 내지 비상비비상처가 다 죽은 뒤에는 단멸한다고 말하는 것이다.
뒤에 네 가지 집착²⁹²은 피피지彼彼地²⁹³에 집착하여 생사의 꼭대기를

291 칠단멸론이라고 한 것은 『유가론』 제칠권에 말하기를 그런 까닭으로 외도가 이와 같은 소견을 일으키며 이와 같은 논리(論)를 세운 것은 저 외도가 이와 같이 생각하기를 만약 내가 죽은 뒤에 다시 몸이 있다고 한다면 응당 업을 지어 과이숙果異熟을 얻을 수 없을 것이요, 만약 나의 몸이 일체가 영원히 없다고 한다면 이것은 곧 응당 과이숙을 받을 수 없을 것이니, 이 두 가지 이치를 관찰함에 이치가 함께 옳지 않은 까닭이다. 마음에 이와 같은 소견과 이와 같은 논리를 일으킨 것은 말하자면 나의 몸이 죽은 뒤에 단멸하여 없는 것이 비유하자면 무릇 돌이 한 번 깨어지면 가히 다시 합하여지지 않는 것과 같다 하였다. 바로 아래 큰 사대종의 지은 바라고 한 아래는 아래 육단六段에 다 통하는 것이다. 역시 『잡화기』의 말이다.
292 원문에 후지사집後之四執이란, 무색계사천無色界四天이다. 初는 인人, 二는 욕계欲界, 三은 색계色界, 四는 공무변처空無邊處, 五는 식무변처識無邊處, 六은 무소유無所有, 七은 비상비비상非想非非想이다.

삼는 것이니,

그런 까닭으로 앞에 사십견은 상견이 되고 뒤에 칠견은 단견이 되는 것이다.

여기에서는 다 견見이 끊어졌기에 이름을 분별기라 하는 것이다.

전제에 이무인론 등을 헤아림이 있다고 말한 등은 다 사견을 원인한 것이니,

소견을 일으키는 것이 바르지 못하기에 그런 까닭으로 이름하여 사견이라 하는 것이다.

이무인이라고 한 것은 첫 번째는 무상천으로 좇아 죽어 이 세상에 와서 태어났지만 숙주통이 없어서 저 출심出心[294] 이전에 있는 바 모든 지위를 능히 기억하지 못하고 문득 모든 법이 본래 없지만 생기한다고 집착하며, 저 아我도 또한 응당 본래 없지만 생기한다 하여 문득 집착을 일으켜 말하기를 아와 그리고 세간이 원인 없이 생기한다 하였다.

두 번째는 심사를 인하여 전신前身을 기억하지 못하고 이와 같은 집착을 짓되 원인 없이 생기한다 하니,

이와 같은 두 가지 소견은 무상천과 그리고 허망·심사 두 가지 사실을 인유하여 생기하는 것이다.

---

293 피피지彼彼地란, 욕계欲界에 집착한 사람은 욕계를 제일 꼭대기로 보는 등등 이다.

294 출심出心은 곧 출정出定이다.

사유변론[295]이라고 한 것은 첫 번째는 한결같이 아래로는 무간지옥에
이르고 위로는 제사정려에 이름을 능히 기억하고, 아我가 그 가운데
다 충만하다고 집착함을 인유하여 문득 이와 같은 생각을 짓되
이것을 지나 아가 있다 할지라도 내가 응당 능히 본다 하기에 그런
까닭으로 끝이 있는 줄 아는 것이다.
두 번째는 한결같이 옆으로 끝이 없음을 능히 기억하고 내가 두루
충만하다고 집착함을 인유하기에 그런 까닭으로 끝이 없음에 집착하
는 것이다.
세 번째는 상·하와 그리고 옆을 능히 기억함을 인유하기에 그런
까닭으로 끝이 있고 끝이 없음에 함께 집착하는[296] 것이다.
네 번째는 무너지는 세월(壞劫)의 단위斷位[297]를 능히 기억함을 인유
하여 문득 유변도 아니고 무변도 아니라는 생각을 생기하나니 모든
기세간이 얻을 바가 없는 까닭이다.

四不死矯亂者는 先總釋名이라 準婆沙意인댄 外道가 計天常住하야
名爲不死이라고 計不亂答하면 得生彼天이라할새 今佛訶云호대 汝

---

295 사유변론이라고 한 등은 『유가론』 문에 말하기를 저 외도가 모든 기세계의
  성겁과 괴겁과 출현하는 방편을 기억하고 생각하되 혹시(若時)에 성겁의
  분위分位를 기억하고 생각함을 인유하여 세 가지 생각을 낸다 하였으니,
  곧 앞에 세 구절은 괴겁을 기억하고 생각한 것이다. 역시 『잡화기』의 말이다.
296 원문에 집유변무변執有邊無邊이라고 한 것은 곧 第一句와 第二句를 함께
  현시現示하고 있다.
297 원문에 단斷은 북장경엔 分 자이다.

言祕密等이 卽是矯亂이라하니라 言四種者는 一은 恐無知하야 念我
不知善不善等이라하야 有餘問我인댄 不得定答하리라 我若定答인댄
恐他鑒我無知因하야 卽輕笑於我라하야 彼天祕密義를 不應皆說等
이라 二는 行諂曲者가 作是思惟호대 非我淨天인댄 一切隱密이라하야
皆許記別하나니 謂自所證과 及淸淨道故니라 三은 懷恐怖하야 而無
記別이니 恐我昧劣이 爲他所知하야 由是因緣하야 不得解脫하고 以
此爲室하야 而自安處리라하야 懷恐怖故니라 四는 有愚戇하야 專修止
行호대 而無所知하니 若有問我인댄 我當反詰하야 一切隨言하야 無
減而印順之라하니라 言五現涅槃者는 一은 見現在受하는 若天若人
의 諸五欲樂하고 便謂涅槃이라 二는 雖厭五欲이나 現住初定으로 以
爲涅槃하고 引在身中으로 名爲得樂이라하며 見他現在에 住定亦爾
하나니 下皆準此니라 三은 厭尋伺故로 現得第二定으로 以爲涅槃이
라 四는 厭諸尋伺喜故로 現住第三定으로 以爲涅槃이라 五는 厭喜樂
과 乃至出入息하야 現住第四定으로 以爲涅槃이니 待過去故로 名爲
後際니라 又此計我가 現旣有樂인댄 後亦有樂일새 故後際攝이요 以
現樂爲先하고 而執後樂일새 總名現法이라하나니 此不依我見起일새
故邪見攝이라 六十二見의 大意已周하니라

사불사교란[298]이라고 한 것은 먼저는 모두 이름을 해석한 것이다.

---

298 사불사교란이라고 한 것은 『유가론』에 말하기를 저 모든 외도가 만약 어떤
사람이 와서 최승생도最勝生道를 의지하여 선善과 불선不善을 묻거나 결정승
도決定勝道를 의지하여 고·집·멸·도를 물으면 곧 자칭하여 말하기를 죽지
않는다 하여 교란하는 것은 그 처소를 따라 죽지 않는다고 결정코 말한

『바사론』의 뜻을 기준한다면 외도가 하늘이 상주함을 헤아려 이름을
불사천이라 하고 교란하여 답하지 아니하면 저 하늘에 태어남을
얻을 것이라고 헤아리기에, 지금에 부처님이 꾸짖어 말하기를 그대
가 비밀 등을 말하는 것이 곧 이것이 교란이다 하였다.

네 가지라고 말한 것은 첫 번째는 무지하여 내가 선과 불선 등을
알지 못할까 염려함을 두려워하여 나머지를 나에게 물을 것이 있다
면 결정코 답함을 얻을 수 없을 것이다.

내가 만약 결정코 답한다면 저가 나의 무지함을 비춤으로 인하여
곧 나를 가볍게 여겨 비웃을까 두려워하여 저 하늘의 비밀한 뜻을
응당 다 설하지 않는다는 등이다.

두 번째는 아첨과 왜곡을 행하는 사람이 이와 같은 사유를 짓되
나의 정천淨天이 아니면 일체가 은밀하다 하여 다 기별記莂을 허락하
나니,

말하자면 스스로 증득한 바와 그리고 청정한 도인 까닭[299]이다.

세 번째는 두려움을 품어 기별이 없는 것이니,

내가 우매하고 용렬한 것이 다른 사람이 아는 바가 될까 두려워하여
이 인연으로 인유하여 해탈을 얻지 못하고 이것으로써 집을 삼아

것과 교란하여 답하지 않으면 저 하늘(불사천)에 태어난다고 힐문한 것을
의지하여 곧 저 외도가 물은 것이 곧 교란이라 말하며, 혹은 나머지 일의
방편을 의탁하여 피하며, 혹 다만 묻는 사람의 말을 따라 전轉한다 하였다.
역시 『잡화기』의 말이다.

299 원문에 도고道故라고 한 아래에 『유가론』에는 여시사이고如是思已故 설훼언
이상교란設詭言而相矯亂이라는 글자가 있다.

스스로 편안히 거처하리라 하여 두려움을 품은 까닭이다.
네 번째는 어리석은[300] 사람이 있어[301] 오로지 지행止行만을 닦되
아는 바가 없나니,
만약 어떤 사람이 나에게 묻는다면 나는 마땅히 반대로 힐문하여
일체[302]에 말을 따라 감소함이 없이 저 물음을 인가하여 따른다[303]
하리라 하는 것이다.

오현열반이라고 말한 것은 첫 번째는 현재 느끼는 하늘과 인간에
모든 오욕락을 보고 문득 열반이라 말하는 것이다.
두 번째는 비록 오욕五欲[304]을 싫어하지만 현재 초선정[305]에 머무는

---

300 戇은 '어리석을 당' 자이다.

301 네 번째는 어리석은 사람이 있어 운운한 것은 『유가론』에 말하기를 이와
  같은 세 가지(위에 말한 세 가지)는 나머지 일을 거짓으로 의탁하여 교란을
  말하고 제 네 번째는 오직 다른 사람의 힐문을 두려워하는 것이니, 저 최승생
  도와 결정승도에도 다 요달하지 못하고 저 세상의 문자에도 또한 알지
  못하지만 그러나 나는 우둔하여 도무지 아는 바가 없다고 분명하게 말하지
  않고, 다만 반대로 저에게 묻기를 저 말을 따라 전하여 저를 교란한다 하였다.
  역시 『잡화기』의 말이다.

302 일체一切란, 일체소문一切所問이다.

303 원문에 인순印順은 인순피문印順彼問이다. 즉 印順之란 之 자가 彼問을 가리키
  고 있다.

304 오욕五欲은 은연중에 욕계欲界를 가리키고 있다.

305 초선정初禪定은 색계色界 초선정初禪定이다. 구체적으로 말하면 삼계三界를
  구지九地로 나눈 것이니 1. 욕계오취지欲界五趣地(五趣雜居地): 욕계의 지옥·
  아귀·축생·인도·천도가 함께 거처하는 땅, 2. 이생희락지離生喜樂地: 색계色

것으로 열반을 삼고 몸 가운데 이끌어 두는 것으로 이름을 즐거움을
얻는다 하며, 다른 사람이 현재 이 선정에 머무는 것을 보는 것도
또한 그러하나니 아래는 다 이것을 기준할 것이다.

세 번째는 심사를 싫어하는 까닭으로 현재 제이선정을 얻는 것으로
열반을 삼는 것이다.

네 번째는 모든 심사의 희락을 싫어하는 까닭으로 현재 제삼선정에
머무는 것으로 열반을 삼는 것이다.

다섯 번째는 희락과 내지 출식과 입식을 싫어하여 현재 제사선정에
머무는 것으로 열반을 삼는 것이니,

과거를 대망³⁰⁶한 까닭으로 이름을 후제後際³⁰⁷라 하는 것이다.

또 이것은 내가 현재 이미 희락이 있다면 뒤에도 또한 희락이 있을
것이라고 헤아리기에 그런 까닭으로 후제에 섭속되는 것이요
현재에 희락으로 우선을 삼고 뒤에 희락을 집착하기에 모두 이름을
현법락주現法樂住³⁰⁸라 하나니,

界 초선初禪으로 욕계를 떠나(離) 희락喜樂을 내는 것, 3. 정생희락지定生喜樂
地: 제이선第二禪, 4. 이희묘락지離喜妙樂地: 제삼선第三禪, 5. 사념청정지捨念
清淨地: 제사선第四禪, 6. 공무변처空無邊處, 7. 식무변처識無邊處, 8. 무소유처
無所有處, 9. 비상비비상처지非想非非想處地이다.

306 원문에 대과거라 한 대待는 대대對待라는 대待와 같은 것이다. 그러나 이
위에 문장의 뜻을 다분히 가히 밝게 알 수 없나니 빠진 것이 옳다 하겠다.
역시 『잡화기』의 말이다.

307 후제後際란, 후제後際에 오현열반五現涅槃이 있다고 소疏에서 말하였다.

308 현법락주現法樂住란, 칠종정七種定의 하나이니, 곧 현재 법락에 안주하는
것이다.

이것은 아견을 의지하여 생기하는 것이 아니기에 그런 까닭으로
사견에 섭속되는 것이다.
육십이견의 대의는 이미 두루 말하였다.

經

欲悉知蓋煩惱와 障煩惱하야 發大悲救護心하야 斷一切煩惱網
하고 令一切智性으로 淸淨故로 發阿耨多羅三藐三菩提心이니라

개蓋번뇌와 장障번뇌를 다 알아 대비로 구호하려는 마음을 일으켜
일체 번뇌의 그물을 끊고 일체 지혜의 자성으로 하여금 청정케
하고자 한 까닭으로 아뇩다라삼먁삼보리심을 일으킨 때문입니다.

疏

第六은 約出家修行門이니 以障蓋分別이라 蓋謂五蓋니 已見上
文이라 障卽二障이니 此亦總結前諸惑이 不離二障이라 發大悲下
는 明能治道니 謂救有障者하며 護修行者라 此言在末은 義兼總
結이니 謂菩薩發心은 不自爲己라 但以大悲로 救護一切하야 令斷
上來에 諸惑之網이라 斷之何爲고 令本智淸淨이라 然能治道가
雖復衆多나 不出二種하니 一通二別이라 別如上來에 隨分開示하
나니 如不能斷인댄 應宜轉治리라 謂如起貪인댄 以不淨觀治之하
고 不去인댄 當起慈悲하야 緣於前境하야 應以淨法與之리니 云何
出家하야 無慈悲心으로 反更染汚아 如是隨便하야 種種迴轉호대
皆以無得으로 而爲方便이라 所言通者는 但當深觀第一義諦니
謂當觀諸惑이 卽是本覺菩提니라 故無行云호대 貪欲卽是道며
恚癡亦復然하나니 如是三法中에 具一切佛法故며 惑性智性이

皆本淨故니라 但由虛妄分別하야 凡夫不了호미 如大富盲人이 動
轉爲實所傷이며 二乘熱狂하야 謂爲蟲蛇라하야 驚走遠避하며 權
菩薩輩는 猶謂有之可斷거니와 今乘一切智乘하야 以淨慧眼으로
觀惑卽眞인댄 則煩惱自虛하고 智性常淨하리라 是爲開佛知見하
야 使得淸淨케하며 不斷煩惱하고 而入涅槃이라하니 有斯悲智하야
如是知斷하야 發菩提心커니 豈與夫前喩로 同年而語哉아

제 여섯 번째는 출가수행문[309]을 잡은 것이니
장障과 개蓋로써 분별하는 것이다.
개라고 한 것은 말하자면 오개五蓋[310]이니,
이미 위의 문장에서 나타내었다.
장이라고 한 것은 곧 이장二障이니,
이것은 또한 앞의 모든 번뇌가 이장을 떠나지 아니한 것을 모두
맺는 것이다.

대비로 구호하려는 마음을 일으킨다고 한 아래는 능히 다스리는
도를 밝힌 것이니,
말하자면 장애가 있는 사람을 구호하며 수행자를 구호하는 것이다.
이 말이 끝에 있는 것은 그 뜻이 총결總結을 겸한 것이니,
말하자면 보살이 발심한 것은 스스로 자기만을 위한 것이 아니라
다만 대비로 일체중생을 구호하여 하여금 상래에 모든 번뇌의 그물

---

309 者는 門 자가 좋아 고쳐 번역하였다. 북장경엔 門 자이다.
310 오개五蓋는 탐, 진, 수면, 도회掉悔, 의疑이다.

을 끊게 하려는 것이다.

끊어서 무엇을 하려는가.

근본지로 하여금 청정케 하려는 것이다.

그러나 능히 다스리는 도가 비록 다시 많고도 많지만 두 가지를
벗어나지 않나니

첫 번째는 한꺼번에 다스리는 것이요

두 번째는 따로 다스리는 것이다.

따로 다스린다고 한 것은 상래에 분수를 따라 개시한 것과 같나니
만약 능히 끊지 못했다면 응당 마땅히 전전히 다스려야 할 것이다.

말하자면 만약 탐욕을 일으킨다면 부정관으로써 다스리고, 탐욕을
보내지 못했다면 마땅히 자비심을 일으켜 앞의 경계를 반연하여
응당 청정한 법으로 그 중생에게 시여할 것이니 어떻게 출가하여
자비가 없는 마음으로 도리어 다시 염오染汚하겠는가.

이와 같이 편리함을 따라 가지가지로 회전하되 얻을 것이 없는
것으로써 방편을 삼는 것이다.

한꺼번에 다스린다고 말한 바는 다만 마땅히 제일의제를 깊이 관찰
하는 것이니,

말하자면 마땅히 모든 번뇌가 곧 이 본각의 보리임을 관찰하는
것이다.

그런 까닭으로 『제법무행경』[311]에 말하기를 탐욕이 곧 이 도이며

---

311 원문에 무행無行은 『제법무행경諸法無行經』이니, 이 경經은 희근보살喜根菩薩

진애와 어리석음도 또한 다시 그러하나니,

이와 같은 세 가지 법[312] 가운데 일체 불법을 구족한 까닭이며 번뇌의 자성과 지혜의 자성이 다 본래 청정한 까닭이다.

다만 허망한 분별을 인유하여 범부가 요달하지 못하는 것이 마치 큰 부자인 맹인이 옮겨감에 보배가 상하는 바가 되는 것과 같으며,

이승은 열광하여 말하기를 벌레와 뱀이라 하여 놀라 달아나 멀리 피하며,

권보살의 무리는 오히려 말하기를 가히 끊을 것이 있다 하거니와[313] 지금에는 일체 지혜의 수레를 타서 청정한 지혜의 눈으로써 번뇌가 곧 진실인 줄 관찰한다면 곧 번뇌는 스스로 비고 지혜의 자성은 항상 청정할 것이다.

이것은 부처님의 지견을 열어서 하여금 청정함을 얻게 하며 번뇌를 끊지 않고 열반에 들어가게 하기 위한 것이다[314] 하였으니,

이런 자비와 지혜가 있어서 이와 같이 끊을 줄 알아 보리심을 일으켰 거니 어찌 대저 앞의 비유로 더불어 연대年代를 같이하여 말하겠는가.

鈔

皆以無得은 卽大般若意니 至迴向當釋하리라 貪欲卽道는 勝熱處說

이 설說한 게송偈頌이다. 상하上下 이권二卷으로 라습羅什이 번역하였다.
312 원문에 三法은 탐貪·진嗔·치痴이다.
313 古人의 吐는 여기에 끊어진다. 즉 여기까지 『제법무행경』의 말로 본다는 것이다.
314 그러나 원문에 入涅槃까지가 다 『제법무행경』의 말이다.

이라

다 얻을 것이 없다고 한 것은 곧 『대반야경』의 뜻이니
회향품에 이르러 마땅히 해석하겠다.
탐욕이 곧 도라고 한 것은 승열바라문[315] 처소에서 설한 것이다.

---

[315] 승열바라문은 즉 입법계품入法界品에 제 아홉 번째 선지식이다.

영인본 6책 律字卷之一

대방광불화엄경수소연의초 제십칠권의 삼권

大方廣佛華嚴經隨疏演義鈔 第十七卷之三卷

우진국 삼장사문 실차난타 번역
청량산 대화엄사 사문 징관 찬술
대한민국 조계종 사문 수진 현토역주

초발심공덕품 제십칠의 이권
初發心功德品 第十七之二卷

經

佛子야 復置此喩하고 假使有人이 於一念頃에 以諸種種의 上味
飮食과 香華衣服과 幢幡傘蓋와 及僧伽藍과 上妙宮殿과 寶帳網
幔과 種種莊嚴한 師子之座와 及衆妙寶로 供養東方의 無數諸佛
과 及無數世界의 所有衆生하야 恭敬尊重하며 禮拜讚歎하며 曲
躬瞻仰호대 相續不絶하야 經無數劫하며

불자여, 다시 이 비유는 차치하고 가사 어떤 사람이 한 생각에
모든 가지가지 최상으로 맛 좋은 음식과 향과 꽃과 의복과 당기와
번과 일산과 그리고 사원과 최상으로 묘한 궁전과 보배 휘장과
그물 장막[316]과 가지가지로 장엄한 사자의 자리와 그리고 수많은
묘한 보배로 동방의 수없는 모든 부처님과 그리고 수없는 세계에
있는 바 중생에게 공양하여 공경하고 존중하며 예배하고 찬탄하며
몸을 숙여 우러러 보기를 계속하여 끊어지지 않게 하여 수없는

---

316 幔은 '장막 막' 자이다.

세월을 지냈으며

疏

第十은 一明供佛及生喩라 文三이니 初는 擧喩校量이요 二徵이요
三釋이라 今初分二리니 前은 廣明一人이요 後는 略辨九人이라
初中有四하니 一은 擧廣喩요 二問이요 三答이요 四는 校量顯勝이
라 初中有二하니 初는 廣說東方이요 後에 南西下는 略例九方이라
初中又二니 先은 明佛在供養이요 後에 至佛滅下는 明滅後供養이
라 前中又二니 先은 自行이요 後에 又勸下는 化他라 前中에 有四深
勝하니 一은 供具廣妙요 二는 供田廣勝이니 謂無數界에 悲敬田故
요 三은 供心勝이니 恭敬等故요 四는 供時勝이니 相續無數劫故라
此自行已勝거든 況於敎他며 況復滅後며 況於餘方이리요 餘並可
知니라

제 열한 번째는 부처님과 그리고 중생에게 공양하는 비유를 밝힌
것이다.
경문에 세 가지가 있나니
처음에는 비유를 들어 헤아린 것이요
두 번째는 묻는 것이요
세 번째는 해석한 것이다.
지금은 처음으로 두 가지로 나누리니
앞에는 한 사람을 폭넓게 밝힌 것이요

뒤에는 아홉 사람을 간략하게 분별한 것이다.

처음 가운데 네 가지가 있나니

첫 번째는 넓은 비유를 거론한 것이요

두 번째는 묻는 것이요

세 번째는 답한 것이요

네 번째는 헤아려 수승함을 나타낸 것이다.

처음 가운데 두 가지가 있나니

처음에는 동방을 폭넓게 설한 것이요

뒤에 남서북방이라고 한 아래는 아홉 방위를 간략하게 비례한 것이다.

처음 가운데 또 두 가지가 있나니

먼저는 부처님 재세시에 공양한 것을 밝힌 것이요

뒤에 멸도에 이른 뒤라고 한 아래는 멸도한 뒤에 공양한 것을 밝힌 것이다.

앞의 가운데 또 두 가지가 있나니

먼저는 스스로 수행하는 것이요

뒤에 저 중생에게 권한다고 한 아래는 다른 중생을 교화하는 것이다.

앞의 가운데 네 가지 깊고 수승한 것이 있나니

첫 번째는 공양하는 기구가 넓고 묘한 것이요

두 번째는 공양하는 밭이 넓고 수승한 것이니

말하자면 수없는 세계에 대비와 공경의 밭인 까닭이요

세 번째는 공양하는 마음이 수승한 것이니
공경하는 등이라 한 까닭이요
네 번째는 공양하는 시간이 수승한 것이니
수없는 세월에 계속하는 까닭이다.
이것은 스스로의 수행이 이미 수승하거든 하물며 다른 중생을 교화
하며,
하물며 다시 부처님이 멸도한 뒤에 탑을 세우며,
하물며 나머지 방소에서도 이와 같이 함이겠는가.
나머지는 모두 가히 알 수가 있을 것이다.

經

又勸彼衆生하야 悉令如是供養於佛케하며 至佛滅後하야 各爲
起塔호대 其塔高廣케하며 無數世界에 衆寶所成케하며 種種莊嚴
하야 一一塔中에 各有無數如來形像하야 光明遍照無數世界하
야 經無數劫케하며 南西北方과 四維上下도 亦復如是하면 佛子
야 於汝意云何오 此人功德이 寧爲多不아 天帝言호대 是人功德
은 唯佛乃知요 餘無能測이니다 佛子야 此人功德을 比菩薩初發
心功德컨댄 百分不及一이며 千分不及一이며 百千分不及一이
며 乃至優波尼沙陀分에도 亦不及一이니라 佛子야 復置此喩하
고 假使復有第二人이 於一念中에 能作前人과 及無數世界에
所有衆生이 無數劫中에 供養之事호대 念念如是하야 以無量種
의 供養之具로 供養無量諸佛如來와 及無量世界에 所有衆生하
야 經無量劫함며 其第三人과 乃至第十人도 皆亦如是하야 於一
念中에 能作前人의 所有供養호대 念念如是하야 以無邊無等하
며 不可數不可稱하며 不可思不可量하며 不可說不可說不可說
한 供養之具로 供養無邊하고 乃至不可說不可說諸佛과 及爾許
世界에 所有衆生하야 經無邊하고 乃至不可說不可說劫하며 至
佛滅後하야 各爲起塔호대 其塔高廣케하며 乃至住劫도 亦復如
是하니라

또 저 중생에게 권하여 다 하여금 이와 같이 부처님께 공양케

하며

부처님이 멸도한 뒤에 이르러 각각 탑을 세우되 그 탑을 높고 넓게 하며

수없는 세계에 수많은 보배로 이루게 한 바이며

가지가지로 장엄하여 낱낱 탑 가운데 각각 수없는 여래의 형상을 두어 광명이 수없는 세계에 두루 비치어 수없는 세월을 지나게 하며

남방과 서방과 북방과 사유와 상방과 하방에서도 또한 다시 이와 같이 하였다면 불자여, 그대의 뜻은 어떠합니까.

이 사람의 공덕이 어찌 많지 않겠습니까.

제석천왕이 말하기를 이 사람의 공덕은 오직 부처님만이 이에 알 것이요 나머지 사람은 능히 측량할 수 없습니다.

불자여, 이 사람의 공덕을 보살의 처음 발심한 공덕에 비교한다면 백분의 일분도 미치지 못하며

천분의 일분도 미치지 못하며

백천분의 일분도 미치지 못하며

내지 우파니사타분에 또한 일분도 미치지 못합니다.

불자여, 다시 이 비유는 차치하고 가사 다시 또 제 두 번째 사람이 한 생각 가운데 능히 앞에 사람과 그리고 수없는 세계에 있는 바 중생이 수없는 세월 가운데 공양한 일을 짓되 생각 생각에 이와 같이 하여 한량없는 가지의 공양구로써 한량없는 모든 부처님 여래와 그리고 한량없는 세계에 있는 바 중생에게 공양하여 한량없

는 세월을 지냈으며

그 제 세 번째 사람과 내지 제 열 번째 사람도 다 또한 이와 같이
하여 한 생각 가운데 능히 앞에 사람이 있는 바 세월에 공양한
일을 짓되 생각 생각에 이와 같이 하여 끝도 없고 같을 수도 없으며
가히 수도 없고 가히 이름할 수도 없으며

가히 생각할 수도 없고 가히 헤아릴 수도 없으며

가히 말할 수도 없고 가히 말할 수도 없이 가히 말할 수도 없는[317]
공양구로써 끝이 없이 하고 내지[318] 가히 말할 수도 없고 가히
말할 수도 없는 모든 부처님과 그리고 그런 세계에 있는 바 중생에
게 공양하여 끝이 없이 하고 내지 가히 말할 수도 없고 가히 말할
수도 없는 세월을 지냈으며

부처님이 멸도한 뒤에 이르러 각각 탑을 세우되 그 탑을 높고
넓게 하며

내지[319] 수없는 세월에 머무는 것도 또한 다시 이와 같이 하였습
니다.

疏

後에 略辨九人中二니 先은 擧廣喩요 二에 佛子下는 校量顯勝이라
前中九人을 展轉遞望인댄 念敵多劫하야 數量復增하나니 此中에

---

317 원문에 삼불가설三不可說 가운데 마지막 하나는 없는 것이 좋다.
318 내지乃至란, 무등불가수無等不可數 등등이다.
319 내지乃至란, 무수세계無數世界 중보소성衆寶所成 등등이다

如第一人은 一念에 以無數供하고 至第二人하야는 皆增至無量하
고 乃至第十하야는 增至不可說不可說하나니 皆積當位之念하야
以至當位極時也니라

뒤에 아홉 사람을 간략하게 분별하는 가운데 두 가지가 있나니
먼저는 넓은 비유를 거론한 것이요
두 번째 불자여, 이 앞에 사람의 공덕이라고 한 아래는 헤아려
수승함을 나타낸 것이다.
앞에 넓은 비유 가운데 아홉 사람을 전전히 번갈아 바라본다면
생각이 수많은 세월을 따라 수량이 다시 증승하나니,
이 가운데 저 제일 첫 번째 사람은 한 생각에[320] 수없는 공양구로써
공양하여 수없는 세월에 이르고,
제 두 번째 사람에 이르러서는 다 증승하여 한량없는 공양구로써
공양하여 한량없는 세월에 이르고,
이에 제 열 번째 사람에 이르러서는 증승하여 가히 말할 수도 없고
가히 말할 수도 없는 공양구로써 공양하여 가히 말할 수도 없고
가히 말할 수도 없는 세월에 이르나니
다 당위當位의 생각을 쌓아 당위當位의 지극히 긴 시간에 이르는
것이다.

---

320 원문에 일념一念 운운은, 그 뜻이 무수공양구無數供養具로, 공양한 것 같이만
무수겁無數劫에 이른 것까지 말하고 있는 것이다. 경문經文을 자세히 보면
알 수 있다. 此下에 第二人과 乃至第十人도 역시 그렇다. 따라서 번역을
그렇게 하였다.

經

佛子야 此前功德을 比菩薩初發心功德컨댄 百分不及一이며 千
分不及一이며 百千分不及一이며 乃至優波尼沙陀分에도 亦不
及一이니라

불자여, 이 앞에 사람의 공덕을 보살의 처음 발심한 공덕에 비교한
다면 백분의 일분도 미치지 못하며
천분의 일분도 미치지 못하며
백천분의 일분도 미치지 못하며
내지 우파니사타분에 또한 일분도 미치지 못합니다.

疏

後에 校量은 可知라

뒤에 헤아리는 것은 가히 알 수가 있을 것이다.

經

何以故요 佛子야 菩薩摩訶薩이 不齊限하야 但爲供養爾所佛故
로 發阿耨多羅三藐三菩提心이라 爲供養盡法界虛空界에 不可
說不可說十方의 無量去來現在에 所有諸佛故로 發阿耨多羅
三藐三菩提心이니라

무슨 까닭인가.
불자여, 보살마하살이 제한하여 다만 그곳에 부처님께만 공양하기
위한 까닭으로 아뇩다라삼먁삼보리심을 일으킨 것이 아니라 온
법계와 허공계에 가히 말할 수도 없고 가히 말할 수도 없는 시방의
한량없는 과거·미래·현재에 있는 바 모든 부처님께 공양하기 위한
까닭으로 아뇩다라삼먁삼보리심을 일으킨 때문입니다.

疏

二는 徵이니 意云호대 其第十人供福이 已至不可說不可說이라 全
比컨댄 容許不齊어니와 何以不及少分가 第三釋中에 分二리니 先
은 反顯이니 不爲齊限은 明前不及此요 後에 爲供養盡法界下는
順釋이니 以無限故라 辨此過前에 略申十種하리니 一은 時過니
謂窮三際하야 念劫重重時故요 二는 處過니 謂該十方하야 相卽入
故요 三은 供過니 謂盡法界에 稱理之供故요 四는 田過니 謂盡虛
空界의 塵毛等處에 諸如來身이 各充法界故요 五는 心過니 謂一

一念中에 各以無盡供으로 供無盡佛하야 經無盡劫호대 心猶不足故요 六은 悲過니 自作敎他하야 以此善根으로 唯爲衆生하야 令先成佛케하고 我亦供養故요 七은 智過니 了達三事하야 隨其一一하야 稱法界故니 如海一滴이 則具百川之味하며 芥子之空이 已無分限이요 八은 善巧過니 能以一事爲多하고 攝多爲一하야 善巧成就하야 融攝諸位에 眞實行故요 九는 所求過니 唯爲菩提하야 不爲餘趣故요 十은 平等過니 謂生佛自他와 供與不供이 皆平等故라 束上十義인댄 總不出三이니 一은 無齊限故요 二는 稱法性故요 三은 事事無礙故니 無此三意인댄 設更重重廣喩라도 亦不及少分하리라

두 번째는 묻는 것이니,

그 뜻에 말하기를 그 제 열 번째 사람의 공양한 복이 이미 가히 말할 수도 없고 가히 말할 수도 없는 세월에 이른 것이다.

온전히 비교한다면 제한하지 않는다는 것은 허용하거니와 무슨 까닭으로 소분少分에도 미치지 못한다[321] 하는가.

제 세 번째 해석한 가운데 두 가지로 나누리니

먼저는 반대로 나타낸 것이니

제한하지 않는다고 한 것은 앞에 사람이 이 보살에게 미치지 못한다는 것을 밝힌 것이요

뒤에 온 법계에 부처님께 공양하기 위한 것이라고 한 아래는 순리대

---

[321] 원문에 불급소분不及少分이란, 백분불급일등百分不及一等이다.

로 해석한 것이니 제한이 없는 까닭이다.

이 보살이 앞의 사람에게 지남을 분별함에 간략하게 열 가지[322]로
밝히리니[323]
첫 번째는 시간이 지나는 것이니,
말하자면 삼제를 궁진하여 한 생각(念)과 한 세월(劫)이 중중무진한
시간인 까닭이요
두 번째는 처소가 지나는 것이니,
말하자면 시방을 해라該羅 하여 상즉상입하는 까닭이요
세 번째는 공양이 지나는 것이니,
말하자면 온 법계에 진리에 칭합하는 공양인 까닭이요
네 번째는 받이 지나는 것이니,
말하자면 온 허공계의 작은 티끌과 털끝 등의 처소에 모든 여래의
몸이 각각 법계에 충만한 까닭이요
다섯 번째는 마음이 지나는 것이니,
말하자면 낱낱 마음 가운데 각각 끝없는 공양구로써 끝없는 부처님
께 공양하여 끝없는 세월을 지나되 마음이 오히려 만족하지 못한
까닭이요
여섯 번째는 자비가 지나는 것이니,
스스로 다른 이를 교화할 마음을 일으켜[324] 이 선근으로써 오직

---

322 열 가지라고 한 것(열 가지 지난다고 한 것)은 그 뜻이 경문을 해석한 것이다.
   역시 『잡화기』의 말이다.
323 원문에 申은 言也며 明也니 즉 말한다, 밝힌다의 뜻이다.

중생만을 위하여 하여금 먼저 성불케 하고 나도 또한 공양하는
까닭이요

일곱 번째는 지혜가 지나는 것이니,

삼륜의 일[325]을 요달하여 그 낱낱 일을 따라 법계에 칭합하는 까닭이
니, 마치 바다에 한 방울의 물이 곧 백천百川의 물맛을 갖춘 것과
같으며 개자만한 허공이 이미 분한이 없는 것과 같은 것이요

여덟 번째는 선교방편이 지나는 것이니,

능히 한 가지 일로써 많은 일을 삼고 많은 일을 섭수하는 것으로써
한 가지 일을 삼아 선교방편으로 성취하여 모든 지위에 진실한 행을
융합하여 섭수하는 까닭이요

아홉 번째는 구하는 바가 지나는 것이니,

오직 보리菩提만을 위하여 나머지에는 취향하지 않는[326] 까닭이요

열 번째는 평등이 지나는 것이니,

말하자면 중생과 부처와 자기와 다른 사람과 공양하는 것과 더불어
공양하지 않는 것이 다 평등한 까닭이다.

이상에 열 가지 뜻을 묶는다면 모두 세 가지를 벗어나지 않나니[327]

---

324 作은, 여기서는 起의 뜻이 좋다.
325 원문에 삼사三事는 곧 삼륜三輪이다. 역시 『잡화기』의 말이다.
326 원문에 불여不餘라는 말 사이에 위爲 자가 빠졌다. 역시 『잡화기』의 말이다.
327 원문에 속상십의束上十義인댄 총불출삼總不出三이라고 한 것은 십의十義가
낱낱이 다 세 가지 뜻을 갖추고 있다는 것이다. 『잡화기』는 三과 七과
十은 두 번째 법성에 칭합하는 것이요, 一과 二와 八은 세 번째 사사가
무애한 것이요, 나머지는 첫 번째 제한이 없는 것이다고 말하고 있다.

첫 번째는 제한이 없는 까닭이요
두 번째는 법성에 칭합한 까닭이요
세 번째는 사사事事가 무애한 까닭이니,
이 세 가지 뜻이 없다면 설사 다시 중중으로 폭넓게 비유할지라도
또한 소분에도 미치지 못할 것이다.

經

發是心已에 能知前際에 一切諸佛의 始成正覺과 及般涅槃하며
能信後際에 一切諸佛의 所有善根하며 能知現在에 一切諸佛의
所有智慧하야

이 마음을 일으킨 이후에 능히 전제에 일체 모든 부처님이 처음
정각을 이루신 것과 그리고 열반에 드신 것을 알며
능히 후제에 일체 모든 부처님이 소유하신 선근을 믿으며
능히 현재에 일체 모든 부처님이 소유하신 지혜를 알아

疏

四에 發是心已下는 就法略示分이니 前은 喩顯大心因廣이요 此는
明攝德深勝이며 亦是讚勝勸學이라 文中有二하니 一에 發是心已
者는 牒前諸喩에 所校量心이요 二에 能知下는 明此大心의 所攝
功德이라 於中有五하니 一은 解行圓滿이요 二는 妙果當成이요
三은 與佛平等이요 四는 能作佛事요 五는 大智現前이라 初中三이
니 一은 總擧所知니 現佛正覺일새 但云智慧요 過佛示滅일새 故加
涅槃이요 當佛在因일새 云善根也라 過現已從緣일새 應可得云知
어니와 未來未有일새 但可云信이며 亦信一切가 皆當佛也니라

제 네 번째 이 마음을 일으킨 이후라고 한 아래는 법에 나아가
분한을 간략하게 보인 것이니,

앞에서는 대심大心의 원인이 광대함을 비유로 나타낸 것이요
여기에서는 섭수한 공덕이 깊고 수승함을 밝힌 것이며 역시 수승함
을 찬탄하고 배우기를 권한 것이다.

경문 가운데 두 가지가 있나니

첫 번째 이 마음을 일으킨 이후라고 한 것은 앞의 모든 비유[328]에서
헤아린 바 마음을 첩석한 것이요

두 번째 능히 안다고 한 아래는 이 대심이 섭수한 바 공덕을 밝힌
것이다.

그 가운데 다섯 가지가 있나니

첫 번째는 해·행이 원만한 것[329]이요

두 번째는 묘과를 마땅히 이루는 것이요

세 번째는 부처님으로 더불어 평등한 것이요

네 번째는 능히 불사를 짓는 것이요

다섯 번째는 큰 지혜가 앞에 나타나는 것이다.

처음 가운데 세 가지가 있나니

첫 번째는 알 바를 한꺼번에 거론한 것이니

현재 부처님은 바로 깨달았기에 다만 지혜라고만 말한 것이요

과거 부처님은 적멸을 보였기에 그런 까닭으로 열반을 더한[330] 것이요

---

328 앞의 모든 비유란, 영인본 화엄 6책, p.102 이하 십일유十一喻이니 같은
책 p.102, 10행 십일유를 참고할 것이다.

329 원문에 해행원만解行圓滿이라고 한 것은, 此中三에 一에 총거소지總擧所知는
해解요, 二에 섭이수증攝以修證은 행行이다.

당래에 부처님은 원인이 있기에 선근이라 말한 것이다.

과거와 현재는 이미 인연을 좇았기에[331] 응당 가히 안다고 말함을 얻거니와 미래는 아직 있지 않았기에 다만 가히 믿는다고만 말할 뿐이며 또한 일체중생이 다 마땅히 부처님이 될 것을 믿는[332] 것이다.

---

330 원문에 가열반加涅槃이라고 한 것은, 前際에는 시성정각始成正覺과 반열반般涅槃이라 하니 정각正覺에 열반涅槃을 더하였다(加)는 것이다.

331 인연을 좇았다고 한 것은 인연을 좇아 성불함을 말한 것이니, 말하자면 부처님의 종성은 인연을 좇아 생기한다 한 것이다. 혹은 말하기를 내가 이미 그 인연을 좇는다 하였다. 역시 『잡화기』의 말이다.

332 원문에 역신亦信이란, 이 위에는 다만 선법善法을 닦는 사람만 성불成佛한다고 믿고, 지금 여기는 선법善法을 닦거나 닦지 않거나 다 마땅히 부처님이 된다고 믿는 것이다.

經

彼諸佛의 所有功德을 此菩薩이 能信能受하며 能修能得하며 能
知能證하며 能成就하나니 能與諸佛로 平等一性이니라

저 모든 부처님이 소유한 공덕을 이 보살이 능히 믿으며
능히 받으며
능히 닦으며
능히 얻으며
능히 알며
능히 증득하며
능히 성취하나니,
능히 모든 부처님으로 더불어 평등한 한 성품입니다.

疏

二에 彼諸下는 攝以修證이니 有爲能得하며 無爲能知能證하며 使
智身成就하며 法身等佛이라 古德이 判此一段하야 爲攝位修成하
니 謂於佛功德과 智慧能信은 是十信이니 信成就故며 後攝初故라
能受是十住요 能修是十行이요 能知是十向이요 得證是十地니
謂本智證이요 後智得이라 能成就는 是結因究竟이요 能與佛等은
是果滿이라 平等은 謂與諸佛의 能證所證으로 平等無二故로 初心
에 卽攝諸位하야 乃至佛果라하니 亦是一理니라

두 번째 저 모든 부처님이라고 한 아래는 닦아 증득하는 것으로써
섭수한 것이니,

유위有爲를 능히 얻으며

무위無爲[333]를 능히 알며

능히 증득하며

지혜의 몸으로 하여금 성취케 하며

법신으로 부처님과 같게 하는 것이다.

고덕이 이 일단一段을 과판하여 지위를 섭수하는 것과 닦아 이루는
것을 삼았으니,

말하자면 부처님의 공덕과 지혜를 능히 믿는 것은 이 십신이니
신성취인 까닭이며 후위後位가 초심初心을 섭수하는 까닭이다.

능히 받는다고 한 것은 이 십주요

능히 닦는다고 한 것은 이 십행이요

능히 안다고 한 것은 이 십회향이요

능히 얻고 능히 증득한다고 한 것은 이 십지이니

말하자면 근본지는 증득하는 것이요 후득지는 얻는 것이다.

능히 성취한다고 한 것은 이 원인의 구경究竟을 맺는 것이요

능히 모든 부처님으로 더불어 같다고 한 것은 이 과보가 만족한
것이다.

평등하다고 한 것은 말하자면 모든 부처님의 능증과 소증으로 더불
어 평등하여 둘이 없는 까닭으로 초심에 곧 모든 지위를 섭수하여

---

333 유위有爲는 공덕지신功德智身이고, 무위無爲는 이법신理法身이다.

이에 불과佛果에 이른다 하였으니 역시 일리가 있다.

鈔

古德이 判此一段하야 以爲攝位修成者는 上直就初住之德일새 已爲深勝거니와 今明攝位일새 卽初後圓融하야 不違經宗의 事事無礙니 亦是一理니라

고덕이 이 일단을 과판하여 지위를 섭수하는 것과 닦아 이루는 것을 삼았다고 한 것은 위에서는 바로 초주의 공덕에 나아갔기에 이미 깊고 수승함이 되거니와, 지금에는 지위를 섭수하는 것을 밝혔기에 곧 초심과 후위가 원융하여 이 경의 종취인 사사무애를 어기지 않는다는 것이니
역시 일리가 있다는 것이다.

經

何以故요 此菩薩이 爲不斷一切如來의 種性故發心하며 爲充遍
一切世界故發心하며 爲度脫一切世界의 衆生故發心하며 爲悉
知一切世界의 成壞故發心하며 爲悉知一切衆生의 垢淨故發心
하며 爲悉知一切世界의 三有淸淨故發心하며 爲悉知一切衆生
의 心樂煩惱習氣故發心하며 爲悉知一切衆生의 死此生彼故發
心하며 爲悉知一切衆生의 諸根方便故發心하며 爲悉知一切衆
生의 心行故發心하며 爲悉知一切衆生의 三世智故發心하니라

무슨 까닭인가.
이 보살이 일체 여래의 종성이 끊어지지 않게 하기 위한 까닭으로
발심하며
일체 세계에 충만하고 두루하기 위한 까닭으로 발심하며
일체 세계에 중생을 제도하여 해탈케 하기 위한 까닭으로 발심하며
일체 세계에 이루어지고 무너지는 것을 다 알기 위한 까닭으로
발심하며
일체중생의 더럽고 깨끗한 것을 다 알기 위한 까닭으로 발심하며
일체 세계에 삼유가 청정함을 다 알기 위한 까닭으로 발심하며
일체중생의 심락心樂과 번뇌와 습기를 다 알기 위한 까닭으로
발심하며
일체중생이 이곳에서 죽어 저곳에서 태어나는 것을 다 알기 위한
까닭으로 발심하며

일체중생의 모든 근성과 방편을 다 알기 위한 까닭으로 발심하며
일체중생의 심행을 다 알기 위한 까닭으로 발심하며
일체중생의 삼세에 지혜를 다 알기 위한 까닭으로 발심한 때문입
니다.

疏

三은 徵釋所以니 何以初心에 卽滿因位고 釋意云호대 以等眞性하
야 所爲無齊限故니라 有十一句하니 初總餘別이니 文並同前의 初
喩中辨하니라

세 번째는 발심한 까닭을 묻고 해석한 것이니
무슨 까닭으로 처음 발심할 때 곧 인위因位를 원만히 하는가.
해석한 뜻에 말하기를 진성과 같아서 하는 바가 제한이 없는 까닭
이다.
열한 구절이 있나니
처음 구절은 한꺼번에 해석한 것이요
나머지 구절은 따로 해석한 것이니,
경문은 모두 앞의 처음 비유 가운데 분별한 것과 같다.[334]

---

334 원문에 동전초유同前初喩라고 한 것은, 앞은 비유이고 여기는 법法이다.

經

以發心故로 常爲三世에 一切諸佛之所憶念하며 當得三世에 一
切諸佛의 無上菩提하며 卽爲三世에 一切諸佛이 與其妙法하며
卽與三世에 一切諸佛로 體性平等하며 已修三世에 一切諸佛의
助道之法하며 成就三世에 一切諸佛의 力無所畏하며 莊嚴三世
에 一切諸佛의 不共佛法하며 悉得法界에 一切諸佛의 說法智慧
하리라 何以故오 以是發心으로 當得佛故니라

발심한 까닭으로 항상 삼세에 일체 모든 부처님의 기억하여 생각하
는 바가 되며
마땅히 삼세에 일체 모든 부처님의 더 이상 없는 보리를 얻으며
곧 삼세에 일체 모든 부처님이 그 묘법을 주는 바가 되며
곧 삼세에 일체 모든 부처님으로 더불어 체성이 평등하며
이미 삼세에 일체 모든 부처님의 도를 돕는 법을 닦으며
삼세에 일체 모든 부처님의 십력과 사무소외를 성취하며
삼세에 일체 모든 부처님의 불공不共의 불법을 장엄하며
법계에 일체 모든 부처님의 설법하는 지혜를 다 얻을 것입니다.
무슨 까닭인가.
이 발심으로써 마땅히 부처를 얻는 까닭입니다.

疏

第二에 以發心故下는 妙果當成이라 分二리니 初는 標因所得이요
二는 徵釋所由라 今初는 得於八事니 一은 解契佛心故로 爲憶念
이요 二는 入正定聚故로 當得菩提요 三은 眞器已成故로 佛授妙
法이니 妙法者는 卽如來知見也라 四는 知心性故로 與佛平等이요
五는 圓修助道와 六度四攝이요 六은 力等未證이나 亦定無疑일새
故云成就요 七은 十八不共을 修習莊嚴이요 八은 得四無礙辨이
名說法智慧라 上七에 皆言三世는 明其豎該요 今云法界는 辨其
橫攝이니 前後影略이라 二에 徵釋所由中에 初徵意云호대 何以發
心에 卽得果法고 釋云호대 以是發心爲因하야 決定當得佛故라하
니 望圓極之果일새 故定當成이라하니라 約見性成智身일새 上品
云卽得故라하니 晉經梵本과 此中에 皆云卽是佛故者는 當此義
也니라

제 두 번째 발심한 까닭이라고 한 아래는 묘과를 마땅히 이루는
것이다.
두 가지로 나누리니
처음에는 발심한 원인으로 얻는 바를 표한 것이요
두 번째는 그 이유를 묻고 해석한 것이다.
지금은 처음으로 팔사八事를 얻는 것이니
첫 번째는 지해(解)가 부처님의 마음에 계합한 까닭으로 기억하여
생각함이 되는 것이요

두 번째는 정정취에 들어간 까닭으로 마땅히 보리를 얻는 것이요

세 번째는 진실한 그릇이 이미 이루어진 까닭으로 부처님이 묘법을 주는 것이니 묘법이라고 한 것은 곧 여래의 지견이다.

네 번째는 심성을 안 까닭으로 부처님으로 더불어 평등한 것이요

다섯 번째는 도를 돕는 법과 육바라밀과 사섭법을 원만하게 닦는 것이요

여섯 번째는 십력 등을 아직 증득하지 못하였지만 또한 결정코 의심할 것이 없기에 그런 까닭으로 말하기를 성취한다 한 것이요

일곱 번째는 십팔불공법을 닦아 익혀 장엄하는 것이요

여덟 번째는 네 가지 걸림 없는 변재를 얻는 것이 이름이 설법하는 지혜이다.

위에 일곱 가지에 다 삼세라고 말한 것은 그 수竪로 해라함을 밝힌 것이요

지금에 법계라고 말한 것은 그 횡橫으로 섭수함을 분별한 것이니 앞뒤가 그윽이 생략되었다.

두 번째 그 이유를 묻고 해석한 가운데 처음 묻는 뜻에 말하기를 어찌 발심할 때에 곧 과법을 얻는가.

해석하여 말하기를 이 발심으로써 원인을 삼아 결정코 마땅히[335] 부처를 얻는 까닭이다 하였으니,

원극圓極의 과果를 바라기에 그런 까닭으로 결정코 마땅히 이룬다

---

335 원문에 당嘗 자는 당래라는 뜻이 포함되어 있다.

한 것이다. 견성이[336] 지혜의 몸을 이루는 것을 잡았기에 위의 품[337]에서는 말하기를 곧 얻는 까닭이다 하였으니

진경과 범본[338]과 이 당경[339] 가운데 다 말하기를 곧 부처를 얻는 까닭이다 한 것은 이 뜻에 해당하는 것이다.

力等未證者는 卽是偈意니 偈云호대 菩薩於佛十力中에 雖未證得亦無疑이라하니라 十八不共은 淨行品已說하니라 望圓極之果等者는 當得佛言을 且順經文하야 分爲二義일새 故引晉經梵本이니 卽知當字는 是譯人之意라 譯人意에 欲不壞初後일새 故作此譯이니 若此意存하야 不壞初後인댄 則前梵行品의 初發心에 卽得菩提를 如何會釋고 此改爲當이라하면 彼亦須改요 彼成無妨이면 此卽何違리요 故此卽佛이 正是梵行의 初心卽成耳니라 且順彼釋일새 故云見性卽成智身이라하얏거니와 若約圓融인댄 此後更無別佛하리라

---

336 원문에 당성當成이라는 글자 아래에 약若이라는 글자가 있고 견성見成이라는 글자 아래에 즉卽이라는 글자가 있으니 소본을 볼 것이다. 역시 『잡화기』의 말이다.

337 위의 품(上品)이란, 범행품梵行品이니 영인본 화엄 6책, p.80, 말행末行에 初發心時에 卽得阿耨多羅三藐三菩提라 한 卽得이다.

338 원문에 진경범본晉經梵本이라고 한 것은 곧 진경과 범본이라는 말이다. 역시 『잡화기』의 말이다.

339 원문에 차중此中이란, 실차난타가 번역한 이 경(팔십화엄)이니, 당唐나라 때 번역한 것이기에 당경唐經이라고도 한다.

십력 등을 아직 증득하지는 못하였다고 한 것은 곧 게송의 뜻이니
게송에 말하기를 보살이 저 부처님의 십력 가운데
비록 아직 증득하지는 못하였지만 또한 의심할 것이 없다 하였다.

십팔불공이라고 한 것은 정행품에서 이미 설하였다.
원극의 과를 바란다고 한 등은 마땅히 부처를 얻는다고 한 말을
또한 경문에 따라 나누어 두 가지 뜻을 삼았기에 그런 까닭으로
진경과 범본을 인용한 것이니,
곧 당當이라는 글자는 번역한 사람의 뜻인 줄 알아야 할 것이다.
번역한 사람의 뜻에 처음과 뒤를 무너뜨리지 않고자 하였기에 그런
까닭으로 이 번역을 지은 것이니,
만약 이 뜻이 있어 처음과 뒤가 무너지지 않는다면 곧 앞의 범행품[340]
에 처음 발심할 때에 곧 보리를 얻는다는 것을 어떻게 해석해야
하는가.
여기에서 고쳐 당득當得이라고 한다면[341] 저기 범행품에서도 또한
반드시 고쳐야 할 것이요

---

340 앞의 범행품(前梵行品)이란, 영인본 화엄 6책, p.80, 말행末行이다.
341 원문에 차개此改 운운은, 여기는 當得이라 하고 범행품梵行品에는 卽得이라
하니 하는 말이다. 곧 범행품梵行品의 卽得을 當得으로 고쳐야 한다는 것이
다. 『잡화기』에는 이 위에는 물은 것이고 여기는 답한 것이니 초회의 앞
품(범행품)에 또한 고쳐 당성當成(當得)이라 한 것을 방해하는 것이요 저기에
서 무방함을 이루었다고 한 아래는 이 가운데 또한 즉성卽成(卽得)이라고
해석하는 것이 방해롭지 않다는 것이다 하였다.

저기에서 무방함을 이루었다면 여기인달 곧 어찌 어기겠는가. 그런 까닭으로 여기에 곧 부처를 얻는다고 한 것이 바로 범행품에 처음 발심할 때에 곧 보리를 이룬다고 한 것이다.

우선 저 범행품을 따라 해석하였기에 그런 까닭으로 말하기를 견성이 곧 지혜의 몸을 이룬다 하였거니와, 만약 원융을 잡는다면[342] 견성한 뒤[343]에는 다시 따로 부처가 없는 것이다.

---

342 만약 원융을 잡는다면 운운한 것은 견성하여 지혜를 이루는 것이 비록 이 원융이지만 다만 횡橫으로 설하여 그렇게 말한 것일 뿐이고 수竪로 처음과 뒤를 설하여 원융을 밝힌 것이 아니니, 수竪로써 논한다면 곧 우열이 없지 않는 까닭이다. 아래에(영인본 화엄 6책, p.179, 5행) 능히 불사를 짓는다고 한 소문 가운데 두 가지 해석도 또한 여기에서 말한 것과 같다. 역시 『잡화기』의 말이다. 소문 가운데 두 가지 해석은 一은 법의 원융을 잡은 것이니 초심에 모든 지위를 섭수하는 까닭이라 한 것(영인본 화엄 6책, p.179, 6행)이고, 二는 견성의 제한齊限을 잡은 까닭으로 부처님으로 더불어 평등하여 모든 불법을 갖추었다고 말하지만 수竪로 지위의 차례를 논한다면 우열이 없지 않는 것이라 한 것(영인본 화엄 6책, p.180, 7행)이다.

343 원문에 차후此後란, 견성見性한 이후란 뜻이다.

經

應知此人은 卽與三世諸佛同等하며 卽與三世諸佛如來境界平
等하며 卽與三世諸佛如來功德平等하며 得如來一身과 無量身
이 究竟平等하고 眞實智慧하리라

응당 알아야 합니다.
이 사람은 곧 삼세에 모든 부처님으로 더불어 평등하며
곧 삼세에 모든 부처님 여래의 경계로 더불어 평등하며
곧 삼세에 모든 부처님 여래의 공덕으로 더불어 평등하며
여래의 한 몸과 한량없는 몸이 구경에 평등하고 진실한 지혜를
얻을 것입니다.

疏

第三에 應知下에 與佛平等者는 見性均故로 發心畢竟이 二不別
也라 文有四句하니 初總餘別이라 總言等佛은 何所等耶아 有三種
等하니 一은 所緣境界와 及分齊境界等이요 二는 大悲大定과 力無
畏等이 皆等이요 三은 得知身無從하고 亦無積聚나 隨物分別하야
見種種身하는 如是智慧가 與佛平等이라

제 세 번째 응당 알아야 한다고 한 아래에 부처님으로 더불어 평등하
다고 한 것은 견성이 균등한 까닭으로 발심과 필경이 둘이 다르지
않다는 것이다.

경문에 네 구절이 있나니
처음 구절은 한꺼번에 해석한 것이요
나머지 구절은 따로 해석한 것이다.
모두 부처님과 평등하다고 말한 것은 무엇이 평등한 바인가.
세 가지 평등한 것이 있나니
첫 번째는 반연할 바 경계와 그리고 분제의 경계가 평등한 것이요
두 번째는 큰 자비와 큰 삼매와 십력과 사무소외 등이 다 평등한 것이요
세 번째는 몸이 좇아 온 적도 없고 또한 쌓아 모은 적도 없지만 중생이 분별함을 따라 가지가지 몸을 보게 하는 이와 같은 지혜가 부처님으로 더불어 평등한 줄 앎을 얻는 것이다.

鈔

三에 得知身無從等者는 釋經의 得如來一身과 無量身이 究竟平等하고 眞實智慧니 卽用上光明覺品偈釋이라 偈云호대 一身爲無量이요 無量復爲一이니 了知諸世間하야 現形遍一切하니라 此身無所從하고 亦無所積聚나 衆生分別故로 見佛種種身이라하니라

세 번째 몸이 좇아온 적도 없다는 등을 앎을 얻는 것이라고 한 것은 경문에 여래의 한 몸과 한량없는 몸이 구경에 평등하고 진실한 지혜를 얻는다고 한 것을 해석한 것이니,
곧 위에 광명각품의 게송을 인용하여 해석한 것이다.

광명각품의 게송에 말하기를
한 몸이 한량없는 몸이 되고
한량없는 몸이 다시 한 몸이 되나니
모든 세간을 요지하여
형상을 나타내되 일체에 두루하게 하십니다.

이 몸은 좇아온 바도 없고
또한 쌓아 모은 바도 없지만
중생이 분별하는 까닭으로
부처님의 가지가지 몸을 보게 하십니다 하였다.

經

纔發心時에 卽爲十方에 一切諸佛이 所共稱歎하며 卽能說法하
야 敎化調伏一切世界에 所有衆生하며 卽能震動一切世界하며
卽能光照一切世界하며 卽能息滅一切世界에 諸惡道苦하며 卽
能嚴淨一切國土하며 卽能於一切世界中에 示現成佛하며 卽能
令一切衆生으로 皆得歡喜하며 卽能入一切法界性하며 卽能持
一切佛種性하며 卽能得一切佛智慧光明하니라

겨우 발심할 때에 곧 시방에 일체 모든 부처님이 함께 칭찬하는
바가 되며

곧 능히 법을 설하여 일체 세계에 있는 바 중생을 교화하여 조복
하며

곧 능히 일체 세계를 진동하며

곧 능히 일체 세계를 광명으로 비추며

곧 능히 일체 세계에 모든 악도의 고통을 소멸하며

곧 능히 일체 국토를 장엄하여 청정케 하며

곧 능히 일체 세계 가운데 성불함을 시현하며

곧 능히 일체중생으로 하여금 다 환희를 얻게 하며

곧 능히 일체 법계의 자성에 들어가며

곧 능히 일체 부처님의 종성을 가지며

곧 능히 일체 부처님의 지혜광명을 얻을 것입니다.

疏

第四에 纔發心時下는 能作佛事라 有十一句하니 皆是纔發卽得
이라 言卽得者는 有二意故니 一은 約法圓融이니 初心에 攝諸位故
라 通說諸位相攝인댄 總有三類하니 一은 以行攝位니 如十信中에
具一切位니 賢首品說하니라 二는 以位攝位니 如十住滿에 卽得成
佛이니 如十住品과 及法界品의 海幢比丘處說하니라 其十行十向
과 十地皆爾니 各如自品說하니라 三은 初心攝終이니 如十住初心
에 卽攝諸位니 如此品說하니라 並就因位說이라 如普賢作用은 大
分同佛이나 猶未是佛이니 此中亦爾하니라

제 네 번째 겨우 발심할 때라고 한 아래는 능히 불사를 짓는 것이다.
열한 구절이 있나니
다 겨우 발심할 때에 곧 얻는 것이다.
곧 얻는다고 말한 것은 두 가지 뜻이 있는 까닭이니
첫 번째는 법이 원융함을 잡은 것이니
처음 마음에 모든 지위를 섭수하는 까닭이다.
모든 지위가 서로 섭수함을 통설한다면[344] 모두 세 가지 유형이
있나니
첫 번째는 행으로써 지위를 섭수하는 것이니,
십신 가운데 일체 지위를 갖춘 것과 같나니 현수품에 설하였다.

---

344 원문에 통설제위通說諸位 운운은 영인본 화엄 14권, p.418, 8행(入法界品)에
　　發心功德品에 辨者라 하여 여기를 가리키고 있다.

두 번째는 지위로써 지위를 섭수하는 것이니,

십주위가 가득 참에 곧 성불함을 얻는다고 한 것과 같나니 십주품과 그리고 입법계품의 해당 비구 처소에서 설한 것과 같다.

그 십행과 십회향과 십지도 다 그러하나니 각각 자기 품에서 설한 것과 같다.

세 번째는 처음 마음에 끝을 섭수하는 것[345]이니,

십주의 처음 마음에 곧 모든 지위를 섭수하는 것과 같나니 이 품에서 설한 것과 같다.

모두[346] 인위에 나아가 설한 것이다.[347]

보현보살의 작용과 같은 것은 대분大分으로는 부처님과 같지만 오히려 아직 부처님이 아니니 이 가운데 설한 것도 또한 그렇다 하겠다.

鈔

其十行等者는 十行은 第十에 智度滿故로 入因陀羅網境界하나니 明知하라 已攝諸位니라 十迴向은 第十에 入法界無量迴向이 證窮法界

---

345 원문에 초심섭종初心攝終이란, 인위因位의 끝이고 주위住位의 끝이 아니다.

346 원문에 並이란, 三類라 한 세 가지를 말한다.

347 모두 인위에 나아가 설한 것이라고 한 것은 이 세 가지 지위를 섭수하는 것이 지극히 인위만因位滿에 이르는 것이고 과위만果位滿이 됨을 얻을 수는 없는 것이다. 이상은 『잡화기』의 말이나 만滿 자를 연자衍字로 보지 않았다. 滿 자는 衍이다. 三類中 一과 三은 初로써 後를 섭수하고 하나가 一切를 섭수하는 것이다. 오직 第二만 十住位滿에 相攝한다 하였다. 그러나 여기는 위에 三類의 뜻을 총결總結하는 것이기에 滿 자는 없는 것이 좋다.

故며 十地는 第十이 墮在佛數故니라 如普賢作用下는 例引等妙二覺
하야 證成이라

그 십행이라고 한 등은 십행은 제 열 번째 지智바라밀이 가득 찬
까닭으로 인다라망경계에 들어가나니
분명히 알아라. 이미 모든 지위를 섭수한 것이다.
십회향348은 제 열 번째 입법계 무량회향이 법계를 증득하여 궁진하는
까닭이며
십지는349 제 열 번째가 부처님의 숫자에 들어가는 까닭이다.

보현보살의 작용과 같다고 한 아래는 등각과 묘각의 두 각을 예로
이끌어 증거하여 성립한 것이다.

疏

二는 約見性齊故로 說與佛等하야 具諸佛法이나 豎論位次인댄 優
劣非無니라 若爾인댄 此與歷別로 何異리요 請以喩顯하리라 若彼
虛室에 置之一燈이라도 光周室內하고 加二加三거나 乃至百千이
라도 各各重重으로 遍於室內하나니 雖同周遍이나 不妨後後益明
하나라 初心等佛은 若彼一燈하고 妙覺等初는 同第百千거니와 若

348 品은 衍이다.
349 원문 十地 아래에 第十이라는 두 글자가 빠졌다. 즉 第十法雲地는 불수佛數에
들어가고, 第九地는 佛數에 들어가지 않는다는 것이다.

器中盛燈인댄 雖復百千을 共置一室이라도 互不相見하나니 歷別
修行도 類同此也니라 依於此義일새 故初心에 卽云振動光照一
切世界라하며 登地已上에 却說百刹千刹하나니 如理思之니라 又
卽由此義하야 廢高就下하나니 十住之中에 卽齊地故니라

두 번째는 견성의 제한을 잡은 까닭으로 부처님으로 더불어 평등하
여 모든 불법을 갖추었다고 말하지만 수豎로 지위의 차례를 논한다면
우열이 없지 않는 것이다.
만약 그렇다면 이것이 역위歷位의 차별[350]로 더불어 무엇이 다르겠
는가.
청문함에 비유로 현시하겠다.
만약 저 빈집에 한 등을 들지라도 광명이 집안에 두루하고 두 등을
더 두거나 세 등을 더 두거나 내지 백천 등을 더 들지라도 각각
중중으로 집안에 두루하나니,
비록 다 같이 두루하지만 후후에 더한 광명에 방해롭지 않은 것이다.
처음 발심한 것이 부처님과 같다고 한 것은 저 한 등(一燈)과 같고
묘각이 처음 발심한 것과 같다고 한 것은 제 백천 등과 같거니와
만약 그릇 가운데[351] 등燈을 담는다면 비록 다시 백천 등을 함께
한 집에 들지라도 서로가 서로를 보지 못하나니,
역위의 차별로 수행하는 것도 유형이 이와 같은 것이다.

---

350 원문에 역별歷別은 역위차별歷位差別이니 삼현십지三賢十地이다. 즉 초주初住
　　에서 이주二住에 나아가면 초주初住보다 수승하여 다르다는 등등이다.
351 원문에 약기若器 운운은, 此上은 원융유圓融喩이고 此下는 행포유行布喩이다.

이런 뜻을 의지하기에 그런 까닭으로 처음 발심할 때에 곧 말하기를[352]
일체 세계를 진동하고 일체 세계를 광명으로 비춘다 하였으며
십지에 오른 이상[353]에는 도리어 백세계 천세계를 설하나니
이치와 같이 생각할 것이다.[354]
또한 곧 이런 뜻을 인유하여[355] 높은 지위를 폐지하고 낮은 지위[356]에
나아가나니
십주 가운데 곧 십지와 같은 까닭이다.

鈔

二에 約見性下는 此上은 卽藏和尙意요 此下는 卽天台圓教之意니

---

352 원문에 초심즉운初心卽云이라 한 아래는 十住初心에 卽得菩提니 大數則一切
世界라하니 圓融門을 잡은 것이다.

353 원문에 등지이상登地已上은 歷別行布門을 잡은 것이니 小數인 百刹千刹을
도리어 설한다.

354 원문에 여리사지如理思之는 初心下는 初心에 卽得菩提니 圓融이고 登地已上
下는 行布니 歷別이다.

355 곧 이런 뜻을 인유한다고 한 것은 위에 견성의 제한이라는 말(일곱 줄 앞
소문 초두)을 밟아 말한 것이니, 그 뜻에 말하기를 이미 원교 가운데 초주初住
사람의 견성이 부처님으로 더불어 부분적으로 같은 까닭으로 저 별교 가운데
십지의 높은 것을 폐지하여 바야흐로 이 화엄교 가운데 십주의 아래에
나아감을 얻는 것이니, 이것은 초문 가운데 곧 이런 뜻을 인유한다고 한
말로 더불어 밟아 말하는 것이 조금 다르나니 생각하면 가히 볼 수 있을
것이다.

356 높은 지위(高)는 십지十地이고, 낮은 지위(下)는 십주十住이다.

故云昔人은 豎說五種菩提어니와 我卽橫開六卽이라하니 此中은 當
其分眞卽也니라 請以下는 三에 解釋이니 先은 喩圓融이요 後는 喩行
布라 又卽由此義等者는 亦天台意니 智者가 雖說四敎三敎나 及至
果處하야는 却無實事니 但就敎中하야 施設有果언정 進入位後엔 果
卽便虛니라 如別敎에 說三賢十地호대 修三賢位에 則有可修어니와
及至登地하야는 更無有別하며 別敎에 十地證竟에 但是圓家住耳니
라 卽由此義하야 圓敎初住가 自在過地어늘 不知此意일새 故謂此會
는 是說十地라하니라

두 번째 견성의 제한을 잡은 까닭이라고 한 아래는 이 위에는 곧
법장화상의 뜻이요
이 아래는 곧 천태 원교의 뜻이니,
그런 까닭으로 말하기를 옛날 사람[357]은 수竪로 다섯 가지 보리[358]
를 설하였거니와 나 천태는 곧 횡橫으로 육즉六卽[359]을 개설한다
하였으니,
이 가운데는 그 분진즉分眞卽에 해당하는 것이다.
청문함에 비유로 현시하겠다고 한 아래는 세 번째 해석이니,

---

357 옛날 사람(昔人)은 법장法藏이다.
358 다섯 가지 보리(五種菩提)는 1. 발심보리發心菩提: 십신十信, 2. 복심보리伏心菩
提: 삼현三賢, 3. 명심보리明心菩提: 初地一七地, 4. 출도보리出到菩提: 八·九·
十地, 5. 무상보리無上菩提: 等·妙 二覺.
359 육즉六卽은 이즉理卽, 명자즉名字卽, 관행즉觀行卽, 상사즉相似卽, 분진즉分眞
卽, 구경즉究竟卽이다.

먼저는 원융문으로 비유한 것이요
뒤에는 행포문으로 비유한 것이다.

또한 곧 이런 뜻을 인유한다고 한 등은 역시 천태의 뜻이니,
천태지자가 비록 사교와 삼교를[360] 설하였지만 과처果處에 이르러서
는 도리어 실사實事가 없나니,
다만 교敎 가운데 나아가 과果가 있다고 시설하였을지언정 지위에
진입한 이후에는 과果가 곧 없는 것이다.
마치 저 별교에 삼현과 십지를 설하되 삼현위를 수행함에 곧 가히
닦을 것이 있거니와 십지에 오름에 이르러서는 다시 별교가 없으며,
별교에 십지를 증득하여 마침에 다만 이 원교가(圓家)에 머무를
뿐이라고 한 것과 같다.
곧 이런 뜻을 인용하여 원교에 초주가 자연히 십지를 지나 있거늘
이 뜻을 알지 못하기에 그런 까닭으로 말하기를 이 회會는 이 십지를
설한다[361] 하였다.

---

360 古吐는 四敎"나" 三敎"는" 吐이다. 그러나 교정본은 三敎"나" 吐이다.
361 이 회會는 이 십지를 설한다고 한 것은 안국安國스님의 말이다.

經

此初發心菩薩이 不於三世에 少有所得이니 所謂若諸佛과 若諸
佛法과 若菩薩과 若菩薩法과 若獨覺과 若獨覺法과 若聲聞과
若聲聞法과 若世間과 若世間法과 若出世間과 若出世間法과
若衆生과 若衆生法에 唯求一切智호대 於諸法界에 心無所著하
니라

이 처음 발심한 보살이 삼세에 조금도 얻은 바가 있지 않나니
말하자면 혹 모든 부처님과 혹 모든 부처님의 법과
혹 보살과 혹 보살의 법과
혹 독각과 혹 독각의 법과
혹 성문과 혹 성문의 법과
혹 세간과 혹 세간의 법과
혹 출세간과 혹 출세간의 법과
혹 중생과 혹 중생의 법에 오직 일체 지혜만을 구하되 모든 법계에
마음이 집착하는 바가 없습니다.

疏

第五에 此初發下는 明大智現前이라 此文二意니 一은 別是一段이
니 謂以無著大智로 求菩提故요 二는 通釋上四段이니 謂由於一
切에 無所著故로 稱性圓融하야 能成能攝一切功德이라 文中分

二리니 初는 正明無著이요 後는 釋其所由라 前中初總이요 所謂下
는 別이니 謂從三世門하야 見佛法僧이언정 非佛法僧이 同三世攝
이라 於中三位니 初八은 淸淨이요 次四는 通染淨이요 後二는 唯染
이라 後에 唯求下는 釋不著所由니 文含多意라 一云호대 唯爲菩提
일새 故云求一切智라하고 不餘趣向일새 故於法界의 佛等無著이
라하니 此雖有理나 不順今文이니 以佛及佛法이 豈非一切智耶아
二云호대 求之於己하고 不求佛等이니 求之於己도 尙未免求니라

제 다섯 번째 이 처음 발심한 보살이라고 한 아래는 큰 지혜가
앞에 나타남을 밝힌 것이다.
이 경문에 두 가지 뜻이 있나니
첫 번째는 이 일단一段[362]을 따로 해석한 것이니,
말하자면 집착 없는 큰 지혜로써 보리를 구하는 까닭이요
두 번째는 위에 사단을 통석한 것이니,
말하자면 일체에 집착하는 바가 없음을 인유한 까닭으로 자성의
원융함에 칭합하여 일체 공덕을 능히 이루고 능히 섭수하는 것이다.

경문 가운데 두 가지로 나누리니
처음에는 바로 집착하는 바가 없음을 밝힌 것이요
뒤에는 그 이유를 해석한 것이다.
앞의 가운데 처음에는 한꺼번에 해석한 것이요

---

[362] 이 일단一段이란, 곧 제오第五 대지관大智觀 앞(前)을 말한다.

말하자면이라고 한 아래는 따로 해석한 것이니,
말하자면 삼세문을 좇아[363] 불·법·승을 나타낸 것일지언정 불·법·
승이 삼세에 섭수되는 것과는 같지 않는 것이다.
그 가운데 삼위三位가 있나니
처음에 여덟 구절은 청정이요
다음에 네 구절은 염오와 청정에 통하는 것이요
뒤에 두 구절은 오직 염오뿐이다.

뒤에 오직 일체 지혜만을 구한다고 한 아래는 집착하지 않는 이유를
해석한 것이니
경문이 많은 뜻을 포함하고 있다.
첫 번째는 말하기를 오직 보리만을 위하기에 그런 까닭으로 말하기
를 일체 지혜만을 구한다 하였고
나머지에 취향하지 않기에 그런 까닭으로 법계의 부처님과 부처님의
법 등에 집착하는 바가 없다 하였으니,
이것은 비록 일리는 있지만 지금의 경문에는 순하지 않나니 부처님
과 그리고 부처님의 법이 어찌 일체 지혜가 아니겠는가.
두 번째는 말하기를 자기에서서 구하고 부처님에게서 구하지 않는다
는 등이니,
자기에서서 구하는 것도 오히려 구함을 면하지 못하는 것이다.

---

363 말하자면 삼세문을 좇아서 운운한 것은 이미 한꺼번에 해석한 가운데서
    삼세라 말하고 불법 등을 해석하였다면 곧 불법 등이 이 삼세에 섭수되는
    것과 같은 까닭으로 여기에 그것을 가린 것이다. 역시 『잡화기』의 말이다.

鈔

文含多意者는 標也니 前二는 敍昔이요 言求之於己도 尙未免求者는
破第二釋也니 則違淨名의 於一切法에 應無所求니라

경문이 많은 뜻을 포함하고 있다고 한 것은 표標한 것이니,
앞에 두 가지[364]는 옛 사람의 해석을 서술한 것이요
자기에게서 구하는 것도 오히려 구함을 면하지 못하는 것이라고
한 것은 제 두 번째 해석을 깨뜨리는 것이니,
곧 『정명경』의 일체법에 응당 구하는 바가 없다고 한 것과 어기는
것이다.

疏

今釋有二하니 一은 只爲求一切智故로 求而無著이니 以有所著인
댄 非眞求故라 故淨名云호대 夫求法者는 於一切法에 應無所求라
하니 了法無求하야사 順一切智라 二者는 言求者는 不壞相也요
不著者는 稱法性也니 性相雙鑑에 終日求而無所求니 經云호대
無所求中에 吾故求之矣라하니라

지금 해석함에 두 가지가 있나니[365]

---

364 원문에 전이前二란, 一은 유위보리唯爲菩提요 二는 구지어기求之於己이다.
365 원문에 금석유이今釋有二란, 一은 標요 二는 釋이다.

첫 번째는 다만 일체 지혜만을 구하기 위한 까닭으로 구하지만 집착하는 바가 없는 것이니,

집착하는 바가 있다면 진실로 구하는 것이 아닌 까닭이다.

그런 까닭으로 『정명경』에 말하기를 대저 법을 구하는 사람은 일체 법에 응당 구하는 바가 없어야 한다 하였으니,

법에 구하는 바가 없는 줄을 요달하여야 일체 지혜를 따르는 것이다.

두 번째는 구한다고 말한 것은 모습을 무너뜨리지 않는 것이요 집착하지 않는다고 말한 것은 법성에 칭합한 것이니

법성과 모습이 서로 비춤에 종일토록 구하지만 구하는 바가 없는 것이니, 『방등경』에 말하기를 구하는 바가 없는 가운데 내가 짐짓 구한다 하였다.

鈔

今釋有二下는 述正義也니 前意는 卽順般若性空이요 後意는 則明事理雙現이라 經云無所求中에 吾故求之는 卽方等經中에 佛爲雷音菩薩하사 說於華聚의 昔因緣已하시고 又云호대 過去有佛하니 名栴檀華라 彼佛이 去世甚久러니 我於彼時에 如汝無異러라 彼有菩薩하니 名曰上首라 作一乞士하야 入城乞食이러니 時有比丘하니 名曰恒伽라 謂乞士言호대 汝從何來오 答曰호대 我從眞實中來라 又問호대 何謂眞實고 答曰호대 寂滅相故로 名爲眞實이라 又問호대 寂滅相中에 有所求아 無所求耶아 答曰호대 無所求라 又問호대 無所求者인댄 何用求耶아 答曰호대 無所求中에 吾故求之라 又問호대 無所求中에

何用求耶아 答曰호대 有所求者는 一切皆空이니 得者亦空이며 著者
亦空이며 實者亦空이며 求者亦空이며 語者亦空이며 問者亦空이며
寂滅涅槃과 一切虛空과 一切世界도 亦復皆空이라 吾爲如是次第
空法에 而求眞實이라 又問호대 菩薩은 於何處求아 答曰호대 於六波
羅蜜中求니라 恒伽聞已하고 賣身供養이라하니라 釋曰然上經文은
雙證二意니 以正說求者皆空은 卽般若意요 故不礙求는 卽雙行意
니 雙行은 亦卽不共般若之意耳니라

지금 해석함에 두 가지가 있다고 한 아래는 바른 뜻을 진술한 것이니
앞에 뜻은 곧 반야의 자성이 공함을 따른 것이요
뒤에 뜻은 곧 사실과 진리가 함께 나타남을 밝힌 것이다.

『방등경』[366] 가운데 말하기를 구하는 바가 없는 가운데 내가 짐짓
구한다고 한 것은 곧 『방등경』 가운데 부처님이 뇌음보살을 위하여
화취[367]보살의 옛날 인연을 설하여 마치시고, 또 말씀하시기를 과거
에 부처님이 있었으니 이름이 전단화이다.
저 부처님이 세상을 떠나가신 지가 매우 오래더니 내가 저때에
저와 같이 다름이 없이 하였다.
저때에 보살이 있었으니 이름하여 말하기를 상수이다.
저가[368] 한 걸사를 지어 성에 들어가 밥을 구걸하더니, 그때에 비구가

366 『방등경方等經』은 『대방등다라니경大方等陀羅尼經』이다.
367 원문에 법화法華는 화취華聚의 잘못이니, 즉 화취보살華聚菩薩을 말한다.
368 원문에 명왈상수名曰上首라고 한 것은, 화취보살華聚菩薩이 대중大衆 가운데

있었으니 이름하여 말하기를 향가이다.

저가 걸사에게 일러 말하기를 그대는 어느 곳으로 좇아왔는가.

답하여 말하기를 나는 진실 한가운데로 좇아왔다.

또 묻기를 무엇을 일러 진실이라 하는가.

답하여 말하기를 적멸한 모습인 까닭으로 이름을 진실이라 한다.

또 묻기를 적멸한 모습 가운데 구하는 바가 있는가, 구하는 바가 없는가.

답하여 말하기를 구하는 바가 없다.

또 묻기를 구하는 바가 없다면 어찌 구하기를 힘쓰는가.

답하여 말하기를 구함이 없는 가운데 내가 짐짓 구한다.

또 묻기를 구하는 바가 없는 가운데 어찌 구하기를 힘쓰는가.

답하여 말하기를 구하는 바가 있는 것은 일체가 다 공이니, 얻을 자도 또한 공이며 집착하는 자도 또한 공이며 진실한 자도 또한 공이며 구하는 자도 또한 공이며 말하는 자도 또한 공이며 묻는 자도 또한 공이며 적멸 열반과 일체 허공과 일체 세계도 또한 다시 다 공이다.

내가 이와 같이 차례로 공법에 진실을 구한다.

또 묻기를 보살은 어느 곳에서 구하는가.

답하기를 육바라밀 가운데서 구한다.

항가가 들어 마치고 몸을 팔아 공양하였다고 하였다.

해석하여 말하면 그러나 이상의 경문은 두 가지 뜻을 함께 증거한

상수上首이고 또 옛적(昔時) 이름도 상수上首이다.

것이니,

바로 말하는 자도 구하는 자도 다 공한 것은 곧 반야의 뜻이요

그런 까닭으로 구함에 걸리지 않는 것은 쌍행雙行의 뜻이니,

쌍행은 또한 곧 불공반야의 뜻이다.

經

爾時에 佛神力故로 十方各一萬佛刹에 微塵數世界가 六種震動
하니 所謂動遍動等遍動이며 起遍起等遍起며 涌遍涌等遍涌이
며 震遍震等遍震이며 吼遍吼等遍吼며 擊遍擊等遍擊이라 雨衆
天華와 天香天末香과 天華鬘과 天衣天寶와 天莊嚴具하며 作天
妓樂하며 放天光明과 及天音聲하니라

그때에 부처님의 위신력인 까닭으로 시방에 각각 일만 부처님의
세계에 작은 티끌 수만치 많은 세계가 여섯 가지로 진동하였으니,
말하자면 움직이는 것과 두루 움직이는 것과 다 같이 두루 움직이는
것이며
일어나는 것과 두루 일어나는 것과 다 같이 두루 일어나는 것이며
솟는 것과 두루 솟는 것과 다 같이 두루 솟는 것이며
진동하는 것과 두루 진동하는 것과 다 같이 두루 진동하는 것이며
으르렁거리는 것과 두루 으르렁거리는 것과 다 같이 두루 으르렁거
리는 것이며
치는 것과 두루치는 것과 다 같이 두루 치는 것이었습니다.
그리고 수많은 하늘의 꽃과 하늘의 향과 하늘의 가루 향과 하늘의
꽃다발과 하늘의 옷과 하늘의 보배와 하늘의 장엄구를 비 내리며
하늘의 기악을 지으며
하늘의 광명을 놓으며
그리고 하늘의 음성을 내었습니다.

疏

第五에 爾時下는 動地興供分이니 全同上文하니라

제 다섯 번째 그때라고 한 아래는 땅이 진동하고 공양을 일으키는 분이니,
온전히 위에 경문[369]과 같다.

---

369 원문에 상문上文이라고 한 것은 성자권成字卷이다. 그리고 진자권辰字卷 하권 세주묘엄품에도 설출하였다. 『청량국사화엄경소초』, 수진 역주로는 17권, p.418에 있다. 위에서는 등等 자가 다 보普 자로 되어 있다. 즉 등변동等 遍動 등이 보변동普遍動 등으로 되어 있다.

經

是時에 十方各過十佛刹의 微塵數世界外하야 有萬佛刹의 微塵
數佛하니 同名法慧라 各現其身하야 在法慧菩薩前하야 作如是
言호대 善哉善哉라 法慧야 汝於今者에 能說此法하니 我等十方
에 各萬佛刹의 微塵數佛도 亦說是法하며 一切諸佛도 悉如是說
하나라

이때에 시방에 각각 열 부처님 세계에 작은 티끌 수만치 많은
세계 밖을 지나 일만 부처님 세계에 작은 티끌 수만치 많은 부처님
이 있으니 다 이름이 법혜입니다.
각각 그 몸을 나타내어 법혜보살 앞에 있으면서 이와 같은 말을
지어 말하기를 착하고 착합니다. 법혜여, 그대가 지금에 능히 이
법을 말하니 우리 등의 시방에 각각 일만 부처님 세계에 작은
티끌 수만치 많은 부처님도 또한 이 법을 설하며
일체 모든 부처님도 다 이와 같이 설합니다.

疏

第六에 是時十方下는 他方證成分이니 望於上文인댄 有同有異라
同義可知어니와 異有三種하니 卽爲三段이라 一은 佛現證成이니
異前菩薩이요 二는 顯益證成이니 前文所無요 三은 結通無盡이니
前略此廣하니 加說因故니라 今初也니 先은 現身이요 次는 讚說이

요 後는 引己同이니 以初心에 攝德深廣을 恐難信受일새 故佛自證
이라

제 여섯 번째 이때에 시방이라고 한 아래는 타방세계를 증거하여
성립하는 분이니,
위에 경문을 바라본다면 같은 뜻이 있고 다른 뜻이 있다.
같은 뜻은 가히 알 수 있거니와 다른 뜻은 세 가지가 있나니
곧 삼단이 되는 것이다.
첫 번째는 부처님이 나타나 증거하여 성립하는 것이니,
앞에 보살과 다른 것이요
두 번째는 이익을 나타내어 증거하여 성립하는 것이니,
앞의 경문에는 없는 바요
세 번째는 끝이 없음을 맺어서 통석한 것이니,
앞에서는 간략하게 설하고 여기서는 폭넓게 설하였으니 설하는
원인을 더한 까닭이다.
지금은 처음으로 먼저는 몸을 나타낸 것이요
다음은 찬탄하여 설한 것이요
뒤에는 자기도 같이 설함을 인용한 것이니,
처음 발심할 때 공덕을 섭수하는 것이 깊고도 넓음을 믿고 받아
가지기가 어려울까 염려하였기에 그런 까닭으로 부처님이 스스로
증거한 것이다.

經

汝說此法時에 有萬佛刹에 微塵數菩薩하야 發菩提心하니 我等今者에 悉授其記호대 於當來世에 過千不可說無邊劫하야 同一劫中에 而得作佛하야 出興於世호대 皆號淸淨心如來요 所住世界는 各各差別하리며

그대가 이 법을 설할 때에 일만 부처님 세계에 작은 티끌 수만치 많은 보살이 있어서 보리심을 일으키니,
우리 등이 지금에 그들에게 수기를 다 주되 오는 세상에 일천 불가설 무변세월을 지나 똑같은 세월 가운데 부처가 됨을 얻어 세상에 출흥하되 다 이름을 청정심여래라 할 것이요
머무는 바 세계는 각각 차별할 것이며

疏

二에 汝說此法時下는 顯益證成이라 益通二世하니 初는 益現在요 後에 我等悉當護持已下는 顯及當來라 今初에 淸淨心者는 以聞菩提心하고 見心性故요 而經多劫者는 然餘敎說은 定三僧祇어니와 此宗所明은 劫數不定이라 略有四類하니 一은 或展則無量한 不可說不可說刹塵이니 如法界品說이요 二는 或千不可說이며 或減或增이니 如威光太子와 及此中說이요 三은 或一生二生이니 如善財童子와 兜率天子요 四는 初心卽得이니 如前所說이라 所乘之

法이 旣自在圓融일새 能乘之人도 亦遲速不定이니 念劫融故니라 故彌勒云호대 一切菩薩이 無量劫修를 善財가 一生皆得이라하니 라 起信엔 則以若遲若速으로 皆爲方便거니와 此宗엔 則以楷定으 로 爲權이라 並有聖言이니 無煩固執하며 不以長時로 而生退怯하 며 不以速證으로 而起輕心이어다 若遲若疾에 誓要當剋이 是佛意 也니라

두 번째 그대가 이 법을 설할 때라고 한 아래는 이익을 나타내어 증거하여 성립한 것이다.

이익이 이세二世에 통하나니

처음에는 현재를 이익케 하는 것이요

뒤에 우리 등이 다 이 법을 마땅히 호지한다고 한 이하는 이익이 당래에까지 미치는 것을 나타낸 것이다.

지금은 처음으로 청정심여래라고 한 것은 보리심을 듣고 심성을 본 까닭이요

수많은 세월을 지났다고[370] 한 것은 그러나 여타의 교에서 말한 것은 삼아승지세월에 한정하였거니와 이 화엄종에서 밝힌 바는

---

370 수많은 세월을 지났다 운운한 것은, 이 가운데 세월의 수와 부처님의 이름을 앞뒤로 바꾸어 해석한 것은 반드시 먼저 이룰 바 부처님을 거론한 연후에 바야흐로 지날 바 세월을 설하는 까닭이니, 만약 부처님을 거론하지 않는다면 무엇을 의거하여 세월을 설하겠는가. 역시 『잡화기』의 말이다. 즉 경문에는 세월(劫)을 먼저 말하고 부처님이 뒤에 있거니와 여기 소문에는 청정심여래 를 먼저 설명하고 불가설 무변세월을 뒤에 설명하고 있기에 하는 말이다.

세월의 수를 한정하지 아니하였다.

간략하게 네 가지 유형이 있나니

첫 번째는 혹 펼침에 곧 한량없는 불가설불가설不可說不可說 세계에
미진세월이니

입법계품에 설한 것과 같은 것이요

두 번째는 혹 일천불가설세월이며 혹 감소하는 세월이며 혹 더하는
세월이니

대위광태자와 그리고 이 가운데 설한 것과 같은 것이요

세 번째는 혹 일생과 이생二生이니

선재동자와 도솔천자와 같은 것이요

네 번째는 처음 발심할 때에 곧 얻는 것이니

앞[371]에서 설한 바와 같다.

소승所乘의 법이 이미 자재로 원융하기에 능승能乘의 사람도 또한
더디고 빠름을 정할 수 없나니

한 생각과 한량없는 세월이 원융한 까닭이다.

그런 까닭으로 『화엄경』 미륵보살장에 말하기를 일체 보살이 한량없
는 세월에 수행한 것을 선재동자가 일생에 다 얻는다 하였다.

『기신론』에서는 곧 혹 더디고 혹 빠른 것으로써 다 방편을 삼았거니
와 이 화엄종에서는 곧 단계를 정하는 것으로써 방편을 삼는 것이다.

모두 성인의 말씀에 있는 것이니

---

371 앞이란, 영인본 화엄 6책, p.80, 말행末行에 初發心時에 卽得菩提라 한
   것이다.

번거롭게 고집하지도 말며

긴 시간으로써 물러나 겁내는 마음도 내지 말며

빨리 증득하는 것으로써 가벼운 마음도 일으키지 말 것이다.

혹 더디고 혹 빠름에 서원코 반드시 극복하는 것이 이것이 부처님의

뜻이다.

鈔

而經多劫者는 此標擧며 亦是問難也라 應有問言호대 前來에 讚經玄
妙하야 則言一生에 圓曠劫之果어늘 今旣圓妙인댄 何以多劫方成고
하니라 起信則以若遲下는 三에 雙出二宗之意니 發趣道相中에 證發
心後云호대 或示超地하야 速成正覺은 以爲怯弱衆生이요 或說於無
量阿僧祇劫에사 當成佛道는 以爲懈慢衆生故라 能示如是無數方
便이 不可思議나 而實菩薩은 種性根等하며 發心則等하며 所證亦等
하야 無有超過之法이니 以一切菩薩이 皆經三僧祇劫故니라 但隨衆
生의 世界不同과 所見所聞의 根欲性異일새 故示所行도 亦有差別이
라하니라 釋曰此卽以遲速으로 皆爲方便也라 此宗則楷定으로 爲權
하고 以不定或遲或速으로 爲實하나니 如前第二段明하니라 故毘目
瞿沙가 暫時執手에 時經多劫하니 則一生이 不定一生이며 無量劫이
卽一念이어니 多劫이 豈爲多劫가 故結勸之호대 勿生執也라하니라

수많은 세월을 지났다고 한 것이라 한 것은 이것은 표하여 거론한
것이며 또한 물어서 비난한 것이다.

응당 어떤 사람이 물어 말하기를 전래에 경의 현묘함을 찬탄하여 곧 일생에 수많은 세월(曠劫)의 과보를 원융케 한다 말해야 할 것이어늘, 지금에 이미 원묘하다고 한다면 어찌 수많은 세월에 바야흐로 이룬다 하는가 한 것이다.

『기신론』에서는 혹 더디고 혹 빠른 것이라고 한 아래는 세 번째 이종二宗의 뜻을 함께 설출한 것이니,

분별발취도상 가운데 증발심 뒤에 말하기를 혹 지위를 초월하여 빨리 정각을 이룬다고 시현한 것은 겁약한 중생을 위한 것이요 혹 한량없는 아승지세월에사 마땅히 불도를 이룬다고 말한 것은 해만懈慢한 중생을 위한 까닭이다.

능히 이와 같은 수없는 방편을 시현한 것이 가히 사의할 수 없지만 진실로 보살은 종성의 근원이 같으며 발심이 곧 같으며 증득한 바도 또한 같아서 초과하는 법이 없나니 일체 보살이 다 삼아승지세월을 지나는 까닭이다.

다만 중생의 세계가 같지 않는 것과 보는 바와 듣는 바의 근성과 욕락이 다름을 따르기에 그런 까닭으로 행하는 바를 시현하는 것도 또한 차별이 있다 하였다.

해석하여 말하면 이 『기신론』은 곧 더디고 빠른 것으로써 다 방편을 삼은 것이다.

이 화엄종은 곧 단계를 정하는 것으로써 방편을 삼고 혹 더디고 혹 빠름을 정하지 않는 것으로써 진실을 삼나니

앞[372]의 제이단에서 밝힌 것과 같다.

그런 까닭으로 비목구사선인이 잠시 손을 잡음에 즉시 수많은 세월
을 지나나니,

곧 일생이 정할 수 없는 일생이며 한량없는 세월이 곧 한 생각이거니
수많은 세월이 어찌 수많은 세월이 되겠는가.

그런 까닭으로 맺어서 권하기를 고집하는 마음을 내지 말 것이다
하였다.

372 앞이란, 영인본 화엄 6책, p.175이다.

經

我等이 悉當護持此法하야 令未來世에 一切菩薩의 未曾聞者로
皆悉得聞케하리라

우리 등이 다 마땅히 이 법을 호지하여 미래 세상에 일체 보살의
일찍이 듣지 못한 이로 하여금 다 얻어 듣게 할 것입니다.

疏

後는 益末世하야 令信仰故라 今之聞者는 皆由佛力이니 願深愧信
行이어다

뒤에는 말세를 이익케 하여 하여금 신앙케 하는 까닭이다.
지금에 듣는 이는 다 부처님의 힘을 인유하나니,
원컨대 믿고 행하는 것을 깊이 부끄러워[373]할 것이다.

---

373 愧 자는 오히려 荷 자의 뜻으로, 多生에 부처님을 믿는 行을 짊어져야
한다는 것이다.

經

如此娑婆世界四天下의 須彌頂上에 說如是法하야 令諸衆生으로 聞已受化인달하야 如是十方의 百千億那由他와 無數無量과 無邊無等과 不可數不可稱과 不可思不可量과 不可說盡法界와 虛空界와 諸世界中에도 亦說此法하야 敎化衆生하나니

이 사바세계 사천하의 수미산 정상에서 이와 같은 법을 설하여 모든 중생으로 하여금 들은 이후에 교화를 받게 하는 것과 같아서 이와 같이 시방의 백천억 나유타 세계와 수도 없고 분량도 없는 세계와 끝도 없고 같을 수도 없는 세계와 가히 헤아릴 수도 없고 가히 이름할 수도 없는 세계와 가히 사의할 수도 없고 가히 요량할 수도 없는 세계와 가히 말할 수도 없는 온 법계와 허공계와 모든 세계 가운데서도 또한 이 법을 설하여 중생을 교화하나니

疏

三에 如此下는 結通無盡이니 是證佛結通이요 非經家也라 先明說遍이라

세 번째 이 사바세계 수미산 정상에서 이와 같은 법을 설하는 등과 같다고 한 아래는 끝이 없음을 맺어 통석한 것이니,

이것은 증명하는 부처님이 맺어서 통석한 것이요

경가經家[374]가 통석한 것이 아니다.

먼저는 설법이 두루함을 밝힌 것이다.

---

374 경가經家란, 부처님을 말한다.

經

其說法者는 同名法慧라 悉以佛神力故며 世尊本願力故며 爲欲
顯示佛法故며 爲以智光普照故며 爲欲開闡實義故며 爲令證
得法性故며 爲令衆會悉歡喜故며 爲欲開示佛法因故며 爲得
一切佛平等故며 爲了法界無有二故로 說如是法하니라

그 법을 설하는 사람은 다 이름이 법혜입니다.
다 부처님의 위신력인 까닭이며
세존의 본래 서원의 힘인 까닭이며
불법을 현시하고자 하기 위한 까닭이며
지혜의 광명으로써 널리 비추기 위한 까닭이며
진실한 뜻을 열어 보이고자 하기 위한 까닭이며
하여금 법성을 증득케 하기 위한 까닭이며
모인 대중으로 하여금 다 환희케 하기 위한 까닭이며
불법의 인연을 개시하고자 하기 위한 까닭이며
일체 부처님이 평등함을 얻게 하기 위한 까닭이며
법계가 둘이 없음을 요달케 하기 위한 까닭으로 이와 같은 법을
설합니다.

疏

後에 其說法下는 示所說同이라 文中有三하니 一은 說人同이요
二는 說因同이니 謂神力本願故요 三은 說意同이니 爲欲下가 是라

此文大旨는 同前十住하니 並顯可知라

뒤에 그 법을 설하는 사람이라고 한 아래는 설하는 바가 같음을
현시한 것이다.

경문 가운데 세 가지가 있나니
첫 번째는 설하는 사람이 같은 것이요
두 번째는 설하는 원인이 같은 것이니,
말하자면 위신력과 본래 서원인 까닭이요
세 번째는 설하는 뜻이 같은 것이니,
불법을 현시하고자 하기 위한 까닭이라고 한 아래가 이것이다.

이 경문의 큰 뜻은 앞에 십주와 같나니,
아울러 현시한 것은 가히 알 수가 있을 것이다.

此文大旨等者는 同十住中에 加所爲也라 此中에 顯示佛法은 卽前
持說佛法故요 二에 智光普照는 卽前覺一切佛法이요 三에 開闡實義
는 卽前增長佛智요 四에 證得法性은 卽前所入無礙요 五에 衆會歡
喜는 卽前善了衆生界와 及知衆生根이요 六에 開示佛法因은 卽前所
行無障礙와 及得無等方便이요 七에 爲得一切佛平等은 卽前入一
切智性이요 八에 爲了法界가 無有二故는 卽前深入法界라 故結云호
대 說如是法이라하니 明是說因이라

이 경문의 큰 뜻은 앞에 십주와 같다고 한 등은 십주 가운데 가피의 소행所行[375]과 같다.

이 가운데 불법을 현시하고자 한다고 한 것은 곧 앞에 불법을 가져 설하는 까닭이라고 한 것이요

두 번째 지혜의 광명으로 널리 비추기 위한다고 한 것은 곧 앞에 일체 불법을 깨닫게 한다고 한 것이요

세 번째 진실한 뜻을 열어 보이고자 한다고 한 것은 곧 앞에 부처님의 지혜를 증장케 한다고 한 것이요

네 번째 법성을 증득케 하기 위한다고 한 것은 곧 앞에 들어가는 바가 걸림이 없다고 한 것이요

다섯 번째 모인 대중으로 환희케 하기 위한다고 한 것은 곧 앞에 중생의 세계를 잘 안다고 한 것과 그리고 중생의 근성을 잘 안다고 한 것이요

여섯 번째 불법의 인연을 개시하고자 하기 위한다고 한 것은 곧 앞에 행하는 바가 걸림이 없다고 한 것과 그리고 비등할 수 없는 방편을 얻었다고 한 것이요

일곱 번째 일체 부처님이 평등함을 얻게 하기 위한다고 한 것은 곧 앞에 일체 지혜의 자성에 들어간다고 한 것이요

여덟 번째 법계가 둘이 없음을 요달케 하기 위한 까닭이라고 한 것은 곧 앞에 법계에 깊이 들어간다고 한 것이다.

그런 까닭으로 모두 맺어 말하기를 이와 같은 법을 설한다 하였으니

---

375 소위所爲는 곧 소행所行의 뜻이다.

분명히 이것은 설하는 원인[376]이다.

---

376 원문에 설인說因의 因 자는 意로 보기도 한다. 즉 설設하는 뜻이라는 것이다.

經

爾時에 法慧菩薩이 普觀盡虛空界의 十方國土에 一切衆會하고
欲悉成就諸衆生故며 欲悉淨治諸業果報故며 欲悉開顯淸淨
法界故며 欲悉拔除雜染根本故며 欲悉增長廣大信解故며 欲
悉令知無量衆生根故며 欲悉令知三世法平等故며 欲悉令觀察
涅槃界故며 欲增長自淸淨善根故로 承佛威力하야 卽說頌言
호대

그때에 법혜보살이 널리 온 허공계의 시방 국토에 일체 대중이
모인 것을 관찰하고 모든 중생을 다 성취하고자 하는 까닭이며
모든 업의 과보를 다 깨끗하게 다스리고자 하는 까닭이며
청정한 법계를 다 열어서 나타내고자 하는 까닭이며
뒤섞이어 오염된 근본을 다 뽑아 제거하고자 하는 까닭이며
광대한 믿음과 지혜를 다 증장하고자 하는 까닭이며
한량없는 중생의 근성을 다 하여금 알게 하고자 하는 까닭이며
삼세의 법이 평등함을 다 하여금 알게 하고자 하는 까닭이며
열반의 세계를 다 하여금 관찰하게 하고자 하는 까닭이며
자기의 청정한 선근을 증장하고자 하는 까닭으로 부처님의 위신력
을 받아 곧 게송을 설하여 말하기를

疏

第七에 爾時下는 以偈重頌分이라 先은 辨偈意니 有十一句라 初

一後一은 是說偈儀어늘 而離開者는 欲顯中九가 皆承佛力이며
該十方故라 中九는 正明所爲니 初總餘別이라 別中四對니 一은
淨業顯理요 二는 除惑開信이니 妄想分別이 爲雜染根이요 三은
知病識藥이요 四는 觀果淨因이니 卽由利他하야 自業便淨이라

제 일곱 번째 그때라고 한 아래는 게송으로써 거듭 읊은 분이다.
먼저는 게송의 뜻을 분별한 것이니 열한 구절이 있다.
처음에 한 구절과 뒤에 한 구절은 이것은 게송을 설하는 의식이거늘
분리하여 연 것[377]은 중간에 아홉 구절이 다 부처님의 위신력을
받은 것이며 시방[378]을 해라 하고 있음을 나타내고자 한 까닭이다.
중간에 아홉 구절은 바로 소행(所爲)을 밝힌 것이니
처음 구절은 한꺼번에 설한 것이요
나머지 구절은 따로 설한 것이다.

따로 설한 가운데 사대四對가 있나니
첫 번째는 업을 청정하게 하는 것과 진리[379]를 나타내는 것이요
두 번째는 번뇌를 제거하는 것과 믿음을 여는 것이니
망상 분별이 뒤섞이어 오염된 근본이 되는 것이요
세 번째는 병을 아는 것과 약을 아는 것이요

---

377 원문에 이개離開는 본래 아홉 구(九句)뿐이지만 열한 구(十一句)로 분리하여
    전개하였다는 것이다.
378 원문에 불력佛力은 後一句이고, 시방十方은 初一句이다.
379 여기서 理는 경문經文에 법계法界이다.

네 번째는 열반과를 관찰하는 것과 청정한 선근의 원인이니,
곧 이타를 인유하여 자기의 업이 문득 청정하여지는 것이다.

鈔

一에 淨業顯理者는 業淨則理顯故요 二에 除惑開信者는 若無妄想인
댄 卽增信解故라 餘可知니라

첫 번째 업을 청정하게 하는 것과 진리를 나타내는 것이라고 한
것은 업이 청정하면 곧 진리가 나타나는 까닭이요
두 번째 번뇌를 제거하는 것과 믿음을 여는 것이라고 한 것은 만약
망상이 없으면 곧 믿음과 지혜가 증장하는 까닭이다.
나머지[380]는 가히 알 수가 있을 것이다.

---

380 나머지란, 세 번째와 네 번째이다.

經

爲利世間發大心하나니 其心普遍於十方에
衆生國土三世法과　　佛及菩薩最勝海하니다

세간을 이익케 하기 위하여 광대한 마음을 일으키나니
그 마음이 널리 시방에
중생의 국토와 삼세의 법과
부처님과 그리고 보살의 가장 수승한 바다에 두루합니다.

疏

第二는 正顯偈辭니 有一百二十一頌이라 文分三段하리니 初에 八
十二偈는 超頌就法略示요 二에 有三十四偈는 却頌就喩校量이
요 三에 有五偈는 結德勸讚하야 令景慕發心이니 歎深難說은 遍於
三段하며 又歎은 爲長行과 偈頌之本일새 故略不頌之니라 初中에
文亦分五리니 初에 有十七偈는 頌第一解行圓滿이요 二에 菩薩始
發下에 十七頌은 超頌第四의 能作佛事요 三에 菩薩所住下에 十
八偈는 却頌第三의 得佛平等이요 四에 趣向菩提下에 六偈半은
頌第五大智現前이요 五에 恒勸衆生下에 二十三偈半은 頌第二
當妙果成이니 文不次者는 顯德無前後故라 又長行엔 明先同果
體하고 後同果用거니와 偈頌엔 明用可在今하고 果明當得하고 大
智通遍故로 前後互明하나니라 初中에 文分爲二리니 初一偈는 頌前

正明解行圓滿이라 然初句는 是總擧發心爲因이라

제 두 번째는 바로 게송의 말을 나타낸 것이니
일백이십 한 게송이 있다.
경문을 삼단으로 나누리니
처음에 팔십두 게송은 법에 나아가 간략하게 시현한[381] 것을 뛰어넘어
읊은 것이요
두 번째 삼십네 게송이 있는 것은 도리어 앞에 비유에 나아가 헤아
린[382] 것을 읊은 것이요
세 번째 다섯 게송이 있는 것은 발심의 공덕과 발심하기를 권한
것과 발심을 찬탄한 것을 맺어[383] 하여금 경사하고 사모하여 발심케
한 것이니,
발심이 깊어 설하기 어렵다 찬탄한 것은 이 삼단에 두루하며
또 발심을 찬탄한 것은 장행문과 게송문의 근본이 되기에 그런
까닭으로 생략하고 읊지 아니하였다.

---

381 원문에 취법약시就法略示는 영인본 화엄 6책, p.171, 말행末行이다.
382 원문에 취유교량就喩校量은 멀리는 영인본 화엄 6책, p.102, 5행이니 就
　　자는 前엔 擧 자이다. 가까이는 영인본 화엄 6책, p.165, 말행末行이다.
383 원문에 결덕권찬結德勸讚은 시방여래十方如來가 권하고 찬탄한 것을 말한다.
　　덕德은 발심공덕이니 결덕무진과結德無盡科이고 권勸은 결권발심과結勸發心
　　科이고 찬讚은 찬탄발심讚歎發心이니 결덕무진과 가운데 처음 게송은 찬탄발
　　심이고 뒤에 게송은 결덕무진이다. 영인본 화엄 6책, p.229, 1행이다. 그러나
　　소문에서는 생략하고 읊지 않는다 하였고, 뒤에 과목에도 찬탄발심과가
　　없다.

처음 가운데 경문을 또한 다섯 가지로 나누리니

처음에 열일곱 게송이 있는 것은 제일에 해행이 원만하다고 한 것을 읊은 것이요

두 번째[384] 보살이 처음 광대한 마음을 일으켰다고 한 아래에 열일곱 게송은 제 네 번째 능히 불사를 짓는다고 한 것을 뛰어넘어 읊은[385] 것이요

세 번째 보살이 머문 바 희유한 법이라 한 아래에 열여덟 게송은 도리어 제 세 번째[386] 부처님과 평등함을 얻는다고 한 것을 읊은 것이요

네 번째[387] 보리에 취향하여 마음이 청정하다고 한 아래에 여섯 게송 반은 제 다섯 번째 큰 지혜가 앞에 나타난다고 한 것을 읊은 것이요

다섯 번째[388] 항상 중생에게 권한다고 한 아래에 스물세 게송 반은 제 두 번째 마땅히 묘과를 이룬다고 한 것을 읊은 것이니,

문장이 차례로 되어 있지 않는 것은 발심의 공덕이 전후가 없음을 나타낸 까닭이다.

또 장행문에서는 먼저 묘과의 자체가 같고 뒤에 묘과의 작용이 같음을 밝혔거니와, 게송문에서는 작용은 가히 지금에 있음을 밝히

---

384 두 번째 운운은 영인본 화엄 6책, p.201, 6행이다.
385 원문에 초송超頌이란, 第二와 第三을 초과하여 읊었기에 초송超頌이라 한다.
386 세 번째 운운은 영인본 화엄 6책, p.177, 말행이다,
387 네 번째 운운은 영인본 화엄 6책, p.211, 3행이다.
388 다섯 번째 운운은 영인본 화엄 6책, p.213, 3행이다.

고 묘과는 당래에 얼음을 밝히고 큰 지혜는 모두에 두루하는 까닭으
로 전후에 서로 밝혔다.

처음 가운데 경문을 나누어 두 가지로 하리니
처음에 한 게송은 앞에 해행이 원만함을 바로 밝힌다고 한 것을
읊은 것이다.
그러나 처음 구절은[389] 발심이 원인이 되는 것을 한꺼번에 거론한
것이다.

---

[389] 원문에 초구初句 운운은, 初句는 發心爲因이거니와 餘句는 皆用心也라.
『잡화기』에는 위인爲因이라 한 아래에 소본에는 여개심용餘皆心用이라는
네 글자가 있다 하였다.

經

究竟虛空等法界에　所有一切諸世間에
如諸佛法皆往詣하야 如是發心無退轉하니다

구경에 허공인 평등한 법계에
있는 바 일체 모든 세간에
모든 부처님의 법과 같이 나아가
이와 같이 발심하여 물러나지 않습니다.

疏

餘十六偈는 頌前徵釋이라 於中有七하니 初一偈는 頌充遍一切
世界라

나머지 열여섯 게송은 앞에 묻고 해석한 것을 읊은 것이다.
그 가운데 일곱 가지가 있나니
처음에 한 게송은 일체 세계에[390] 충만하고 두루하기 위함이라고
한 것을 읊은 것이다.

---

[390] 일체 세계 운운은 영인본 화엄 6책, p.173, 말행이다.

經

慈念衆生無暫捨하고　離諸惱害普饒益케하며
光明照世爲所歸하나니 十力護念難思議니이다

十方國土悉趣入하야　一切色形皆示現호대
如佛福智廣無邊하야　隨順修因無所著하니다

자비로 중생을 생각하되 잠시도 버리지 않고
모든 번뇌의 해로움을 떠나 널리 요익케 하며
광명으로 세상을 비추어 귀의할 바를 삼나니
십력으로 보호하고 염려하는 것을 사의하기 어렵습니다.

시방의 국토에 다 취입하여
일체 형색을 다 시현하되
부처님의 복과 지혜와 같이 널리 끝없이 하여
수행한 인연을 수순하여 집착하는 바가 없습니다.

疏

二에 有二偈는 頌爲欲度脫一切世界衆生이라

두 번째 두 게송이 있는 것은 일체 세계에[391] 중생을 제도하여 해탈케
하고자 하기 위함이라고 한 것을 읊은 것이다.

---

391 일체 세계 운운은 영인본 화엄 6책, p.174, 1행이다.

經

有刹仰住或傍覆하며 麤妙廣大無量種거늘
菩薩一發最上心하야 悉能往詣皆無礙하니다

어떤 세계는 높이 솟아 머물고 혹은 옆으로 누워 있으며
거친 세계, 묘한 세계, 넓은 세계, 큰 세계가 한량없는 종류가
있거늘
보살이 한 번 최상의 마음을 일으켜
다 능히 그곳에 나아가기를 걸림 없이 합니다.

疏

三에 有一偈는 頌知世界成壞니 知者는 意在往化觀佛故니라

세 번째 한 게송이 있는 것은 세계가 이루어지고 무너짐을 알기
위한 것이라고 한 것을 읊은 것이니,
안다고 한 것은 그 뜻이 가서 교화하는 것과 부처님을 뵙는 것에
있는 까닭이다.

經

菩薩勝行不可說을　皆勤修習無所住하며
見一切佛常欣樂하야 普入於其深法海하니다

哀愍五趣諸群生하야 令除垢穢普淸淨케하니다

보살의 수승한 행 가히 말할 수 없는 것을
다 부지런히 닦아 익히지만 머무는 바가 없으며
일체 부처님을 친견하고 항상 즐거워하여
널리 그 깊고도 깊은 진리의 바다에 들어갑니다.

오취의 모든 중생을 어여삐 여겨
하여금 더러운 때를 제거하여 널리 청정케 합니다.

疏

四에 一偈半은 頌爲悉知一切衆生垢淨故와 及一切世界三有淸
淨故니 知垢는 意在令淨故요 五趣三有는 名左右耳니라

네 번째 한 게송 반은 일체중생의 더럽고 깨끗한 것을 다 알기
위한 까닭이라고 한 것과 그리고 일체 세계의 삼유가 청정함을
다 알기 위한 까닭이라고 한 것을 읊은 것이니,
더러운 것을 안다고 한 것은 그 뜻이 하여금 청정케 하는 데 있는

까닭이요,

오취와 삼유라고 한 것은 이름만 좌左로 우右로392 하였을 뿐이다.

---

392 이름만 좌左로 우右로란, 장행長行엔 삼유三有라 하고, 此頌엔 오취五趣라
   한 것은 말은 다르지만 뜻은 같다는 것이다.

經

紹隆佛種不斷絶하고 摧滅魔宮無有餘케하니다

已住如來平等性하야 善修微妙方便道하며
於佛境界起信心하야 得佛灌頂心無著하니다

兩足尊所念報恩호대 心如金剛不可沮하며
於佛所行能照了하야 自然修習菩提行하니다

부처님의 종성을 이어 융성하게 하여 끊어지지 않게 하고
마군의 궁전을 꺾어 제멸하여 남음이 없게 합니다.

이미 여래의 평등한 자성에 머물러
미묘한 방편도를 잘 수행하며
부처님의 경계에 신심을 일으켜
부처님께 관정하심을 얻되 마음에 집착이 없습니다.

양족존의 처소에 보은을 생각하되
마음이 금강과 같아 가히 무너뜨릴 수 없으며
부처님이 행할 바를 능히 비추어 알아
자연히 보리의 행을 닦아 익힙니다.

疏

五에 紹隆下에 兩偈半은 却頌爲不斷如來種性故라 初半은 摧邪
顯正이니 卽紹隆義요 次句는 示佛種之體性이요 次二句는 卽起佛
種緣이요 餘是種起之相이라 化化不絕은 是報佛恩이요 心如金剛
은 是種性義요 照佛所行하야 修菩提行은 則佛種不斷也라

다섯 번째 부처님의 종성을 이어 융성하게 하였다고 한 아래에
두 게송 반은 도리어 앞에 여래의 종성이 끊어지지 않게 하기 위한
까닭이라고 한 것을 읊은 것이다.
처음에 반 게송은 사법을 꺾어 정법을 나타내는 것이니 곧 이어
융성하게 하는 뜻이요
다음 구절은 불종의 자체성을 시현한 것이요
다음에 두 구절은 곧 부처님의 종성을 일으키는 인연이요
나머지 구절은[393] 이 종성을 일으키는 모습이다.
교화와 교화가 끊어지지 않게 하는 것은 이것은 부처님의 은혜를
갚는 것이요
마음이 금강과 같은 것은 이것은 종성의 뜻이요
부처님이 행할 바를 비추어 보리행을 닦는 것은 곧 부처님의 종성이
끊어지지 않게 하는 것이다.

---

393 餘 자 아래에 竝 자가 있기도 하다.

經

諸趣差別想無量하며　業果及心亦非一이며
乃至根性種種殊어늘　一發大心悉明見하니다

其心廣大等法界하며　無依無變如虛空하며
趣向佛智無所取하며　諦了實際離分別하니다

知衆生心無生想하며　了達諸法無法想하며
雖普分別無分別하야　億那由刹皆往詣하니다

無量諸佛妙法藏에　隨順觀察悉能入하며
衆生根行靡不知하나니 到如是處如世尊하니다

淸淨大願恒相應하야　樂供如來不退轉하니
人天見者無厭足하며　常爲諸佛所護念하니다

제취가 차별하여 생각이 한량없으며
업과 과보와 그리고 마음도 또한 하나가 아니며
내지 근성도 가지가지로 다르거늘
한 번 광대한 마음을 일으켜 다 분명하게 봅니다.

그 마음이 광대하여 법계와 같으며
의지함도 없고 변함도 없어 허공과 같으며

부처님의 지혜에 나아가지만 취착하는 바가 없으며
진실한 경계를 자세히 알지만 분별을 떠났습니다.

중생의 마음을 알지만 중생에 대한 생각이 없으며
모든 법을 요달하지만 법에 대한 생각이 없으며
비록 널리 분별하지만 분별한 적이 없어서
억 나유타 세계에 다 나아갑니다.

한량없는 모든 부처님의 묘한 법장에
수순하고 관찰하여 다 능히 들어가며
중생의 근성과 행위를 알지 못함이 없나니
이와 같은 곳에 이르면 세존과 같습니다.

청정한 큰 서원으로 항상 상응하여
즐겁게 여래에게 공양하되 물러남이 없이 하니
인간과 천상에서 보는 사람이 싫어하거나 만족함이 없으며
항상 모든 부처님께 호념하는 바가 됩니다.

疏

六에 五偈는 頌知衆生心樂煩惱習氣下에 四種發心이라 於中初
偈는 總明所知事니 想是妄想이니 卽煩惱也요 業卽習氣요 果卽
死此生彼요 心卽心行이요 根性卽諸根이라 次二偈는 顯知之體

相이니 皆卽事入玄이라 次偈는 非唯知病이라 亦識法藥이니 故如
世尊이라하니라 後偈는 非唯空知라 行願相符하야사 能爲實益이라

여섯 번째 다섯 게송은 중생의 심락과 번뇌와 습기를 알기 위한
까닭이라고 한 아래에 네 가지 발심[394]을 읊은 것이다.
그 가운데 처음 게송은 알아야 할 바 사실을 한꺼번에 밝힌 것이니
생각이라고 한 것은 망상이니 곧 번뇌요
업이라고 한 것은 곧 습기요
과보라고 한 것은 이곳에서 죽어 저곳에 태어나는 것[395]이요
마음이라고 한 것은 곧 심행心行[396]이요
근성이라고 한 것은 곧 모든 근성[397]이다.

다음에 두 게송은 안다[398]는 자체의 모습을 나타낸 것이니,
다 사실에 즉하여 현묘함에 들어가는 것이다.
다음에 게송은 오직 병을 알 뿐만 아니라 또한 법의 즐거움도 아는
것이니,
그런 까닭으로 세존과 같다 하였다.

---

394 원문에 사종발심四種發心이란, 중생심락衆生心樂 등 네 가지이다.
395 원문에 사차생피死此生彼란, 위실지일체중생사차생피爲悉知一切衆生死此生
彼이다.
396 심행心行이란, 위실지일체중생심행爲悉知一切衆生心行이다.
397 원문에 제근諸根이란, 위실지일체중생제근爲悉知一切衆生諸根이다.
398 知란, 爲悉知라 한 知이다.

뒤에 게송은 오직 공을 알 뿐만 아니라 실행과 서원이 서로 부합하여
야 능히 진실한 이익이 됨을 아는 것이다.

經

其心淸淨無所依하야 雖觀深法而不取하며
如是思惟無量劫이나 於三世中無所著하니다

其心堅固難制沮일새 趣佛菩提無障礙하며
志求妙道除蒙惑일새 周行法界不告勞하니다

知語言法皆寂滅하고 但入眞如絶異解하며
諸佛境界悉順觀하고 達於三世心無礙하니다

그 마음이 청정하여 의지하는 바가 없어서
비록 깊은 법을 보지만 취착하지 아니하며
이와 같이 한량없는 세월을 사유하지만
삼세 가운데 집착하는 바가 없습니다.

그 마음이 견고하여 제어하여 그치기[399] 어렵기에
부처님의 보리에 나아가도 걸림이 없으며
마음에 묘한 도를 구하여 어두운 미혹을 제멸하였기에
법계에 두루 다녀도 피로하다 말하지 않습니다.

언어의 법이 다 적멸한 줄 알고

---

399 沮는 '그칠 저' 자이다.

다만 진여에 들어가 다른 지해를 끊었으며
모든 부처님의 경계를 다 따라 관찰하고
삼세를 통달하여 마음이 걸림이 없습니다.

疏

七에 有三偈는 頌知一切衆生三世智니 謂離三世障故라 障有十種하니 一은 煩惱雜染障이요 二는 觸境迷倒障이요 三은 長時懈怠障이요 四는 取著因果障이요 五는 邪敎邪師引轉障이요 六은 趣下乘障이요 七은 麤相現前障이요 八은 於遍趣行에 無堪能障이요 九는 隨言生解障이요 十은 不亡能所障이니 如次十句로 各一對治하고 末後二句는 總結通達이라

일곱 번째 세 게송이 있는 것은 일체중생의 삼세에 지혜를 다 알기 위한 것[400]이라고 한 것을 읊은 것이니,
말하자면 삼세에 장애를 떠난 까닭이다.
장애에 열 가지가 있나니
첫 번째는 번뇌에 뒤섞이어 오염되는 장애요
두 번째는 경계에 닿이어 미혹하여 전도되는 장애요
세 번째는 긴 시간 동안 게으른 장애요
네 번째는 인과에 취착하는 장애요
다섯 번째는 삿된 가르침과 삿된 스승에게 이끌리는 장애요

여섯 번째는 하승下乘에 나아가는 장애요

일곱 번째는 거친 모습이 앞에 나타나는 장애요

여덟 번째는 두루 나아가 행함에 감당할 능력이 없는 장애요

아홉 번째는 말을 따라 지해를 내는 장애요

열 번째는 능소를 없애지 못하는 장애이니,

차례와 같이 열 구절로 각각 한 장애를 대치하고 말후에 두 구절은

통달을 모두 맺는 것이다.

經

菩薩始發廣大心하야 卽能遍往十方刹하며
法門無量不可說거늘 智光普照皆明了하니다

大悲廣度最無比하고 慈心普遍等虛空이나
而於衆生不分別하야 如是淸淨遊於世하니다

보살이 처음 광대한 마음을 일으켜
곧 능히 시방세계에 두루 가며
법문이 한량이 없어 가히 설할 수 없거늘
지혜의 광명으로 널리 비추어 다 분명하게 압니다.

대비로 널리 제도하심이 최고로 비교할 데가 없고
자비한 마음으로 널리 두루하심이 허공과 같지만
중생에게는 분별이 없어
이와 같이 청정하게 세간에 노닙니다.

疏

第二에 菩薩始發下에 有十七偈는 頌上能作佛事라 總分爲十하
리니 初二偈는 頌卽能說法하야 敎化調伏一切衆生이니 以悲智相
導故니라

제 두 번째 보살이 처음 광대한 마음을 일으킨다고 한 아래에 열일곱 게송이 있는 것은 위에 능히 불사를 짓는다고 한 것[401]을 읊은 것이다. 모두 나누어 열 가지로 하리니
처음에 두 게송은 곧 능히 설법하여[402] 일체중생을 교화하여 조복한다고 한 것을 읊은 것이니,
자비와 지혜[403]로써 서로 인도하는 까닭이다.

---

401 원문에 능작불사能作佛事란, 영인본 화엄 6책, p.179, 5행에 第四에 能作佛事이다.

402 원문에 능설법能說法 운운은 能作佛事十一句 가운데 第二句이다.

403 悲는 第二偈이고, 智는 初偈이다.

經

十方衆生悉慰安하고　一切所作皆眞實하며
恒以淨心不異語하나니 常爲諸佛共加護하니다

시방에 중생을 다 편안하게 하고
일체하는 바를 다 진실하게 하며
항상 청정한 마음으로써 말과 다르지 않게 하나니
항상 모든 부처님이 함께 가호하는 바가 됩니다.

疏

二에 有一偈는 頌諸佛讚歎이니 歎必加故니라

두 번째 한 게송이 있는 것은 모든 부처님이 찬탄한다[404]고 한 것을
읊은 것이니,
찬탄하면 반드시 가호하는 것이다.

---

[404] 원문에 제불찬탄諸佛讚歎은 능작불사能作佛事 가운데 제일구第一句이니 영인
　　본 화엄 6책, p.178, 9행에 있다.

經

過去所有皆憶念하고 未來一切悉分別하야
十方世界普入中은　爲度衆生令出離니이다

과거에 소유한 것을 다 기억하여 생각하고
미래에 일체를 다 분별하여
시방세계 그 가운데 널리 들어가는 것은[405]
중생을 제도하여 하여금 벗어나게 하기 위한 것입니다.

疏

三에 有一偈는 頌卽能振動一切世界니 動入互擧니라

세 번째 한 게송이 있는 것은 곧 능히 일체 세계를 진동한다고
한 것을 읊은 것이니,
진동한다는 것과 들어간다는 것을 서로 거론[406]하였다.

---

405 원문에 시방세계보입十方世界普入이라고 한 것은, 장행문長行文에는 시방세
계十方世界에 들어간다는 말은 없다.
406 원문에 호거互擧란, 長行에는 震動이라 하고 此偈頌엔 入이라 하니 互擧이다.

經

菩薩具足妙智光하고 善了因緣無有疑하며
一切迷惑皆除斷하고 如是而遊於法界니이다

魔王宮殿悉摧破하고 衆生翳膜咸除滅하며
離諸分別心不動하야 善了如來之境界니이다

三世疑網悉已除하고 於如來所起淨信하야
以信得成不動智하니 智淸淨故解眞實하니다

爲令衆生得出離하야 盡於後際普饒호대
長時勤苦心無厭하며 乃至地獄亦安受하니다

福智無量皆具足하고 衆生根欲悉了知하며
及諸業行無不見하야 如其所樂爲說法하니다

了知一切空無我하고 慈念衆生恒不捨일새
以一大悲微妙音으로 普入世間而演說하니다

보살이 묘한 지혜 광명을 구족하고
인연을 잘 알아 의심이 없으며
일체 미혹을 다 제거하여 끊고
이와 같이 법계에 노닙니다.

마왕의 궁전을 다 꺾어 무너뜨리고
중생의 눈병을 다 제거하여 없애며
모든 분별을 떠나 마음이 움직이지 아니하여
여래의 경계를 잘 압니다.

삼세에 의심의 그물을 다 이미 제거하고
여래의 처소에 청정한 믿음을 일으켜
믿음으로써 동요하지 않는 지혜를 얻어 이루나니
지혜가 청정한 까닭으로 지해(解)가 진실합니다.

중생으로 하여금 벗어남을 얻어
후제가 다하도록 널리 요익케 하되
장시간 애써 고생하여도 마음에 싫어함이 없으며
내지 지옥이라도 또한 편안히 받아들입니다.

복덕과 지혜가 한량이 없음을 다 구족하고
중생의 근성과 욕망을 다 요달하여 알며
그리고 모든 업행을 보지 아니함이 없어서
그들이 좋아하는 바와 같이 법을 설합니다.

일체법이 공하여 아我가 없는 줄 요달하여 알고
자비로 중생을 생각하여 항상 버리지 않기에
한 가지 대비의 미묘한 음성으로써

널리 세간에 들어가 연설합니다.

疏

四에 菩薩具足下에 六偈는 頌卽能息滅一切諸惡道苦니 於中에
具悲智之德일새 故能拔因果之苦나 而無我人이라

네 번째 보살이 묘한 지혜 광명을 구족하였다고 한 아래에 여섯
게송은 곧 능히 일체 악도의 고통을 소멸한다고 한 것을 읊은 것이니,
그 가운데 자비와 지혜의 공덕을 구족하였기에 그런 까닭으로 능히
인과의 고통에서 뽑아주지만 나도 없고 남도 없는 것이다.

經

放大光明種種色하야 普照衆生除黑闇하니
光中菩薩坐蓮華하야 爲衆闡揚清淨法하니다

큰 광명 속에 가지가지 빛깔을 놓아
널리 중생에게 비추어 칠흑의 어둠을 제거하니
광명 가운데 보살이 연꽃에 앉아
중생을 위하여 청정한 법을 밝힙니다.

疏

五에 有一偈는 頌卽能光照一切世界니 照世는 意在照生이라

다섯 번째 한 게송이 있는 것은 곧 능히 일체 세계를 광명으로
비춘다고 한 것을 읊은 것이니,
세계를 비춘다고 한 것은 그 뜻이 중생을 비추는 데 있다

經

於一毛端現衆刹하니 諸大菩薩皆充滿하며
衆會智慧各不同이나 悉能明了衆生心하니다

한 털끝에 수많은 세계를 나타내니
모든 큰 보살이 다 충만하며
모인 중생의 지혜가 각각 같지 않지만
다 능히 그 중생의 마음을 분명하게 압니다.

疏

六에 一偈는 頌卽能嚴淨一切國土니 毛孔現刹은 卽神通嚴也니라

여섯 번째 한 게송은[407] 곧 능히 일체 국토를 장엄하여 청정케 한다고
한 것을 읊은 것이니,
털구멍에 세계를 나타내는 것은 곧 신통으로 장엄한 것이다.

---

407 偈 자 아래에 頌 자가 있어야 한다. 따라서 보충하여 번역하였다.

経

十方世界不可說이나 一念周行無不盡하며
利益衆生供養佛하야 於諸佛所問深義하니다

於諸如來作父想하야 爲利衆生修覺行하니다

시방세계를 가히 말할 수 없지만
한 생각에 두루 다녀 다하지 아니함이 없으며
중생을 이익케 하고 부처님께 공양하여
모든 부처님의 처소에서 깊은 뜻을 묻습니다.

모든 여래에게 아버지라는 생각을 지어
중생을 이익케 하기 위하여 깨달음의 행을 닦습니다.

疏

七에 有一偈半은 頌上卽令一切衆生歡喜니 供佛問法은 但爲益
物故니라

일곱 번째 한 게송 반이 있는 것은 위[408]에 곧 일체중생으로 하여금
환희케 한다고 한 것을 읊은 것이니,

---

408 위(上)란, 영인본 화엄 6책, p.179, 3행이다.

부처님께 공양하여 법을 물은 것은 다만 중생을 이익케 하기 위한
까닭이다.

經

智慧善巧通法藏하야　入深智處無所著하니다

隨順思惟說法界나　經無量劫不可盡하며
智雖善入無處所나　無有疲厭無所著하니다

지혜의 선교로 법장을 통달하여
깊은 지혜의 처소에 들어가지만 집착하는 바가 없습니다.

수순하고 사유하여 법계를 설하지만
한량없는 세월이 지나도록 가히 다 설할 수 없으며
지혜로 비록 처소가 없는 곳에까지 잘 들어가지만
피곤하거나 싫어함이 없고 집착하는 바도 없습니다.

疏

八에 一偈半은 頌上卽能入一切法界性이니 初半은 聞而通達이요
次半은 思而兼說이요 後半은 修而無著이라

여덟 번째 한 게송 반은 위에 곧 능히 일체 법계의 자성에 들어간다고
한 것을 읊은 것이니,
처음에 반 게송은 듣고[409] 통달하는 것이요

409 원문에 문문이란, 문聞·사思·수修 삼혜三慧의 하나이니 次半과 後半은 차례대

다음에 반 게송은 사유하고 겸하여 설하는 것이요
뒤에 반 게송은 닦지만 집착이 없는 것이다.

로 사思와 수修이다.

經

三世諸佛家中生하야 證得如來妙法身하니다

삼세의 모든 부처님 집 가운데 태어나
여래의 미묘한 법신을 증득합니다.

疏

九에 有半偈는 依修而證이니 頌卽能持一切佛種性也라

아홉 번째 반 게송이 있는 것은 수행을 의지하여 증득한 것이니,
곧 능히 일체 부처님의 종성을 가진다고 한 것을 읊은 것이다.

經

普爲群生現衆色이　　譬如幻師無不作하니다

或現始修殊勝行하고 或現初生及出家하며
或現樹下成菩提하고 或爲衆生示涅槃하니다

널리 중생을 위하여 수많은 색상을 나타내는 것이
비유하자면 환술사가 무엇이든 짓지 않는 것이 없는 것과 같습니다.

혹은 비로소 수승한 행을 닦는 것을 나타내고
혹은 처음 탄생하고 그리고 출가하는 것을 나타내며
혹은 나무 아래서 깨달음을 이루는 것을 나타내고
혹은 중생을 위하여 열반을 시현합니다.

疏

十에 有一偈半은 頌卽能示現成佛이라

열 번째 한 게송 반이 있는 것은 곧 능히 일체 세계에 성불을 시현한다
고 한 것을 읊은 것이다.

經

菩薩所住希有法은   唯佛境界非二乘이며
身語意想皆已除하야 種種隨宜悉能現하니다

菩薩所得諸佛法은   衆生思惟發狂亂하며
智入實際心無礙하야 普現如來自在力하니다

此於世間無與等거든 何況復增殊勝行이리요
雖未具足一切智나   已獲如來自在力하며

已住究竟一乘道하야 深入微妙最上法하니다

보살이 머무는 바 희유한 법은
오직 부처님의 경계일 뿐 이승의 경계가 아니며
몸과 말과 뜻에 대한 생각을 다 이미 제거하여
가지가지로 마땅함을 따라 다 능히 나타냅니다.

보살이 얻은 바 모든 불법은
중생이 사유하면 광란을 일으킬 것이며
지혜로 진실한 경계에 들어가 마음이 걸림이 없어서
널리 여래의 자제한 힘을 나타냅니다.

이것[410]도 세간에 더불어 같을 이가 없거든

어찌 하물며 다시 수승한 행을 더함이겠습니까.
비록 일체 지혜를 다 구족하지는 못하였지만
이미 여래의 자재한 힘을 얻었으며

이미 구경인 일승의 도에 머물러
미묘한 최상의 법에 깊이 들어갔습니다.

疏

第三에 菩薩所住下에 十八偈는 頌得佛平等이라 於中分四리니
初三偈半은 頌佛境界平等이니 初偈는 分齊境이요 次偈는 兼所證
所緣境이요 後一偈半은 擧況顯勝이라

제 세 번째 보살이 머무는 바라고 한 아래에 열여덟 게송은 부처님과
평등함을 얻는다고 한 것을 읊은 것이다.
그 가운데 네 가지로 나누리니
처음에 세 게송 반은 부처님의 경계가 평등하다고 한 것을 읊은
것이니
처음 게송은 분제의 경계요
다음 게송은 소증의 경계와 소연[411]의 경계를 겸한 것이요
뒤에 한 게송 반은 비유를 들어 수승함을 나타낸 것이다.

---

410 원문에 此란, 보살소주법菩薩所住法과 보살소득법菩薩所得法이다.
411 소증所證은 불佛이고, 소연所緣은 중생衆生이다.

經

善知衆生時非時하야 爲利益故現神通하며
分身遍滿一切刹하야 放淨光明除世闇하니다

譬如龍王起大雲하야 普雨妙雨悉充洽하야
觀察衆生如幻夢이나 以業力故常流轉하니다

大悲哀愍咸救拔코자 爲說無爲淨法性하나니
佛力無量此亦然호미 譬如虛空無有邊하니다

爲令衆生得解脫하야 億劫勤修而不倦하며
種種思惟妙功德하야 善修無上第一業하니다

於諸勝行恒不捨하고 專念生成一切智하니다

중생의 때와 때가 아님을 잘 알아
이익케 하기 위한 까닭으로 신통을 나타내며
분신이 일체 세계에 두루 가득하여
청정한 광명을 놓아 세간의 어둠을 제거합니다.

비유하자면 용왕이 큰 구름을 일으켜
널리 묘한 비를 내려 다 충족하고 흡족하게 함과 같아서
중생이 환상과 같고 꿈과 같지만

업력을 쓰는 까닭으로 항상 유전함을 관찰합니다.

대비로 어여삐 여겨 다 구원하여 뽑아주려고
무위의 청정한 법성을 설하나니
부처님의 힘도 한량이 없고 이 보살도 또한 그러한 것이
비유하자면 허공이 끝이 없는 것과 같습니다.

중생으로 하여금 해탈을 얻게 하기 위하여
억세월에 부지런히 수행하되 게으르지 않으며
가지가지로 묘한 공덕을 사유하여
더 이상 없는 제일의 업을 잘 수행합니다.

모든 수승한 행을 항상 버리지 않고
오로지 한 생각으로 일체 지혜를 생성합니다.

疏

二에 善知下에 四偈半은 頌功德平等이라

두 번째 중생의 때와 때가 아님을 잘 안다고 한 아래에 네 게송
반은 공덕이 평등하다고 한 것을 읊은 것이다.

경 經

一身示現無量身하야 一切世界悉周遍이나
其心淸淨無分別하니 一念難思力如是하니다

한 몸에 한량없는 몸을 시현하여
일체 세계에 다 두루하지만
그 마음은 청정하여 분별이 없나니
한 생각에 사의할 수 없는 힘도 이와 같습니다.

소 疏

三에 有一偈는 頌前文에 得如來一身과 無量身平等이라

세 번째 한 게송이 있는 것은 앞의 경문에 여래의 한 몸과 한량없는
몸이 평등함을 얻는다고 한 것을 읊은 것이다.

經

於諸世間不分別하고 於一切法無妄想하야
雖觀諸法而不取하고 恒救衆生無所度하니다

一切世間唯是想이요 於中種種各差別하나니
知想境界險且深하야 爲現神通而救脫하니다

譬如幻師自在力하야 菩薩神變亦如是하나니
身遍法界及虛空하야 隨衆生心靡不見하니다

能所分別二俱離하고 雜染淸淨無所取하며
若縛若解智悉忘하고 但願普與衆生樂하니다

모든 세간에 분별이 없고
일체법에 망상이 없어서
비록 모든 법을 관찰하지만 취착한 바가 없고
항상 중생을 구원하지만 제도한 바가 없습니다.

일체 세간이 오직 망상뿐이고
그 가운데 가지가지로 각각 차별하나니
망상의 경계가 험하고 또한 깊은 줄 알아
신통을 나타내어 구원하여 해탈케 합니다.

비유하자면 환술사의 자재한 힘과 같아서
보살의 신통 변화도 또한 이와 같나니
몸이 법계와 그리고 허공계에 두루하여
중생의 마음을 따라 보지 아니함이 없습니다.

능소의 분별 두 가지를 함께 떠나고
뒤섞이어 더러운 것과 청정한 것을 취하는 바가 없으며
혹 속박과 혹 해탈의 지혜를 다 잊고
다만 널리 중생에게 즐거움만 주기를 소원할 뿐입니다.

疏

四에 於諸下에 九偈는 頌眞實智慧라 於中有四하니 初四는 頌發
離一切妄想廣大心이라

네 번째 모든 세간이라고 한 아래에 아홉 게송은 진실한 지혜라고
한 것을 읊은 것이다.
그 가운데 네 가지가 있나니
처음에 네 게송은 일체 망상을 떠난 광대한 마음을 일으키는 것을
읊은 것이다.

經

一切世間唯想力이나 以智而入心無畏하며
思惟諸法亦復然하야 三世推求不可得하니다

能入過去畢前際하고 能入未來畢後際하며
能入現在一切處하야 常勤觀察無所有하니다

일체 세간이 오직 망상의 힘뿐이나
지혜로써 들어가 마음에 두려움이 없으며
모든 법을 사유함도 또한 그러하여
삼세에 추구하여도 가히 얻을 수 없습니다.

능히 과거에 들어가 전제를 다하고
능히 미래에 들어가 후제를 다하며
능히 현재 일체 처소에 들어가
항상 부지런히 관찰하지만 있는 바가 없습니다.

疏

二에 有二는 頌發窮三際廣大心이라

두 번째 두 게송이 있는 것은 삼제를 다한 광대한 마음을 일으키는
것을 읊은 것이다.

經

隨順涅槃寂滅法하야 住於無諍無所依하며
心如實際無與等하고 專向菩提永不退하니다

修諸勝行無退怯하고 安住菩提不動搖하며
佛及菩薩與世間과 盡於法界皆明了하니다

열반의 적멸한 법을 수순하여
다툼이 없고 의지할 바가 없는 곳에 머물며
마음이 진실한 경계와 같아 더불어 같을 이 없고
오로지 보리를 향하여 영원히 물러나지 않습니다.

모든 수승한 행을 닦되 물러나 겁내지 않고
보리에 안주하여 동요하지 아니하며
부처님과 그리고 보살과 더불어 세간과
모든 법계를 다 분명하게 압니다.

疏

三에 有二는 頌發順涅槃菩提廣大心이라

세 번째 두 게송이 있는 것은 열반과 보리를 수순하는 광대한 마음을
일으키는 것을 읊은 것이다.

經

欲得最勝第一道하야 爲一切智解脫王인댄
應當速發菩提心하야 永盡諸漏利群生이어다

가장 수승한 제일의 도를 얻어
일체 지혜의 해탈왕이 되고자 한다면
응당 속히 보리심을 일으켜
영원히 모든 번뇌를 다하여 중생을 이익케 할 것입니다.

疏

四에 一偈는 結勸이니 可知라

네 번째 한 게송은 맺어서 권하는 것이니
가히 알 수가 있을 것이다.

經

趣向菩提心清淨하고　功德廣大不可說을
爲利衆生故稱述하노니 汝等諸賢應善聽이어다

보리에 취향하여 마음이 청정하고
공덕이 광대하여 가히 설할 수 없는 것을
중생을 이익케 하기 위한 까닭으로 일컬어 진술하나니
그대 등 모든 어진 사람들은 응당 잘 들을 것입니다.

疏

第四에 趣向菩提下에 六偈半은 頌大智現前이니 於中初一은 結
前生後라

제 네 번째 보리에 취향한다고 한 아래에 여섯 게송 반은 큰 지혜가
앞에 나타난다고 한 것을 읊은 것이니
그 가운데 처음 게송은 앞에 말을 맺고 뒤에 말을 생기하는 것이다.

經

無量世界盡爲塵하니 一一塵中無量刹이요
其中諸佛皆無量을　悉能明見無所取하니다

善知衆生無生想하고 善知言語無語想하며
於諸世界心無礙하야 悉善了知無所著하니다

其心廣大如虛空하야 於三世事悉明達하고
一切疑惑皆除滅하야 正觀佛法無所取하니다

十方無量諸國土에　一念往詣心無著하며
了達世間衆苦法하야 悉住無生眞實際하니다

無量難思諸佛所에　悉往彼會而觀謁하고
常爲上首問如來에　菩薩所修諸願行하니다

心常憶念十方佛이나 而無所依無所取하니다

한량없는 세계를 다 티끌로 만드니
낱낱 티끌 가운데 한량없는 세계가 있고
그 가운데 모든 부처님이 다 한량이 없는 것을
다 능히 분명하게 보지만 취착하는 바가 없습니다.

중생을 잘 알지만 중생에 대한 생각이 없고
언어를 잘 알지만 언어에 대한 생각이 없으며
모든 세계에 마음이 걸림이 없어
다 알지만 집착하는 바가 없습니다.

그 마음 광대한 것이 허공과 같아
삼세에 일을 다 분명하게 요달하고
일체 의혹을 다 제멸하여
바로 불법을 관찰하지만 취착하는 바가 없습니다.

시방의 한량없는 모든 국토에
한 생각에 나아가지만 마음에 집착이 없으며
세간에 수많은 괴로움의 법을 요달하여
다 남이 없는 진실한 경계에 머뭅니다.

한량없고 사의하기 어려운 모든 부처님의 처소
다 저곳 회상에 가서 배알하고
항상 상수가 되어 여래에게
보살이 닦을 바 모든 행원을 묻습니다.

마음에 항상 시방의 부처님을 기억하여 생각하지만
의지하는 바가 없고 취착하는 바가 없습니다.

疏

餘는 正頌大智現前이라 初偈는 於佛無著이요 次偈는 卽若衆生若
衆生法이요 次偈는 卽若佛若佛法이요 次偈는 若世間若世間法이
요 次偈는 若菩薩若菩薩法이니 二乘文略이라 後半偈는 頌上結文
이니 念十方佛은 卽求一切智요 無依無取는 卽於諸法界에 心無
所著이라

나머지는 바로 큰 지혜가 앞에 나타난다고 한 것을 읊은 것이다.
처음 게송은 부처님에게 집착하는 바가 없다고 한 것을 읊은 것이요
다음에 게송은 곧 혹 중생과 혹 중생의 법에 집착하는 바가 없다고
한 것을 읊은 것이요
다음에 게송은 곧 혹 부처님과 혹 부처님의 법에 집착하는 바가
없다고 한 것을 읊은 것이요
다음에 게송은 혹 세간과 혹 출세간의 법에 집착하는 바가 없다고
한 것을 읊은 것이요
다음에 게송은 혹 보살과 혹 보살의 법에 집착하는 바가 없다고
한 것을 읊은 것이니,
이승二乘은 게송문에는 생략되었다.[412]
뒤에 반 게송은 위에 맺는 문장[413]을 읊은 것이니

---

412 원문에 이승문략二乘文略이란, 장행문長行文에는 있다.
413 원문에 상결문上結文이란, 영인본 화엄 6책, p.182, 8행에 유구일체지唯求一切
智 이하 경문經文이다.

시방의 부처님을 생각한다고 한 것은 곧 일체 지혜를 구한다고
한 것이요

의지하는 바도 없고 취착하는 바도 없다고 한 것은 곧 모든 법계에
마음이 집착하는 바가 없다고 한 것이다.

經

恒勸衆生種善根하고 莊嚴國土令淸淨케하며
一切趣生三有處를　以無礙眼咸觀察하니다

所有習性諸根解의　無量無邊悉明見하며
衆生心樂悉了知하야 如是隨宜爲說法하니다

於諸染淨皆通達하야 令彼修治入於道케하며
無量無數諸三昧에　菩薩一念皆能入하니다

於中想智及所緣을　悉善了知得自在하니다

항상 중생에게 선근을 심게 권하고
국토를 장엄하여 하여금 청정케 하며
일체 육취에 태어나는 것과 삼유의 처소를
걸림 없는 눈으로써 다 관찰합니다.

소유한 습성과 모든 근기와 지해의
한량도 없고 끝도 없는 것을 다 분명하게 보며
중생이 마음에 좋아하는 것을 다 알아
이와 같이 마땅함을 따라 법을 설합니다.

모든 더럽고 깨끗한 것을 다 통달하여

저로 하여금 닦아 다스려 도에 들어가게 하며
한량도 없고 수도 없는 모든 삼매에
보살이 한 생각에 다 능히 들어갑니다.

그 가운데 생각과 지혜와 그리고 반연하는 바를
다 잘 알아 자재함을 얻습니다.

疏

第五에 有二十三偈半은 頌前妙果當成이라 於中有九하니 初三
偈半은 頌常爲一切諸佛護念이니 以具德故니라

제 다섯 번째 스물세 게송 반이 있는 것은 앞에 묘과를 마땅히
이룬다고 한 것을 읊은 것이다.
그 가운데 아홉 가지가 있나니
처음에 세 게송 반은 항상 일체 모든 부처님의 호념護念[414]하는 바가
된다고 한 것을 읊은 것이니
공덕을 구족한 까닭이다.

---

[414] 영인본 화엄 6책, p.175, 1행엔 호념護念을 억념憶念이라 하였다.

經

菩薩獲此廣大智하야 疾向菩提無所礙하니다

보살이 이 광대한 지혜를 얻어
빨리 보리에 나아가지만 걸리는 바가 없습니다.

疏

二에 半偈는 頌當得無上菩提라

두 번째 반 게송은 마땅히 더 이상 없는 보리를 얻는다고 한 것을
읊은 것이다.

經

爲欲利益諸群生하야 處處宣揚大人法하니다

모든 중생을 이익케 하고자 하기 위하여
곳곳에 대인大人의 법을 선양합니다.

疏

三에 半偈는 頌與其妙法이니 大人法者는 八大人覺也라

세 번째 반 게송은 그 묘한 법을 준다고 한 것을 읊은 것이니,
대인의 법이라고 한 것은 팔대인각八大人覺이다.

鈔

八大人覺者는 遺敎全明하니 一은 少欲이요 二는 知足이요 三은 寂靜이요 四는 精進이요 五는 正念이요 六은 正定이요 七은 正慧요 八은 無戲論이라 涅槃二十七엔 加二爲十하니 云善男子야 菩薩이 成就十法하야 雖見佛法이나 不得明了라하니 前七同上하니라 八은 卽解脫이요 九는 讚歎解脫이요 十은 以涅槃으로 敎化衆生이라하니 十地抄中에 更當廣釋하리라

팔대인각이라고 한 것은 『유교경』에 온전하게 밝혔으니

첫 번째는 욕심이 적은 것이요
두 번째는 만족할 줄 아는 것이요
세 번째는 고요한 것이요
네 번째는 정진이요
다섯 번째는 바른 생각이요
여섯 번째는 바른 삼매요
일곱 번째는 바른 지혜요
여덟 번째는 희론이 없는 것이다.

『열반경』 이십칠권에는 두 가지를 더하여 열 가지를 삼았으니
말하자면 선남자야, 보살이 열 가지 법을 성취하여 비록 불법을
보지만 분명하게 앎을 얻지 못했다 하였으니,
앞에 일곱 가지는 위에 『유교경』과 같다.
여덟 번째는 곧 해탈이요
아홉 번째는 해탈을 찬탄한 것이요
열 번째는 열반으로 중생을 교화하는 것이다 하였으니,
십지품 초문鈔文 가운데서 다시 마땅히 폭넓게 해석하겠다.

經

善知世間長短劫과　一月半月及晝夜와
國土各別性平等하야 常勤觀察不放逸이어다

세간의 긴 세월과 짧은 세월과
한 달과 반 달과 그리고 낮과 밤과
국토가 각각 다르지만 성품이 평등한 줄 잘 알아
항상 부지런히 관찰하되 방일하지 말 것입니다.

疏

四에 有一偈는 頌佛體平等이니 時處平等이 卽佛體故니라

네 번째 한 게송이 있는 것은 부처님의 체성이 평등하다고[415] 한
것을 읊은 것이니,
시간과 처소[416]가 평등한 것이 곧 부처님의 체성인 까닭이다.

---

[415] 부처님의 체성이 평등하다고 한 것은 영인본 화엄 6책, p.175, 3행에 일체
　　모든 부처님으로 더불어 체성이 평등하다고 한 것이다.
[416] 원문에 시처時處란, 時는 上二句이고, 處는 下二句이다.

經

普詣十方諸世界나 而於方處無所取하며
嚴淨國土悉無餘나 亦不曾生淨分別하니다

시방의 모든 세계에 널리 나아가지만
방소에 취착하는 바가 없으며
국토를 다 남김없이 장엄하여 청정케 하지만
또한 일찍이 장엄하여 청정케 한다는 분별을 내지 않습니다.

疏

五에 有一偈는 頌已修三世諸佛助道之法이라

다섯 번째 한 게송이 있는 것은 이미 삼세에 모든 부처님의 도를
돕는 법을 닦았다고 한 것을 읊은 것이다.

經

衆生是處若非處와　及以諸業感報別이나
隨順思惟入佛力하야　於此一切悉了知하나다

一切世間種種性과　種種所行住三有와
利根及與中下根인　如是一切咸觀察하나다

淨與不淨種種解와　勝劣及中悉明見하며
一切衆生至處行과　三有相續皆能說하나다

禪定解脫諸三昧와　染淨因起各不同과
及以先世苦樂殊를　淨修佛力咸能見하나다

衆生業惑續諸趣와　斷此諸趣得寂滅과
種種漏法永不生과　幷其習種悉了知하나다

如來煩惱皆除盡하사　大智光明照於世어니와
菩薩於佛十力中에　雖未證得亦無疑하나다

중생의 옳은 곳과 혹 옳지 못한 곳과
그리고 모든 업과 과보를 받는 것이 다르지만
수순하고 사유하여 부처님의 힘에 들어가
이 일체를 다 요달하여 압니다.

일체 세간의 가지가지 성품과
가지가지 소행으로 삼유에 머무는 것과
영리한 근기와 그리고 중근기와 하근기인
이와 같은 일체를 다 관찰합니다.

깨끗함과 더불어 깨끗하지 못한 가지가지 지해와
수승함과 하열함과 그리고 그 중간을 다 분명하게 보며
일체중생이 이르러 가는 곳과
삼유가 상속하는 것을 다 능히 설합니다.

선정과 해탈과 모든 삼매와
더럽고 깨끗한 것이 인연하여 일어나는 것이 각각 같지 않는 것과
그리고 선세에 괴로움과 즐거움이 다른 것을
부처님의 힘을 청정하게 닦아 다 능히 봅니다.

중생이 업혹으로 육취에 상속하는 것과
이 육취를 끊고 적멸을 얻는 것과
가지가지 유루의 법이 영원히 생겨나지 않는 것과
아울러 그 습기와 종자를 다 요달하여 압니다.

여래는 번뇌를 다 제멸하여 다하사
큰 지혜의 광명[417]으로 세간을 비추거니와
보살은 부처님의 십력 가운데

비록 증득하지 못한 것이 있지만 또한 의심은 없습니다.

疏

六에 有六偈는 頌成就三世諸佛力無所畏니 廣十力之別名하고 略無畏之都號라 於中五偈半은 別明十力이요 後半偈는 顯得分齊라

여섯 번째 여섯 게송이 있는 것은 삼세에 모든 부처님의 십력과 사무소외를 성취한다고 한 것을 읊은 것이니,
십력의 다른 이름은 폭넓게 설하였고 사무소외의 모든 이름은 생략하였다.[418]
그 가운데 다섯 게송 반은 따로 십력을 밝힌 것이요[419]
뒤에 반 게송은 공덕의 경계를 나타낸 것이다.

---

417 큰 지혜의 광명이라고 한 구절은 곧 천인지력이니, 나머지는 곧 가히 알수 있을 것이다. 역시 『잡화기』의 말이다.

418 사무소외의 모든 이름은 생략하였다고 한 것은 그 뜻에 말하기를 비록 사무소외라는 모든 이름의 글자는 생략되었으나 별別의 뜻은 곧 있나니, 통래 상설에 다 십력으로써 합하여 사무외를 삼은 까닭이니, 그 뜻은 『원각경』 제4권에 말한 것과 같다. 역시 『잡화기』의 말이다.

419 원문에 오계반게五偈半은 별명십력別明十力이라고 한 것은, 初偈에 處非處力과 業智力이 있고, 第二偈에 界智力과 根勝劣力이 있고, 第三偈에 種種解力과 至道處力이 있고, 第四偈에 三昧力과 宿住力이 있고, 第六偈에 初句는 漏盡力이 되고, 第二句에 大智光明은 天眼力이 된다.

經

菩薩於一毛孔中에　普現十方無量刹호대
或有雜染或淸淨한　種種業作皆能了하니다

一微塵中無量刹에　無量諸佛及佛子와
諸刹各別無雜亂을　如一一切悉明見하니다

於一毛孔見十方의　盡虛空界諸世間에
無有一處空無佛하며 如是佛刹悉淸淨하니다

於毛孔中見佛刹하며 復見一切諸衆生과
三世六趣各不同과　晝夜月時有縛解하니다

如是大智諸菩薩이　專心趣向法王位하야
於佛所住順思惟하야 而獲無邊大歡喜하니다

보살이 한 털구멍 가운데
널리 시방의 한량없는 세계를 나타내되
혹 뒤섞이어 더러운 세계도 있고 혹 청정한 세계도 있는
가지가지 업으로 지은 세계를 다 능히 압니다.

하나의 작은 티끌 가운데 한량없는 세계에
한량없는 모든 부처님과 그리고 부처님의 제자와

모든 세계가 각각 다르지만 뒤섞이어 혼란이 없는 것을
하나와 같이 일체를 다 분명하게 봅니다.

한 털구멍 가운데 시방의
모든 허공계와 모든 세간에
한 곳도 비어 부처님이 없는 곳이 없으며
이와 같은 부처님의 세계가 다 청정함을 봅니다.

한 털구멍 가운데 부처님의 세계를 보며
다시 일체 모든 중생과
삼세에 육취가 각각 같지 않는 것과
낮과 밤과 달과 때에 속박되고 해방됨이 있음을 봅니다.

이와 같은 큰 지혜의 모든 보살이
오로지 한마음으로 법왕의 지위에 취향하여
부처님이 머무는 곳에 수순하고 사유하여
끝없는 큰 환희를 얻습니다.

疏

七에 有五偈는 頌已莊嚴三世諸佛不共佛法이니 三世間圓融이
不共權小故니라

일곱 번째 다섯 게송이 있는 것은 이미 삼세에 모든 부처님의 불공의
불법을 장엄한다고 한 것을 읊은 것이니,
삼세에 세간이 원융한 것이 권교와 소승교와는 같지 않는 까닭이다.

經

菩薩分身無量億하야 供養一切諸如來하며
神通變現勝無比하야 佛所行處皆能住하니다

無量佛所皆鑽仰하며 所有法藏悉耽味하며
見佛聞法勤修行을 如飮甘露心歡喜하니다

已獲如來勝三昧하야 善入諸法智增長하며
信心不動如須彌하야 善作群生功德藏하니다

慈心廣大遍衆生하야 悉願疾成一切智하며
而恒無著無依處하야 離諸煩惱得自在하니다

哀愍衆生廣大智로 普攝一切同於己하며
知空無相無眞實하야 而行其心不懈退하니다

보살이 몸을 한량없는 억 개로 나누어
일체 모든 여래에게 공양하며
신통으로 변하여 나타내는 것이 수승하여 비교할 데가 없어
부처님이 행하신 바 처소에 다 능히 머뭅니다.

한량없는 부처님의 처소를 다 깊이 숭앙하며[420]

---

420 원문에 찬앙鑽仰은 성인의 학덕을 숭앙하는 것이다.

소유하신 법장을 다 즐겨 맛보며
부처님을 보고 법문을 듣고 부지런히 수행하는 것을
감로수를 마시는 것과 같이 하여 마음이 환희합니다.

이미 여래의 수승한 삼매를 얻어서
모든 법에 잘 들어가 지혜를 증장하며
신심이 움직이지 않는 것이 수미산과 같아서
중생의 공덕 창고를 잘도 만듭니다.

자비의 마음이 광대하여 중생에게 두루하여
모두 다 빨리 일체 지혜를 성취하기를 서원하며
항상 집착하는 곳도 없고 의지하는 곳도 없어서
모든 번뇌를 떠나 자재함을 얻습니다.

중생을 어여삐 여기는 광대한 지혜로
널리 일체중생을 섭수하여 자기와 같이하며
공하고 모습이 없고 진실이 없는 줄 알아
그 마음을 행하여 해퇴하지 않습니다.

疏

八에 五偈는 頌悉得諸佛說法智慧라

여덟 번째 다섯 게송은 모든 부처님의 설법하는 지혜를 다 얻는다고
한 것을 읊은 것이다.

經

菩薩發心功德量은 億劫稱揚不可盡이니
以出一切諸如來와 獨覺聲聞安樂故니다

보살이 발심한 공덕의 분량은
억세월에 칭양하여도 가히 다할 수 없나니
일체 모든 여래와
독각과 성문의 안락을 출생하는 까닭입니다.

疏

九에 一偈는 結德無盡이니 並屬初心이며 該前諸段이라

아홉 번째 한 게송은 공덕이 끝이 없음을 맺는다고 한 것[421]을 읊은
것이니,
초발심 공덕을 모두 맺는[422] 것이며
앞에 제단諸段을 해섭該攝하는 것이다.

---

[421] 원문에 결덕무진結德無盡이라고 한 것은 영인본 화엄 6책, p.191, 4행에
결통무진結通無盡이다.
[422] 원문에 속屬 자는 여기서는 '맺을 속' 자이다.

經

十方國土諸衆生에　　　　皆悉施安無量劫하고
勸持五戒及十善과　　　　四禪四等諸定處니이다

復於多劫施安樂하고　　　令斷諸惑成羅漢인댄
彼諸福聚雖無量이나　　　不與發心功德比니이다

又敎億衆成緣覺하야　　　獲無諍行微妙道라도
以彼而校菩提心인댄　　　算數譬諭無能及이니다

一念能過塵數刹하야　　　如是經於無量劫이라도
此諸刹數尙可量이어니와 發心功德不可知니이다

過去未來及現在에　　　　所有劫數無邊量이나
此諸劫數猶可知어니와　　發心功德無能測이니다

以菩提心遍十方하야　　　所有分別靡不知나
一念三世悉明達하야　　　利益無量衆生故니이다

十方世界諸衆生의　　　　欲解方便意所行과
及以虛空際可測이어니와 發心功德難知量이니다

시방의 국토에 모든 중생에게
다 안락을 시여하되 한량이 없는 세월토록 하고

오계와 그리고 십선과
사선과 사무색 등 모든 선정과 그 처소[423]를 권하여 가지게 합니다.

다시 수많은 세월에 안락을 시여하고
하여금 모든 번뇌를 끊어 아라한을 이루게 한다면
저 모든 복덩어리가 비록 한량이 없겠지만
초발심 공덕으로 더불어는 비교될 수가 없습니다.

또 억만 중생으로 하여금 연각을 이루어
무쟁행無諍行의 미묘한 도를 얻게 할지라도
저것으로 보리심에 비교한다면
산수나 비유로도 능히 미칠 수 없습니다.

한 생각에 능히 미진수 세계를 지나
이와 같이 한량없는 세월을 지날지라도
이 모든 세계의 수는 오히려 가히 헤아려 알 수 있거니와
발심한 공덕은 가히 알 수가 없습니다.

과거와 미래와 그리고 현재에
있는 바 세월의 수가 끝도 한량도 없지만
이 모든 세월의 수는 오히려 가히 알 수 있거니와

---

423 처소(處)란, 사선처四禪處, 사무색처四無色處 등이니 사무색정四無色定, 사공
정四空定이라고도 한다.

발심한 공덕은 능히 측량하기 어렵습니다.

보리심이 시방에 두루하여
있는 바 분별을 알지 못함이 없지만
한 생각에 삼세를 다 분명히 요달하여
한량없는 중생을 이익케 하는 까닭입니다.

시방세계에 모든 중생의
욕망과 지혜와 방편과 뜻이 가는 바와
그리고 허공의 경계는 가히 측량할 수 있거니와
발심한 공덕은 알기도 헤아리기도 어렵습니다.

經

菩薩志願等十方하고　　慈心普洽諸群生하야
悉使修成佛功德일새　　是故其力無邊際니이다

衆生欲解心所樂과　　諸根方便行各別을
於一念中悉了知하야　　一切智智心同等이니다

一切衆生諸惑業으로　三有相續無暫斷이나
此諸邊際尙可知어니와　發心功德難思議니이다

發心能離業煩惱하고　供養一切諸如來하며
業惑旣離相續斷하면　普於三世得解脫이니다

一念供養無邊佛하고　亦供無數諸衆生호대
悉以香華及妙鬘과　　寶幢幡蓋上衣服과

美食珍座經行處와　　種種宮殿悉嚴好와
毘盧遮那妙寶珠와　　如意摩尼發光耀니이다

念念如是持供養하야　經無量劫不可說하면
其人福聚雖復多나　　不及發心功德大니이다

보살의 뜻과 서원이 시방세계와 같고
자비의 마음이 모든 중생에게 널리 흡족케 하여

다 하여금 부처님의 공덕을 닦아 이루게 하였기에
이런 까닭으로 그 힘이 끝이 없습니다.

중생의 욕망과 지해와 마음에 좋아하는 바와
모든 근성과 방편과 행이 각각 다른 것을
한 생각 가운데 다 알아
일체 지혜의 지혜[424]로 마음이 동등합니다.

일체중생이 모든 업혹으로
삼유에 상속하는 것이 잠깐도 끊어짐이 없지만
이것의 모든 끝은 오히려 가히 알 수 있거니와
발심한 공덕은 사의하기 어렵습니다.

발심하여 능히 업과 번뇌를 여의고
일체 모든 여래에게 공양하며
업혹을 이미 떠나 상속이 끊어진다면
널리 삼세에서 해탈을 얻을 것입니다.

한 생각에 끝없는 부처님에게 공양하고
또한 수없는 모든 중생에게 공양하되

---

424 원문에 지지智智는 지중지智中智라고도 하고 근본지根本智와 후득지後得智라
고도 한다. 지중지智中智면 지혜의 지혜요, 근본지根本智와 후득지後得智면
지혜와 지혜라 번역할 것이다. 此前과 此後도 마찬가지이다.

다 향과 꽃과 그리고 묘한 꽃다발과
보배 당기와 번과 일산과 최상의 의복과

좋은 음식과 보배 자리와 길을 가는 곳과
가지가지 궁전이 다 장엄되어 좋은 것과
비로자나의 묘한 보배 진주와
여의 마니주에서 나오는 빛나는 광명으로 합니다.

생각 생각에 이와 같이 가져 공양하여
한량없는 세월에 불가설 세월까지 지난다면
그 사람의 복덩어리가 비록 다시 많겠지만
발심한 공덕이 광대함에는 미치지 못합니다.

疏

大文第二에 十方國土下에 三十四頌은 頌前約喩校量이라 於中
分二리니 先十四頌은 正頌前喩니 可知라

큰 경문 제 두 번째 시방의 국토라고 한 아래에 서른네 게송은
앞[425]에 비유를 잡아 헤아린다고 한 것을 읊은 것이다.
그 가운데 두 가지로 나누리니

---

425 앞(前)이란, 영인본 화엄 6책, p.165, 말행末行이다.

먼저 열네 게송은 바로 앞에 비유를 읊은 것이니
가히 알 수가 있을 것이다.

經

所說種種衆譬喩가 無有能及菩提心이니다

말한 바 가지가지 수많은 비유가
능히 보리심에는 미칠 수 없습니다.

疏

後에 二十偈는 通釋諸喩의 不及所由니 前雖略釋거니와 今此廣辨
하니라 又長行中엔 多隨喩別明거니와 今此總辨하며 亦總相으로
頌前歎深難說이니 若將別配인댄 則令難證等으로 互有所局이라
於中分三하리니 初半偈는 結前生後라

뒤에 스무 게송은 모든 비유가 미치지 못하는 이유를 통석한 것이니,
앞에서는 비록 간략하게 해석하였거니와[426] 지금 여기서는 폭넓게
해석하였다.
또 장행 가운데는 다분히 비유를 따라 따로 밝혔거니와 지금 여기서
는 한꺼번에 분별하였으며,
또한 총상으로 앞[427]에 깊어서 설하기 어렵다고 찬탄한 것을 읊은
것이니,

---

426 간략하게 해석하였다고 한 것은 곧 제 여섯 번째 게송과 제 여덟 번째
   두 게송이 이것이다. 역시 『잡화기』의 말이다.
427 앞(前)이란, 영인본 화엄 6책, p.101, 1행이다.

만약 별상을 가져 배석配釋한다면 곧 증득하기 어렵다[428]고 한 등으로
하여금 서로 국한하는 바가 있게 하는 것이다.
그 가운데 세 가지로 나누리니
처음에 반 게송은 앞에 말을 맺고 뒤에 말을 일으키는 것이다.

鈔

亦總相頌前歎深難說等者는 昔以二十二偈로 頌前歎深難說이라하
야 卽分爲十하니 初三은 頌甚深이요 二에 有一偈는 頌難知요 三에
有二偈는 頌難分別이요 四에 有三偈는 頌難信解요 五에 三偈는 頌難
證이요 六에 二偈는 頌難行이요 七에 二偈는 頌難通達이요 八에 有二
偈는 頌難思惟요 九에 二偈는 頌難說이요 十에 有二偈는 頌難度量이
라할새 故云若將別配라하니라 言則令難證等者는 如一切獨覺과 及
聲聞이 悉以發心으로 作根本하니라 頌難證者는 前文에 十力十八不
共等을 豈易證耶아할새 故云互有所局이라하얏거니와 今二十二偈는
皆通難信難知難證等일새 故云總相頌前이라하니 則令證等으로 互
無所局하니라

또한 총상으로 앞에 깊어서 설하기 어렵다고 찬탄한 것을 읊은
것이라고 한 등은 옛날에는 스물두 게송[429]으로 앞[430]에 깊어서 설하

---

428 원문에 난증難證이란, 영인본 화엄 6책, p.100, 9행이다.
429 二十三偈는 二十二偈이다. 今二十偈 아래 결권중結勸中에 初二偈를 合하니
二十二偈이다. 아래 결권중結勸中에 二偈란, 영인본 화엄 6책, p.229, 6행

기 어렵다고 찬탄한 것을 읊은 것이다 하여 곧 나누어 열 가지로
하였으니

처음에 세 게송은 깊고도 깊다[431]고 한 것을 읊은 것이요

두 번째 한 게송이 있는 것은 알기 어렵다고 한 것을 읊은 것이요

세 번째 두 게송이 있는 것은 분별하기 어렵다고 한 것을 읊은
것이요

네 번째 세 게송[432]이 있는 것은 믿기 어렵고 알기 어렵다고 한
것을 읊은 것이요

다섯 번째 세 게송은 증득하기 어렵다고 한 것을 읊은 것이요

여섯 번째 두 게송은 행하기 어렵다고 한 것을 읊은 것이요

일곱 번째 두 게송은 통달하기 어렵다고 한 것을 읊은 것이요

여덟 번째 두 게송이 있는 것은 사유하기 어렵다고 한 것을 읊은
것이요

아홉 번째 두 게송은 설하기 어렵다고 한 것을 읊은 것이요

욕지欲知로부터 p.230, 初行 초발심무능측初發心無能測까지 二偈이다.

430 앞(前)이란, 영인본 화엄 6책, p.101, 1행이다.

431 원문에 심심甚深이란, 영인본 화엄 6책, p.100, 9행이니 此後의 九句도
역시 같은 책 p.100, 9행 이하에 있다.

432 네 번째 이게二偈라 한 이二는 삼三의 잘못이니, 저 제 아홉 번째 보리심이
이 십력의 근본(영인본 화엄 6책, p.226, 4행)이라 운운한 게송으로써 믿기
어렵고 알기 어렵다고 한 것을 삼는 까닭이다. 만약 고치지 않는다면 제
아홉 번째 게송이 스스로 다섯 번째 증득하기 어렵다고 함에 속하거니,
다음 초문(다섯 줄 뒤)에 어찌 쉽게 증득하겠는가 하는 비난이 있는가. 역시
『잡화기』의 말이다.

열 번째 두 게송[433]이 있는 것은 헤아리기 어렵다고 한 것을 읊은 것이다 하였다.
그런 까닭으로 말하기를 만약 별상을 가져 배속한다면이라고 하였다.

곧 증득하기 어렵다고 한 등으로 하여금이라고 말한 것은 일체의 독각과 그리고 성문이 다 발심으로써 근본을 삼는 것과 같다.

증득하기 어렵다고 한 것을 읊은 것이라고 한 것은 앞[434]의 경문에 십력과 십팔불공법 등을 어찌 쉽게 증득하겠는가 하기에 그런 까닭으로 말하기를 서로 국한하는 바가 있게 한다 하였거니와
지금에 스물두 게송[435]은 다 믿기 어렵고 알기 어렵고 증득하기 어렵다고 한 등에 통하기에 그런 까닭으로 말하기를 총상으로 앞에 깊어서 설하기 어렵다고 한 것을 읊은 것이다 하였으니,
곧 증득한다는 등으로 하여금 서로 국한하는 바가 없게 하는 것이다.

---

433 원문에 삼게三偈는 이게二偈이다.
434 앞(前)이란, 영인본 화엄 6책, p.175, 4행과 5행이다.
435 원문에 이십삼게二十三偈는 이십이게二十二偈이다.

經

以諸三世人中尊이　皆從發心而得生이니
發心無礙無齊限하야 欲求其量不可得이니다

모든 삼세의 인간 가운데 가장 높은 이가
다 발심으로 좇아 탄생함을 얻으셨나니
발심은 걸림도 없고 제한도 없어
그 분량을 구하고자 하지만 가히 얻을 수 없습니다.

疏

次에 十七偈半은 正釋이요 後에 二偈는 結德無盡이라 就正釋中하
야 分三하리니 初에 一偈는 標章이요 次에 十二偈半은 別釋이요
三에 四偈는 顯德圓滿이라 今初也니 謂標出生無盡과 體相無限
이라

다음에 열일곱 게송 반은 바로 해석한 것이요
뒤에 두 게송은 공덕이 끝이 없음을 맺는 것이다.
바로 해석한 가운데 나아가 세 가지로 나누리니
처음에 한 게송은 이장二章을 표한 것이요
다음에 열두 게송 반은 따로 해석한 것이요
세 번째 네 게송은 공덕이 원만함을 나타낸 것이다.

지금은 처음이니,

말하자면 출생[436]이 끝이 없는 것과 체상이 한이 없는 두 문장(二章)

이다.

---

436 출생出生이란, 발심發心이 일체제불一切諸佛을 출생出生한다는 것이다.

經

一切智智誓必成하고 所有衆生皆永度하리니
發心廣大等虛空하고 生諸功德同法界하니다

所行普遍如無異하고 永離衆著佛平等하며
一切法門無不入하고 一切國土悉能往하니다

一切智境咸通達하고 一切功德皆成就하며
一切能捨恒相續하고 淨諸戒品無所著하니다

具足無上大福德하고 常勤精進不退轉하며
入深禪定恒思惟하고 廣大智慧共相應하니다

일체 지혜의 지혜를 서원코 반드시 이루고
있는 바 중생을 다 영원히 제도하리니
발심은 광대하기가 허공과 같고
모든 공덕을 출생하는 것이 법계와 같습니다.

행하는 바가 널리 두루하여 여래와 다름이 없고
수많은 집착을 영원히 떠나 부처님과 평등하며
일체 법문에 들어가지 아니함이 없고
일체 국토에도 다 능히 나아갑니다.

일체 지혜의 경계를 다 통달하고

일체 공덕을 다 성취하며
일체 능히 버리기를 항상 상속하여 하고
모든 계품 청정하게 하기를 집착하는 바 없이 합니다.

더 이상 없는 큰 복덕을 구족하고
항상 부지런히 정진하여 물러남이 없으며
깊은 선정에 들어가 항상 사유하고
광대한 지혜로 함께 상응합니다.

疏

二에 別釋中에 初四偈는 釋無齊限이니 或一句가 是一義라 後一
偈半은 六度義니 可以意得이라

두 번째 따로 해석한 가운데 처음에 네 게송은 제한이 없음을 해석한
것이니,
혹은 한 구절이 한 뜻이다.[437]
뒤에 한 게송 반은 육바라밀의 뜻이니[438]
가히 뜻으로써 얻을 것이다.

---

437 혹은 한 구절이 한 뜻이라고 한 것은, 소본에는 앞에 열 구절이 각각 이
한 뜻이라 하였으니 이것을 말하는 것이다.

438 원문에 후일게반後一偈半은 육도의六度義라고 한 것은, 즉 일체능사一切能捨
는 보시布施이고 정제계품淨諸界品은 지계持戒이고 구족복덕具足福德은 인욕
忍辱이고 그 아래(其下)는 경문經文에 잘 나타나 있다.

經

此是菩薩最勝地에　出生一切普賢道니
三世一切諸如來가　靡不護念初發心하니다

悉以三昧陀羅尼와　神通變化共莊嚴하니
十方衆生無有量하며 世界虛空亦如是하니다

發心無量過於彼일새 是故能生一切佛하니다

이것이 보살의 가장 수승한 지위에서
일체 보현의 도를 출생하는 것이니
삼세의 일체 모든 여래가
처음 발심한 사람을 보호하고 염려하지 아니함이 없습니다.

다 삼매와 다라니와
신통과 변화로써 함께 장엄하니
시방의 중생이 한량이 없으며
세계와 허공계도 또한 이와 같습니다.

발심은 한량이 없어서 저 세계 허공계를 지나기에
이런 까닭으로 능히 일체 부처님을 출생합니다.

疏

後에 八偈半은 釋出生無盡이라 於中分三하리니 初에 二偈半은
結前生後니 以體無限故로 出生無盡也라

뒤에 여덟 게송 반은 출생이 끝이 없음을 해석한 것이다.
그 가운데 세 가지로 나누리니
처음에 두 게송 반은 앞에 말을 맺고 뒤에 말을 일으키는 것이니,
체상이 한이 없는 까닭으로 출생도 끝이 없는 것이다.

經

菩提心是十力本이요 亦爲四辯無畏本이며
十八不共亦復然하야 莫不皆從發心得하니다

諸佛色相莊嚴身과　及以平等妙法身과
智慧無著所應供이　悉以發心而得有하니다

一切獨覺聲聞乘과　色界諸禪三昧樂과
及無色界諸三昧가　悉以發心作其本하니다

一切人天自在樂과　及以諸趣種種樂과
進定根力等衆樂이　靡不皆由初發心하니다

보리심은 십력의 근본이 되고
또한 사변재와 사무소외의 근본이 되며
십팔불공법도 또한 다시 그러하여
다 발심을 좇아 얻지 아니함이 없습니다.

모든 부처님의 색상으로 장엄한 몸[439]과
그리고 평등하고 묘한 법신과
지혜로 집착이 없는 응당 공양할 바 몸[440]이

---

439 원문에 장엄신莊嚴身은 보신報身이다.
440 원문에 응공應供은 곧 화신化身이다.

다 발심으로써 있음을 얻습니다.

일체 독각승과 성문승과
색계 사선四禪의 삼매락과
그리고 무색계 사선의 삼매가
다 발심으로써 그 근본을 삼습니다.

일체 인간과 천상의 자재한 즐거움과
그리고 육취의 가지가지 즐거움과
정진과 선정과 오근과 오력 등 수많은 즐거움이
다 처음 발심을 인유하지 아니함이 없습니다.

疏

次에 菩提心是下에 四偈는 正顯出生爲本이니 出生은 乃一義耳라

다음에 보리심이라고 한 아래에 네 게송은 출생이[441] 근본이 됨을
바로 나타낸 것이니,
출생은 이에 한 뜻일 뿐이다.

---

441 출생 운운은 출생"이니" 위본"과" 출생"이" 토라고『잡화기』는 말하나 나는
위본"이니" 출생"은" 토로 보았다.

經

以因發起廣大心하야 則能修行六種度하고
勸諸衆生行正行하야 於三界中受安樂하니다

住佛無礙實義智하야 所有妙業咸開闡하야
能令無量諸衆生으로 悉斷惑業向涅槃하니다

광대한 마음을 일으킴을 인유하여
곧 능히 여섯 가지 바라밀을 닦고
모든 중생에게 바른 행을 행하기를 권하여
삼계 가운데 안락을 받게 합니다.

부처님의 걸림 없는 진실한 의지義智에 머물러
소유한 묘한 업을 다 열어
능히 한량없는 중생으로 하여금
다 혹업을 끊고 열반으로 향하게 합니다.

疏

後에 二偈는 略釋爲本所由니 由修六度하야 爲菩薩乘本하고 由勸
正行하야 爲人天乘本하고 由闡妙業하야 通爲三乘涅槃之本하니라

뒤에 두 게송은 근본이 되는 이유를 간략하게 해석한 것이니

육바라밀을 닦음을 인유하여 보살승의 근본을 삼고,

바른 행을 행하기를 권함을 인유하여 인천승의 근본을 삼고,

묘한 업을 개천함을 인유하여 모두 삼승 열반의 근본을 삼는 것이다.

經

智慧光明如淨日하고 衆行具足猶滿月하며
功德常盈譬巨海하고 無垢無礙同虛空하니다

普發無邊功德願하야 悉與一切衆生樂하며
盡未來際依願行하야 常勤修習度衆生하니다

無量大願難思議로 願令衆生悉淸淨하며
空無相願無依處가 以願力故皆明顯하니다

了法自性如虛空하야 一切寂滅悉平等하며
法門無數不可說을 爲衆生說無所著하니다

지혜의 광명은 맑은 태양과 같고
수많은 행을 구족한 것은 보름달과 같으며
공덕이 항상 차 있는 것은 큰 바다와 같고
때도 없고 걸림도 없는 것은 허공과 같습니다.

널리 끝없는 공덕의 서원을 일으켜
일체중생에게 즐거움을 다 주며
미래 세상이 다하도록 서원과 행을 의지하여
항상 부지런히 닦아 익혀 중생을 제도합니다.

한량없는 큰 서원의 사의하기 어려움으로
중생으로 하여금 다 청정케 하기를 서원하며
공과 무상과 무원과 무의처無依處가
서원의 힘인 까닭으로 다 밝게 나타납니다.

법의 자성은 허공과 같아
일체가 적멸하여 다 평등한 줄 알며
법문은 수가 없어 가히 말할 수 없는 것을
중생을 위하여 설하지만 집착하는 바가 없습니다.

疏

三에 四偈는 顯德圓滿中에 初偈는 總顯이요 次에 二偈는 別顯願滿
이요 後에 一偈는 別明智圓이라

세 번째 네 게송은 공덕이 원만함을 나타내는 가운데 처음 게송은
한꺼번에 나타낸 것이요
다음에 두 게송은 서원이 원만함을 따로 나타낸 것이요
뒤에 한 게송은 지혜가 원만함을 따로 밝힌 것이다.

十方世界諸如來가　悉共讚歎初發心호대
此心無量德所嚴으로 能到彼岸同於佛이라하니다

如衆生數爾許劫에　說其功德不可盡하며
以住如來廣大家일새 三界諸法無能喩하니다

시방세계의 모든 여래가
다 함께 처음 발심한 사람을 찬탄하시기를
이 초발심의 한량없는 공덕의 장엄한 바로
능히 피안에 이르러 부처님과 같을 것이다 하였습니다.

중생의 수와 같은 저러한 세월에
그 공덕을 설하여도 가히 다 설할 수 없으며
여래의 광대한 집에 머물기에
삼계의 모든 법으로도 능히 비교할 수 없습니다.

疏

第三에 二偈는 結德無盡이니 可知라

제 세 번째 두 게송은 공덕이 끝이 없음을 맺는 것이니
가히 알 수가 있을 것이다.

經

欲知一切諸佛法인댄 宜應速發菩提心이어다

일체 모든 불법을 알고자 한다면
마땅히 응당 보리심을 빨리 일으킬 것입니다.

疏

大文第三에 欲知下는 結勸發心이라 於中三이니 初半偈는 正勸
이라

큰 문장 제 세 번째 일체 모든 불법을 알고자 한다면이라고 한
아래는 발심하기를 맺어 권하는 것이다.
그 가운데 세 가지가 있나니
처음에 반 게송은 바로 권한 것이다.

經

此心功德中最勝하나니 必得如來無礙智리다

衆生心行可數知하고　國土微塵亦復然하며
虛空邊際乍可量거니와 發心功德無能測하니다

出生三世一切佛하고　成就世間一切樂하며
增長一切勝功德하고　永斷一切諸疑惑하니다

開示一切妙境界하고　盡除一切諸障礙하며
成就一切淸淨刹하고　出生一切如來智하니다

이 마음이 공덕 가운데 가장 수승하나니
반드시 여래의 걸림 없는 지혜를 얻을 것입니다.

중생의 마음 가는 것을 가히 헤아려 알고
국토의 작은 티끌도 또한 다시 그렇게 알며
허공의 끝도 잠깐 사이에 가히 헤아려 알거니와
처음 발심한 공덕은 능히 측량할 수 없습니다.

삼세의 일체 부처님을 출생하고
세간의 일체 즐거움을 성취하며
일체 수승한 공덕을 증장하고

일체 모든 의혹을 영원히 끊습니다.

일체 묘한 경계를 열어 보이고
일체 모든 장애를 다 제멸하며
일체 청정한 세계를 성취하고
일체 여래의 지혜를 출생합니다.

疏

次에 三偈半은 釋勸所由니 總擧具足一切德故라

다음에 세 게송 반은 권하는 이유를 해석한 것이니
일체 공덕 구족한 것을 한꺼번에 거론한 까닭이다.

經

欲見十方一切佛하고 欲施無量功德藏하며
欲滅衆生諸苦惱인댄 宜應速發菩提心이어다

시방의 일체 부처님을 보고자 하고
한량없는 공덕의 창고를 시여하고자 하며
중생의 모든 고뇌를 소멸하고자 한다면
마땅히 응당 보리심을 빨리 일으킬 것입니다.

疏

後에 一偈는 結勸速發이라

뒤에 한 게송은 빨리 발심하기를 맺어 권하는 것이다.

🪷 노무현 대통령 서거 5일째[442]

부엉이의 슬픔

"언젠가 나는 당신의 눈물을 보았다.
울지 못하는 부엉이의 눈물을
아—
당신의 머나먼 여정은 민중의 눈물을 지우기 위함이요
당신의 기나긴 걸음은 민중의 웃음을 얻어내기 위함일지니
당신은 민중을 위해 눈물지었으나
우리는 그대를 위해 울어본 적이 없다.
당신은 민중의 눈물을 닦아주었으나
그 누구도 당신의 눈물을 닦아준 사람은 없다.
그래서 더욱 서럽고 가슴 여미는 것이다.
그대 눈물은 아무도 모를지니
부엉이의 슬픈 그 눈물을
울지 못하는 부엉이의 그 눈물을."

– 노무현 대통령을 보내며 "수진"

---

442 조의를 표하는 뜻으로 한 줄을 더 내려 썼다.

청량 징관(淸凉 澄觀, 738~839)

중국 화엄종의 제4조.

절강성浙江省 월주越州 산음山陰 사람으로, 속성은 하후夏侯, 자는 대휴大休, 탑호는 묘각妙覺이다.

11세에 출가하여 계율, 삼론, 화엄, 천태, 선 등을 비롯, 내외전을 두루 수학하였다. 40세(777년) 이후 오대산 대화엄사에 머물면서 『화엄경』을 여러 차례 강설하였으며, 이를 토대로 『대방광불화엄경소』 60권, 『대방광불화엄경수소연의초』 90권을 저술하고 강의하였다. 796년에는 반야삼장의 『40권 화엄경』 번역에 참여하였고, 덕종에게 내전에서 화엄의 종지를 펼쳤다. 덕종에게 청량국사淸凉國師, 헌종에게 승통청량국사僧統淸凉國師라는 호를 받는 등 일곱 황제의 국사를 지냈다.

저서로 『화엄경주소華嚴經註疏』, 『화엄경수소연의초華嚴經隨疏演義鈔』, 『화엄경강요華嚴經綱要』, 『화엄경략의華嚴經略義』, 『법계현경法界玄鏡』, 『삼성원융관문三聖圓融觀門』 등 400여 권이 있다.

관허 수진貫虛 守眞

1971년 문성 스님을 은사로 출가, 1974년 수계, 해인사 강원과 금산사 화엄학림을 졸업하고, 운성, 운기 등 당대 강백 열 분에게 10년간 참문수학하였다.

1984년부터 수선안거 10년을 성만하고, 1993년부터 7년간 해인사 강원 강주로 학인들을 지도하였다.

대한불교조계종 교육위원, 역경위원, 교재편찬위원, 중앙종회의원, 범어사 율학승가대학원장 및 율주를 역임하였다.

현재 부산 승학산 해인정사에 주석하면서, 대한불교조계종 고시위원장, 단일계단 계단위원・존증아사리, 동명대학교 석좌교수, 동명대학교 세계선센터 선원장 등의 소임을 맡고 있다.

청량국사화엄경소초 37 - 초발심공덕품

초판 1쇄 인쇄 2023년 7월 10일 | 초판 1쇄 발행 2023년 7월 24일
청량 징관 찬술 | 관허 수진 **현토역주** | 펴낸이 김시열
펴낸곳 도서출판 운주사

   (02832) 서울시 성북구 동소문로 67-1 성심빌딩 3층

   전화 (02) 926-8361 | 팩스 0505-115-8361

ISBN 978-89-5746-745-9 94220

ISBN 978-89-5746-592-9 (총서) 값 25,000원

http://cafe.daum.net/unjubooks 〈다음카페: 도서출판 운주사〉